骆自强主编

传统文化导论

（修订版）

上海古籍出版社

图书在版编目（CIP）数据

传统文化导论/骆自强主编. —— 上海：上海古籍出版社，
2003.8（2016.3重印）
ISBN 978-7-5325-3539-2

Ⅰ. 传… Ⅱ. 骆… Ⅲ. 传统文化－中国－电视大学－教材
Ⅳ. G12

中国版本图书馆 CIP 数据核字（2003）第 062629 号

传统文化导论

骆自强　主编

上海世纪出版股份有限公司
上海古籍出版社　出版、发行
（上海瑞金二路 272 号　邮政编码 200020）

　　(1)网址：www.guji.com.cn
　　(2)E-mail: guji1@guji.com.cn
　　(3)易文网网址：www.ewen.co

新华书店上海发行所发行经销　上海颛辉印刷厂印刷
开本 850×1156　1/32　印张 11.5　插页 2　字数 250,000
2003 年 8 月第 1 版　　2016 年 3 月第 18 次印刷
印数：71,101-74,200
ISBN　978 - 7 - 5325 - 3539 - 2

K·511　定价：28.00 元
如有质量问题，请与厂质量科联系。T:57602918

前　　言

对于现代人来说,自先秦以来的文化原典,似乎离我们已经非常遥远了。而事实上那些文化原典早已融入到我们的血液之中,成为我们自身不可分割的一部分了。文化原典对现代的影响,不仅是深远的,而且是入微的。我们的民族精神,即是由那些文化原典所浇铸。中国人所表现出来的民族特性,从某些方面来说,正是那些文化原典的表现。比如我们通常所说的"仁爱"、"博爱"、"仗义"、"忠诚"等,都可以从先秦的文化原典中找到根源。因此,我们谈传统文化,说继承优秀的民族文化遗产并不是谈论某些外在于我们的东西,而是在谈我们自己、我们自身。

但是,有着五千年文明史的中华民族其文化发展的过程是相当复杂的。在历史发展过程中,各种文化因素相互作用、彼此融合,并不断地叠加到原有文化积淀之上,既丰富了原有的文化积淀,同时也使得文化原典与后人隔膜起来。特别是秦始皇的"焚书坑儒",更是一场人为的文化浩劫,它对文化原典的破坏作用是非常巨大的。西汉时期虽然有所恢复,但已不能与先秦相提并论了,而汉儒董仲舒的"罢黜百家,独尊儒术"虽然有利于思想的统一,但对早熟且尚未全面融合的先秦学术而言,也是具有破坏作用的。两汉经学基本上承续了先秦儒学的传统,而很少杂有其他百家思想,"经"与"子"的差别,也有地位高低之分的含义。东汉时期印度佛学的传入以及老庄思想以"玄学"的方式复燃,对中国古代思想的进步有着重要的意义,但是,对于先秦的文化原典的全面复兴,却造成了阻力,以儒士为主体的文化载体,在继承传统儒学的基础上,不断向佛道二家思想争玄竞幽,使对诸子之学的继承较对释老之学的融合,显得更为薄弱和浅表。唐王朝三教并重的文化政策,更刺激了这种思想文化发展的趋势,虽然这时的传统儒学更多的流入训诂疏证一路,少有发明,而佛学的中国化以及为知识分子所接受,还有待时日,但是,大一统的政治局势和包容万象的气概,使得唐朝在我国文化建设上,表现出对前此文化进行全面总结的特色。这种文化总结,不仅仅是对先秦以来的文化原典的清理,而且还呈现出对三教思想的充分展开,为宋代新儒学的兴起及其在文化思想上的深入探索提供了条件。宋学在此基础上兴起,也同时意味着对文化原典的更新和改造,使一切原典精神带上宋学的特色,并对后世产生影响。在此之后,中国传统文化经过明清的承续,近代的新变,直到现代、当代,影响着我们的生活、行为方式,体现于我们的一言一行之中。

既然传统文化无时无刻不与我们相伴,不了解它或忽视其存在,显然是不科学的,只有理性地接受和辨析,并在新的历史时期对之进行改造更新,才能有利于我们的文化建设。这就是学习和阅读文化原典的重要意义。

中华文化,源远流长,在如此短的篇幅里,不可能作详细的简述,因此,教材只就传统文化发展的历程及文化特质,作一简略的介绍。与传统的教材相比,本教材放弃了前后贯穿搭建统一框架的撰写模式,而采用了如中国画"散点"构图的方式,对传统文化各个不同的侧面进行介绍。受教学时间以及教材篇幅的限制,书中每一个小标题都只摆出了一些基本观点,并未进行详细的论证。这样做的原因是多方面的。

首先,这本教材专供电视大学的学员使用,而绝大多数学员是一边工作,一边学习的。他们跟全日制的大学生不一样,没有整块的时间拿出来学习,只能是见缝插针式的。这样的学习条件,使他们很难用心思去把握整本教材的理论体系。因此,本书在编写过程中,基本上打破传统教材目的、对象、内容等结构框架和理论模式,而是将理论模式打碎到具体的论述之中。每段的论述只解决一个小问题,摆出一个观点,观点与观点之间的联系,则由读者通过阅读自己去完成。而且,每段论述的篇幅也较为简短。学员随时翻阅书中的任何一段进行学习,都会有所收获,而不必担心是否保持了理论的连续性和前后的贯穿了。

不过,为了避免过散而给学员乱的感觉,因此,本书在具体编写过程中,采用了史与论相结合的方式,文化史与文化特质相间。如先秦部分中,先介绍先秦文化史中应该注意的几个问题,力争拉出一条清晰的线索。随后即对这一时期几个代表性的文化特质作简要的介绍。值得注意的是,在介绍这些文化特质时,我们既照顾到这一时期这种文化特质的特殊性,同时还会注意到这一文化现象在前后的演进历史,因此,对文化特质的介绍往往是前后勾联的。这样做的目的,当然首先是想把这一文化特质的面貌描绘清楚,同时也是想用这种前后关联的方式,激起学员的研读兴趣。考虑到本教材的学习对象,在对这些文化特质作介绍时,也是尽量简明扼要,以免学员在前后贯通过程中有如坠云雾之中的感觉。为了帮助学员学习,我们还在每一部分后面带上一些思考题,以供学员参考。思考题后,是我们认为较重要的前人论述资料,附后以便学员巩固相关的学习内容。

另一个原因就是,本教材还将运用到远程教育上。电视大学的优势在远程教育,互联网的出现和进步,使电视大学如虎添翼,有了更加广阔的拓展空间。但是,远程教育受网络技术的影响甚大。网络传输的速度直接影响到学员的兴趣和教学的质量。为了避免一次传输信息量过大而影响传输速度,也为了满足各个学员学习和阅读的重点不同,力求最快地将学员最需要的部分信息传递出去,所以,本书采用这种分段专题讨论的结构形式,一个标题,一个网页,彼此独立,既有利于提高传输速度,也有利于学员精力的集中,以增加学习效果。

文化教育,归根结底是素质教育而非能力教育,通过学习能获人文素质的提高,就是巨大的成功,也就达到了教育的目的。因此,本书设计的思考题,多以书中内容作依托,但不限于书本中的内容,有的甚至有意针对书中的某段话、某个意思发问,引导学员作独立的思考,充分发挥他们的能动性,帮助他们形成其独特的传统文化观。这些观点,就个体而言,也许是浮浅的、失之偏颇的,但若将广大学员的传统文化观汇成一个整体,则无疑是丰富的、全面。当然,这个汇聚,不是某个人通过机械的努力所能完成,但它能通过学员们的日常生活和工作,体现于他们的事业之中,岗位之中,体现于他们的生命感悟之中。这个过程,说到底,也就是传统文化现代化的直接实践了。

目　录

第一部分　先秦文化

多元向心的文化之源

关于中华文化的起源,以前一直是视黄河流域为发祥的摇篮,然后向四周辐射。但是,考古材料的不断丰富却动摇了这一立论的基础。至目前为止,北至黑龙江南抵珠江,东起东海之滨西达青海高原,到处都发现了旧石器时代的文化遗迹。由此可见,早在一万多年前,中华大地上就已经活跃着先民的身影,他们所创造的原始文化,并没有表现出以黄河流域为最先进的特征,而他们的分布地区也并不集中在黄河流域。这就说明,中华文化从一开始就是多元共存的。

著名学者苏秉琦曾将起源时期的中华文化划分为六大区系:其一,陕豫晋邻境地区;其二,山东及邻省一部分地区;其三,湖北和邻近地区;其四,长江下游地区;其五,以鄱阳湖——珠江三角洲为中轴的南方地区;其六,以长城地带为重心的北方地区①。

在考古材料之外,还有一个很明显的例子可以说明我们的

---

① 苏秉琦《关于考古学文化的区系类型问题》,见《文物》1981 年 5 期。

文化构成的多元性,那便是作为今天民族象征的龙的形象。从文化学的角度分析,龙并不是什么神奇的东西,而是各部落初民原始图腾的混合物。在众多的新石器文化遗址出土的文物上,已经出现龙的形象,但不同地区的龙,其形象并不相同,有的似龟,有的如鹿,有的似猪,显然它们都是不同氏族图腾之物。而最初龙的形象的多样化,也昭示着最初氏族文化的各异。

但是,这多元的文化在后来的发展中,又是向心的,而不是彼此分散的。当初形象各异的龙,最终汇成角似鹿,头似蛇,眼似龟,项似蛇,腹似蜃,鳞似鱼,爪似鹰,掌似虎,耳似牛的完整形象,而且还被神化成能幽能明,能巨能细,能短能长,春分登天,秋分潜渊的神龙,赋予其超人的神力。这一形象改造的过程,也就是多元文化趋于融合的过程。虽然年代久远,我们无法很仔细地弄清楚这一融合的具体过程,但上古神话传说却为我们提供了寻找答案的线索。黄帝跟炎帝作战时,率领的熊、罴、狼、豹、虎、雕、鹰等,蚩尤跟黄帝作战时所率的铜头铁额弟兄等,其神话原型,都只不过是先民各部落图腾而已。部落相互融合,形成部落联盟,不同的部落联盟经过血与火的洗礼,形成更大的部落联盟,这既是多元文化得以融汇的原因,也是其动力,彼此互为因果,使文化向心力不断加大,融铸成以华夏为代表的多元向心的文化形态,而龙——这个不同部落图腾的混合物,也就升格为华夏族共同的图腾了。

人本的巫史文化

民族的古老,也就意味着文化的早熟。有着悠久历史的中华民族,在步入文明时代的大门之初,便迅速形成人本文化,表现出文化上的早熟。

殷商时期,整个社会还都处在神的威力之下。巫史承担着神人交通的重任,在宗教、政治生活中处于崇高的地位,他们以天的意志的代表者自居,有权训御君主,充当着全社会精神领袖的角色。平时,他们书史对君王言行进行记录;祭祀时他们充任主角沟通人神;此外还掌星历,教育,医药等。他们垄断神坛,把持政坛,执掌教坛,不仅奠定了中华文化初期繁荣的基础,而且对后世史官文化的成熟和发展,对中华文化特色的形成等,都产生了深远的影响。首先是学术与政治的密切相联。巫史的任何活动,虽然表形都是学术性的,但其最终目的却是为政治服务。其次,神学与科学的交织。巫史的活动虽然带有科学性,但这一切又都笼罩在神学的阴影之下。最后,是自然科学与社会科学的混杂。由于一切活动的最终目的都是为了政治和宗教,因此,巫史们从事的活动如星历的测算等,虽然表现出自然科学的形态特征,但终竟是被纳入到人文的范畴之内进行解剖并从人文的角度去寻找合理的答案的。所有这些已经隐然传达出,早期的中华文化已表现出深度的人文关怀的特色。

　　这时的巫史文化还带有很浓的神本色彩,在神鬼震慑下的殷人,宗天、尚鬼、嗜酒,谋求着在某种迷狂状态下的与神共舞。西周时期,这一脆弱的神本文化迅速地转向人本文化的文明之途。这种文化转变,可以从几个方面看出来。第一,从当时青铜器的制式和纹样看出。殷商时代的厚重青铜器多饕餮纹饰,给人以神秘、恐怖之感。而西周时代的青铜器皿则不再有那种神圣的光彩和威吓的力量,恐怖的饕餮纹饰缩小降低到了器皿的某一不显眼的部分,主要是足部起支撑的作用,制式也从厚重转为轻灵,显示出贴近人生现实的特征。第二,从卜筮之法看出。殷人钻龟取象,依其裂纹定吉凶,而西周用占筮蓍草推数定吉凶。前者单靠自然,而后者重在人力,卦象形成之后,更需用人力推断才定吉凶。王夫之就曾比较这两种卜筮之法的不同。称前者是"多寡成于无心,不测之神,鬼谋也",而后者则是"审七八九六之变,以求肖乎理,人谋也"。从"鬼谋"到"人谋"的进步,正是人本化的痕迹。第三,从社会风尚看出。周革商命,提出"德"的概念,作为统治者"宜民宜人"的理论依据。统治者开始观注的重点,从神转到了人,而"周人尊礼尚施,事鬼敬神而远之"①。第四,从周代的宗法制度可以看出。跟殷统治者的以天神之子自居不同,周人虽然在最初也曾想跟神结亲,但最终还是放弃了这一努力,将人与神划分到不同的血统之中,构成一个以人类、氏族的自然血缘为纽带的宗法体系。在这样的体系下,每一个体都被宗族血缘关系串连起来,从积极的方面看,社会分子融入以宗族血缘关系为基础的整体之中,可以帮助个体克服难以克服的困难,承受个体难以承受的

---

　　① 《礼记·丧记》。

压力,容易形成凝聚力和向心力。从消极的方面看,宗族又极大地限制了个体活动的空间,使单个社会分子的个性难以发挥,容易形成求同、保守的心态。

士 的 崛 起

我们知道,以巫史为主要载体的文化为神本文化,而人本文化的发展,则必须要依靠与巫史不同的文化载体。这就是士。

春秋战国时期,士的兴起,从根本主进,正是人本文化发展的结果,同时,士又极大的推动了人本文化的进一步发展。

士的崛起,原因是多方面的。首先,当然是经济基础。铁器的使用,生产力的提高,促使了脑力劳动和体力劳动的分工,使大批的士"不耕而食"成为可能。其次,社会原因。春秋时期,礼崩乐坏,上古原始的宗法制度受到严峻挑战,而摆脱了神力威慑恐怖感的奴隶暴动,又极大地影响士原本平静的生活,使他们失去生活保障的同时,看到了巨大社会变革的原动力,于是他们便凭借心智和口舌重新寻找生活出路和进行人生价值定位。最后,是政治条件。诸侯割据,天下大乱之时,要想稳固统治地位,西周时提出的"德"已经不能适合时代的需要,霸力成为决定性的因素,这就使得那些有宏图大略的国君侯王为了实现自己的政治抱负而招揽人才,给士的崛起开辟了市场。士于是作为政治智囊、军事参谋、外交使节、思想精英步入了历史舞台。

春秋战国的时代环境以及士在宗法社会里处于统治阶级底层的社会地位,决定了他们的群体品格定位既不同于统治者,也不同于被统治者。针对前者,他们表现出博大的胸怀与开放的心态,有着强烈的政治参与意识和淑世情节;针对后者,他们表现出先知者的社会责任感和道德修养上的自觉意识。这样,他们摆脱了前者的依赖心理和优越感,又不为后者的愚昧和狭隘所限,因而成为当时整个社会中最为活跃的一个群体。在严格的律己自省之中,凭借自身的知识和才干,干预社会政治,同时张扬他们的个性。

士的崛起,在大动荡的社会环境里,对旧有的宗法制社会模式形成强烈的冲击波。他们从巫史手中接过了教育的特权,大量兴办私学,传播各自的学说。在教学内容方面,他们纷纷宣扬自己的学说,对学生进行思想修养、政治学说、文化知识和劳动技能等各方面的教育,但剔除了巫史们夹持的原始神秘文化的内容,内容丰富而实用。与巫史宣扬神本不同,各家虽学派各异,意见分歧,但他们总体趋势却是朝着人本、民本的方向发展,提出了"天道远,人道迩"以及"民为贵,社稷次之,君为轻"的著名命题。这些宝贵的热爱人生、以民为本的思想,虽然在后来的封建社会里屡受压制,却构成士大夫特有的文化因子,代代相传。

诸 子 百 家

在激烈的社会变革过程中,战国时代的学术思想界出现了诸子并起、学派林立的空前繁荣的学术局面,"诸子百家"的出现和彼此的争鸣,为我国古代文化史书写了光辉灿烂的篇章,成为世界文明史上"轴心时代"光彩夺目的一笔。诸子之中,"显学"主要有儒学和墨学二家,其次就是道家、法家、阴阳家。儒学作为中华文化的支柱,其对后世的影响自不待言。墨家学说虽然后世不显,但在当时,由于他们严明的组织,任侠的作风,解急救难的精神和实证的知识论而获得广泛的社会基础,成为显学之一。至于法家,虽然在战国时期的声势不如儒墨二家,但在随后的秦朝,却取得了独尊的地位,并以"外儒内法"的形式,成为我国古代制度文化的重要组成部分。道家思想的清静无为对后世的隐逸文化以及道教文化,都有着直接的影响。阴阳家经汉代的改造,跟《易》学中的八卦学说结合,几乎延及我国文化生活的各个方面,其影响可谓深入骨髓。

除上面所举对后世影响至为重要的几家外,还有相当多的学派和代表人物。如那时杰出的政治家有管仲、晏婴、子产、商鞅,军事家有吴起、白起、孙武、孙膑,外交家苏秦、张仪、蔺相如,教育家少正卯、邓析,史学家左丘明,文学家庄周、屈原、宋玉,论辩家惠施、公孙龙,医学家扁鹊,农家许行,水利学家李冰、郑国,天文学家甘德、石申等等,可谓群星璀璨,共同绘出了战国时期灿烂的文化星空。如此众多的学派,如此众多的代表人物,他们的共同努力,结出了丰硕的文化果实。如军事家孙武所著的《孙子兵法》,极为后世所重,连法国的拿破仑,都视之为指导其作战的经典著作,现在的日本等国,甚至将之视为现代企业管理的教材。再如史学家左丘明著《春秋左氏传》、《国语》,为后世提供了春秋战国时代珍贵的历史资料,对后世影响十分巨大,特别是《左传》,是我国第一部完整的编年体史书,在中国史学、文学、哲学上都有重要影响,后人将之列为《十三经》的一种,可见对它的重视。再如道家代表人物庄周作著的《庄子》一书,以寓言入文,行文汪洋恣肆,洋溢着浪漫的色彩和浓郁的诗情画意,对后世的哲学、文学等,都有着深远的影响。其他如伟大的爱国诗人屈原,为后人留下了丰富而宝贵的文学遗产,长篇抒情诗《离骚》,共 370 句,2490 字,是我国古代最长的一首抒情诗,也是我国古代浪漫主义的扛鼎之作。《离骚》和屈原的《九歌》、《九章》、《天问》等优秀作品,共同开创了我国古代文学的"骚体"文学范式,成为与《诗经》同等重要的中国文学的又一源头。再如李冰父子主持修筑都江堰,甘德著《天文星占》,石申著《天文》等,都是我国古代著名的水利工程和天文学著作,其影响不仅在中国后世,而且对全世界的文明和文化,都有着重要的影响和作用。

回顾这一段辉煌的历史,在激起我们的民族自豪感和自信心的同时,也促使我们深思:为什么那个时代会出现如此多的文化巨人?为什么会有如此众多各具特色的文化流派?为什么会出现如此灿烂的古代文化?为什么后来的改朝换代就没有出现过如此灿烂辉煌的文化局面?仅仅从当时的社会背景作解释,显然是不够的,仅仅从士文化的崛起作解释,显然也是单薄的。对于这个问题,思想界一直在进行着深入的思考,但却没有得出最终的答案——也许永远也不可能有最终的答案!

士文化的首度喷发
——"百家争鸣"

人本文化成熟最初的表现，就是春秋战国时期的"百家争鸣"。

西汉时的司马谈将"诸子"概括为阴阳、儒、墨、名、法、道德六家。对于各家学说，他是这样论述的：

> 夫阴阳、儒、墨、名、法、道德，此务为治者也，直所从言之异路，有省不省耳。尝窃观阴阳之术，大祥而众忌讳，使人拘而多所畏；然其序四时之大顺，不可失也。儒者博而寡要，劳而少功，是以其事难尽从；然其序君臣父子之礼，列夫妇长幼之别，不可易也。墨者俭而难遵，是以其事不可遍循；然其强本节用，不可废也。法家严而少恩；然其正君臣上下之分，不可改矣。名家使人俭而善失真；然其正名实，不可不察也。道家使人精神专一，动合无形，赡足万物。其为术也，因阴阳之大顺，采儒墨之善，撮名法之要，与时迁移，应物变化，立俗施事，无所不宜，指约而易操，事少而功多。

司马谈对各家学说的短长，作了较为公允的评价。在今天看来,六家之中,对后世影响甚巨的主要有儒、墨、道、法四家。总体上讲,儒家学说以现实伦理为主要关怀对象,以"仁"为其思想核心,礼为行为规范,义为价值标准,智为认知手段,其学术导向则是以恢复西周的宗法社会模式为指归的,因而表现出复古守旧的特性。法家本着历史进化的观念,以现实的社会结构为主要关怀对象,在对社会现象冷静分析的基础上,提出了"法"、"术"、"势"等一系列规范社会生活及行为准则为观念。墨家身体力行,在对原始天道观改造过程中,形成独具个性的"天志"观,并以此为基础提出了节用、节葬、非乐、兼爱、非攻、尚贤等一系列的观点,具有平等色彩,对后世影响巨大。而墨家学派的任侠风气,更为后来侠文化开启先导。与以上三家学派相比,道家显得最为轻灵超逸。道家以"无为"为本,形成朴素的辩证观和相对主义,强调个体价值与精神的自由。力图逃离现实的混浊,求得精神的自由和超越。道家这种远世葆真的思想,为后来的隐逸文化打下了基础。

必须注意的是,学术形态的各异,只不过是学派区别的标准,而"百家争鸣"所形成的特有的"和而不同"的共同的文化特征,才是那个时代精神的精华所在。诸子百家虽然形态各异,但却有着许多共同之处,概之有三:其一,诸子百家的学术渊源都是六经。六经是诸子之源,诸子是六经之流。在天下大乱之时,诸子从六经的思想库里各取所需,加以发挥,形成满天星斗的灿烂文化。其二,从总的哲学观点上看,各家都奉行道一元论之说。各家虽歧见百出,但都源出自又统纳于"道"这个终极概念,如百川归海,万变而不离其宗。其三,各家学说有一个共同的指归,那就是治道。诸子百家虽然政见各异,但其目的却都是在论证"治道",要将社会从混乱无序之中救出,重塑一个有序的社会,因而表现出极高的政治热情,这跟后来魏晋时期士文化的主体张扬大异其趣。由于渊源相同而目的一致,所以诸子百家能"和而不同",彼此借鉴,从而形成战国后期各家思想彼此接纳和消化的局面,并为汉代的"罢黜百家,独尊儒术"准备了前提条件。

天 人 合 一

天人合一,是中国传统文化最根本的特色,也是中国传统文化最根本的命题。

在儒学中,作为天人共通契合点的,是"德"。儒家认为,天之根本德性,含在人之心性之中;天道与人道,虽表现形式各异,其精神实质却是一贯的。天道运行,化生万物,人得天地之正气,所以能与之相通。作为宇宙根本的德,也就成了人伦道德的根源,反之,人伦道德也是宇宙天道的体现。孟子曾说:"尽其心者,知其性也;知其性,则知天矣。"着眼点就在天人合一上。以此为基础,汉儒董仲舒在糅合阴阳五行于儒学体系中,建立起"天人感应"的理论,将原始的天人合一理想演化出"天人相类"的怪胎。诸如人首圆像天,脚方像地,头发跟星辰相应,耳目跟日月相合,人身上的三百六十节,就是一年的三百六十天等等,甚至有"天亦人之曾祖父也"的说法。其附会之说,后世为道教所吸取,为内丹派理论之一源。宋儒邵雍演先天易数,也持此论。但绝大多数宋代道学家倡"天人合一"却能超越这一相类的层面,从孟子心性学说里还原出本体论意义上的"天人合一":"道未始有天人之别,但在天则为天道,在地则为地道,在人则为人道。"虽然其表现有三,但"一以贯之"的却都离不开那个"道"。从"道"的层面理解"天人合一",体现出宋人的理性精神。

　　与儒学追求在"理"上达到"天人合一"的境界不同,道教也讲"天人合一",但更强调它作为一种修炼的手段或者说修炼的境界。道教外丹派吸纳阴阳五行理论于丹术修炼的过程中,将炼丹术神秘化,将外丹的烧炼解释为必须与天地的运转密切结合,才能将其神秘信息传递到所炼之丹中,丹才最为纯洁,功效也最为强劲。内丹派则干脆把人体解释为一个宇宙,五脏就是五行,河车搬运,就相当于日月的运动。内丹修炼,也就是人体内部宇宙的运转,这个宇宙通过修炼运行通畅之后,不仅内丹修成,而且,也可以与外界的大宇宙沟通,从而达到"天人合一"的境界。虽然这样理解"天人合一",究其渊源,董仲舒的天人相类思想印迹很重,却也未免道教式的浅俗,但是,能将这一思想贯穿于道教之中,特别是内丹派的理论之中,更从一个侧面说明"天人合一"的思想在中国古老文化里的影响力。而且,这种天人合一的理论,努力谋求人与自然天道的和谐,也为今人的环境意识提供了范本。

　　虽然传统的"天人合一"思想是在心性论的基础上出现并发展起来的,但它作为一种哲学思想所产生的实际影响,一个很重要的方面就是它消弥了主体与客体之间的界线,为主体认识客体打开了另外一扇全息式的方便之门。西方哲学严物我之别,穷究物理为我所用,但经过世代学者的不懈努力,作为西方古典哲学终结者的康德却不得不最后承认"物自体"的存在是"不可知"的。也就是说,在物我两离认识背景下,想真正全面了解"物自体"是不可能的。而中国传统文化中的"天人合一"则从一开始就放弃了物我之别,而主张物我之间亲密无间,认识自我,也就等于认识"物自体",我之属性本身就是"物自体"属性的体现。通过这样一种认识方式培养起来的"感悟"式的思维方式,其逻辑性虽有缺陷,但往往能舍弃掉繁琐的表象的认知过程,一语中的,切中要害,且入木三分,对事物的认识,直截根源。这种"天人合一"式的认知方式,对中国人的思维方式、文化走势、审美追求、价值观念等各个方面,都有着极大的影响,很大程度上体现出中国传统文化的特色。

体 用 一 源

体用一源,从哲学思想上找原因,恐怕跟自古以来中国人的"道一元论"关系最为密切,若从学术渊源上讲,那么,中国文化过早的人文化倾向和缺乏科学实证精神,可以说是造成这种局面的根本原因。先秦"百家争鸣"之时,诸家虽然都对"道"有形而上的认识和论述,但却都没有对道进行虚置,而是力图从"道"中引伸出世界生化的根源。这种倾向当然不利于体用的区分。再者,自然科学附属于人文精神,科学实证精神的缺乏,也大大削弱了古代中国人对"用"的关心和研究。体用一源,既可以说是中国传统文化的本源,也可以说是古化文化精神的产物。

宋代新儒学由于受佛教思维的影响,名实之辨不断向深层次发展,"体"和"用"的区别也渐受重视。特别是在儒学大师朱熹,他虽然也坚持"理"一元论的思想,但其严别体用,形而上下的治学态度,却使他的哲学体系表现出很强的理性思辨色彩。周敦颐《太极图说》中第一句话:"无极而太极",就被朱熹说成是无极是就"理"上言,而"太极"是就"气"上言,一谈到"太极",就意味着"生阴阳"二仪的趋势。"无极"与"太极"所指虽是一样,但其能指却各有差别。这当中其实就已包含着"体""用"之意了。不过,朱熹的哲学思想虽然对后世影响甚大,而且他的哲学体系也表现出极度的严密和完整性,但是,中国人原有的体用一源的思维却并没有受其哲学影响而发生根本性的变化。后期哲学虽也有辩体用之意,但却从来没有将二者绝缘分开的意思。

近代以来,随着西学的东渐,中西文化的大碰撞不断朝着深层进发,体用的问题再次提出来了。魏源提出"师夷长技以制夷"的主张,还停留在表面,到洋务派如郑观应等人从体用的深度对中西文化进行阐发时,中西文化的交融可以说才达到了相当的深度和广度。"中学为体,西学为用",表面上看,是将西学置于"用"的层面了,其实,从中国人体用一源的思想来看,这体用之间,本没有什么特别明显的界线,中西体用的划分,只不过是一种强名的界说而已。今天的事实已经证明,虽然在对西学的态度上,我们没有明显的改变,但是,中西文化的交流却更广更深,某些西学已经不再只作为"用"而输入,而且,某些西学在融入中国文化体系之后,也已经成为"体"的一部分。经过这么长时间的文化交流和融合,孰体孰用已不重要,重要的是,在这次长时间的文化交融过程中,中学究竟会处于何种地位,其前景究竟如何? 这就是中国传统文化现代化和世界化的根本问题。就这一点而言,只谈"体""用"已经没有意义了。但是,作为一种文化特色,"体用一源"的中国古代文化特色,还是有其独特魅力的。虽然这种思想从渊源上讲,揭示出中国人"纯"哲学的思辨能力的短处,但是,这种"一源"的思想,在削弱了中国人的理性思辨能力的同时,却又使中国人保持了许多形象思维的东西在古代文化之中,中国古代文化特具的抽象而不离具象、"言""意""象""数"密不可分的特征,都赋予中国传统文化以特有的人文灵气,而且,它还使古代中国人能轻易地跨越"悟"的界限,立足于现实世界,却能透视到彼岸的美妙。当然,其负面影响也是存在的,这是我们今天回顾审视时必须注意的。

道

　　道，可以说是中国传统文化中最高的一个哲学范畴。简单地将用古人"途"的含义去释"道"，显然有不妥当的地方。因为"道"自古以来即是一个形而上的概念，而且，越是时代久远，其形而上的意义就越明显。宋儒以"路"释道，其用意在说明"道"是天地万物"公理"的体现——路是大家走出来的，单个人走的不能算路，没有大家就不可能有路，同样的道理，没有作为自然万物，那么道也无法体现。这里强调的乃是中国哲学中"体用一源"的思想，如此释道，那个"路"字也就带上了形而上的色彩。

　　从先秦诸子学说中可以感到，他们虽然歧见叠出，各有所重，但他们都坚持"道"一元论的思想。孔子认为"吾道一以贯之"，庄子也说："道通为一"，《易传》称"一阴一阳之谓道"，韩非说"道无双，故曰一"，老子更有"道生一"的名言，先秦诸子对道的体认如此惊人的一致，作为一种文化现象，是很有意味的。最可注意的是，诸子百家都视道为形而上之体，用现代语言来说，古人所谓的道，虽然可以简单化为客观规律、真理，但又不完全如此，古代思想家似乎更愿赋予道以终极真理或规律总和的意义。虽然这个道被先秦诸子说得玄而又玄，但他们又不约而同地将之归诸客观万物和人类社会之中，认为道就体现于日常事物之中,其学说所重,就是道之所在,因此,诸子百家都有资格将自己的学术追求解释成为对道的理解和追求。而诸子之学的政治热情,也为"道"参入到人伦社会秩序的建设之中成为理所当然。

相比较而言,儒家学说更重"道"在人类社会中的体现,在"天人合一"的哲学基础上,特别是通过董仲舒的系统改造,儒家一整套的宗法伦理思想都涂上"道"的神圣光环。与之相反,道家对道的理解,更重其"无为"的特性,于是朝着思想自由的方向发展,以其"天道"思想区别于儒家的"人道"思想,认为儒学"有为"的"人道"思想与"无为"的"天道"思想是相违背的,进而主张弃绝人世以追求精神的绝对自由。虽然这时儒道二家对道的理解各有侧重,但其分歧并不明显。后来的道教却赋予了道以生成论的色彩,所谓道生一,一生二,二生三,三生万物,其中的"生"在道家思想中并不具有生化的含义,但道教却将之推衍为宇宙生化的过程,从而真的将"道"理解成天地万物之"母",这就将形而上的"道"本体,简化成为了形而下的一种器用,体现出中国本土宗教崇实尚有的特色。这不能不说是对"道"的扭曲和简单化理解。

道的观念,对中国文化影响甚巨。后世对道的理解进一步深入,发生在宋代。宋代出现的"道学家"以得道者自居,深入地探讨道的本体渊源,道的传承,道的表现等。在借鉴佛学思想明道的基础上,他们以佛教中"月照万川"明佛性普及众生的原理,解释道的"理一分殊",而且还清理出一个自古以来道的传承过程——道统。道统思想既可以说是征圣宗经思想的必然产物,同时它又对征圣宗经思想起促进作用,既有利于中华文化传统的延续性,又对中华文化的守旧和保守起了相当的作用。古式古法无论何时何地,都有资格出来对任何改革和创新说三道四、指手划脚,而复古思想总能堂而皇之地获得认可与提倡。这种文化特征,在现代化的今天,也可以说是把双刃剑,如何正确把握和运用以扬长避短,是至关重要的。

德

在中国文化里,道本源于天,其反映于人类社会,是礼,反映于个体,就是德。"德"在殷商卜辞之中从未出现,是周人的独创,"德"的出现是中国文化史上具里程碑意义的事,它对中华民族文化心理的建构,文化形象的塑造,都具有奠基和骨架的作用。由于先秦时期,对于人性的认识,有"性善"和"性恶"两种不同的意见,因此,对"德"也有区别:体现天道自然的德,称善德、美德,如尧舜周孔之德;反之,与天道相悖离的德,称凶德、恶德,如桀纣之德。但到宋代时,孟子"内圣"之学性善之说,独重一时,于是对德的界定出现明显的倾向,只能体现天道自然的,才被称为德,德也就成了美德的代称。

宋儒训"德"为"得",意即指德是天道自然为君子得之于心,所以德往往跟"性"连用,称为"德性"。又由于"德"是指内心的感受,而其对象,又非具象之物,而是"道",因此,"德"也跟着"道"染上了形而上的色彩,似乎有某种先验的成分在,所以又跟"天"连用,称为"天德"。"德"与心性密切相关,也就跟儒学"仁"的核心取得了联系:德是道作用于个体内心的感受,由外入内;仁则萌生于个体内心外同于道,二者结合而为"仁德",表达着主体与客体的完全吻合,是一种至高的精神境界,是"君子"人格的全体显现。在儒学取得官方学术的地位之后,"仁"也被看成是统治者必须具备的品德,因此,"仁德"也就被解释为统治者完整体现天意民情所散发出的个人魅力。

由于德是个体对道的获取,因此,它首先表现出来的,是个体修养的高低。但由于中国传统文化将一切都纳入到礼法制度之中,因此,德在后来也就成为个体是否背离群体意志的重要参考指标,只有与封建礼法一致的言行,才会被视为有"德",否则只重个体的言行,则往往被视为与天道自然相违背,并因而被批评为不"德"。因此,封建的"德"作为个体修养,也无可避免地涂上了封建礼教的色彩,成为扼杀个性的工具,有的甚至直接转化为封建礼法的一部分,如束缚古代妇女的"三从四德",就是封建礼教强加给古代妇女身上的绳索,是必须批评和抛弃的。

但是,传统文化中,也确实存在着许多美德,是值得肯定的。比喻尊敬师长、任劳任怨、勤俭节约、和善友好、诚实忠厚等等。虽然这些传统美德都是在传统的封建文化的环境中产生并发展起来的,但是,就这些"德"本身而言,体现的是人类文明发展过程中,人性本真的光芒,因此,它们不仅不是封建性的糟粕,反而是传统文化的精华,是很值得我们继承和发扬的。特别是在我国文化现代化的今天,作为传统文化的价值体系,已经为西方价值体系所打破,西方的价值观念大量涌入,价值观念趋向多元化的时候,如何正确看待和把握传统的价值观,是很重要的。对于传统道德中封建性的糟粕,我们应该毫不犹豫地加批抛弃,但绝不能全部抛弃,"打倒孔家店"、"全盘西化"、"批判封资修",都不可能解决问题。这里就涉及到一个扬弃的问题,一个继承与发扬的问题。但无论如何,"德"作为个体修养的表现,它直接与每个人的个性、人格挂钩,我们从完善个体人格、保持个体独立性的角度讲,也必须从传统文化中吸取一切有益于自己的成分,这是我们应该有的态度。

无　为

　　跟儒学的"仁"相对,"无为"是道家对社会纷争提出的应答,因而"无为"从一开始就带有明显的道家思想的烙印。"无为"并不是什么都不做,其中的"为"主要指人的作为、生事。在道家看来,春秋战国时代之所以天下纷争,就是因为以诸侯为首的天下人都在那里生事、无事生非。一个个为利欲所驱遣,彼此攻伐。进而,对儒家提出的一系列整顿社会秩序的思想,道家也表示反对,在道家眼里,这种人为规定的秩序,本质上也是"为",是用外在条条框框约束人,限制他们的自由,而受限制的人又必然会起而反对,于是纷争又起。所以老子提出以"无为"来应对社会的"有为",他说:"为学日益,为道日损。损之又损,以至于无为。无为而无不为。"每个社会成员都保持心态上的平衡和心情的自由愉悦,向天地之大道靠近,那么,这种退隐心情不断增加,就会平息纷争之心,以至于无为。全体社会成员都"无为"了,天下也就相安无事,也就"无不为"了。

　　如何才能无为,老子提出贵"柔"的思想。在他看来,柔虽有退让隐忍的表象,但这种柔不仅使自己进退容如,而且还可以不伤害他人,免去了纷争的麻烦。人与人之间尽量不发生关系,也就省去了许多兴起纠纷的因子。这种生活态度,看似与儒学所谓的"德"水火不能相容,实际上正是天地"大德"的显现。因为天地之"上德"虽是漠然无为,却最为自然,而儒家所谓的"德"全部建立在人"为"的基础上,乃纷争的祸因。所以老子说:"上德不德,是以有德。下德不失德,是以无德。"希望用天地之大德代替儒家的"下德",使社会回到小国寡民的状态,鸡犬之声相闻,而老百姓至老死不相往来。

　　老子贵柔的无为思想,对中国社会的影响至为深刻。从积极方面讲,对"为"的排斥,避免了人们的纷争之心,使人们脱离了名利的苦海,减低了欲望。过去的中国人,受无为思想的影响,与自然和平相处,也不自伤。汉初实施"无为"而治,与民休息,也确实给天下百姓的生活带来了好处,为战后重建工作得以顺利而迅速地进行,这都是值得肯定的。由此可见,"无为"的思想被统治者运用或者为有相当知识水平的人掌握,一定程度上会对社会起促进作用,对于知识分子而言,能借鉴"无为"的思想,在使自己多一份冲粹之气之外,还会给他们的人生平添几分淡远之趣。这在中国古代的文学、书法、绘画等艺术形式中都可以体会到。但"无为"的作用毕竟是有限的,特别统治者,一味"无为"下去,只会使国力萎顿衰弱,终会因为不堪一击而灭亡。而"无为"思想若为一般人所接受,更会滋生出懒惰、散漫的心态。"无为"成了他们拒绝为社会工作的托辞,同时也并没有保什么内在心性之真。这种"无为",对中国社会所造成的危害是相当巨大的。时至今日,有所谓"守成"的政府官员,还以汉初的曹参为效法的对象,不求有功,但求无过,尸居其位而无所作为。殊不知,整个社会在飞速发展的时候,这种"无为"实际上就等于是倒退。因为与其他单位、领导作横向对比,他人"有为"前进,也就标志着自己的落伍退步。因此,在今天,我们可以借鉴"无为"思想中平息纷争的内涵,但应该扬弃其所导致的惰性,无论是个人还是社会,都应该如此。

礼

在儒家的经典里,礼被解释成为是社会行为的规范,是人的社会属性的必然体现。礼在先秦的发展大致有三个阶段,作为宗教的阶段、作为群体组成方式的阶段,作为个人内在和外在行为规范的阶段。在上古时期礼的这三个发展阶段里,礼并不是从一个阶段向另一个阶段过度或传承,而是在发展过程中不断地深化,作纵深的扩展,这是一个人文化的过程,也是礼的奠基时期。其最后完成,是在周朝,作为礼的完善的硕果,是周代的宗法制度的完备。但是,随着周天子的失政,诸侯争霸,上古时期建构的维护社会稳定的礼的框架,也被打破。重建礼教,自孔子始,因此,礼被看成是儒学经典要义之一。在孔子那里,主要是指周朝的文物制度。在他看来,春秋天下大乱,就是因为周代的礼教被破坏了,诸侯大夫们都是越礼而动,于是他一再强调要用周礼治理社会,要"正名",要达到"君君、臣臣、父父、子子",将每一个社会成员,都规定在他应该处身的社会地位上,从而达到理治的目的。

作为儒学约束社会成员的行为准则,礼在封建社会里几乎是无处无时不在的。国与国之间有外交的礼仪,人与人之间有社交的礼仪;礼仪的治革,形成了风俗习惯,礼仪的强化,转成了国家的法律。礼在后来的发展过程中,特别是宋儒将传统儒学向"内圣"方面转化,使儒学进一步理性化,系统也更加完备,礼也进一步向人的"心"的深度挺进,原本作为社会行为规范的礼,也从人欲、天理那里找到了依据,礼跟"义"的内含联系更紧,礼的系统也随之空前严密起来,进而成为扼杀人性、个性,维护封建统治的有力工具,"非礼勿视,非礼勿听,非礼勿言,非礼勿动"等封建礼法的教条,将礼对个体的约束,从"该做什么","怎么做",一变而为"不该做什么","不应该怎么做",强制实施的色彩相当浓厚。封建卫道士们,也动不动就用不合于"礼"来打击一切进步的创新的行为,极大地阻碍了生产力的发展。

从现代人的目光看来,礼的影响也有积极和消极的不同。积极的方面,礼为每一个社会成员规定了最基本的生存权利,它规定每个社会成员在获得一份生活资料的同时,必须承担一定的社会责任,将责任和义务紧密结合起来,从而为维护社会的安定、和谐奠定基础。从消极方面讲,礼又将每个社会成员规定在一个狭小的生存空间里,迫使他们形成固定的责任、义务的思维模式,从而极大地限制、摧残了个人的主观能动性及其创新欲望。"不在其位,不谋其政",是无权时在礼教的幌子下所能找到的最好的托辞,"越级言事"则是封建统治者打压下级的最好借口。这种以礼为由头的所形成社会成员的惰性,或因小失大,或顾此失彼,或只见部分不见整体,本位主义、地方主义等等,都是"礼"被异化的表现。同时,礼作为社会化的行为规范,还对个体的创新意识产生压抑作用,人的自由和人格的尊严,都必须在礼的容度范围之内,否则就会被视为犯上作乱,违背礼教。因此,礼教每每在人性张扬的历史时期,都会受到先进知识分子的口诛笔伐。魏晋时期,明朝后期以及后来的五四时期,封建礼教都被深刻批判,特别是鲁迅先生,对封建礼教的吃人本质,曾作过极为深刻而全面的揭露,至今仍有借鉴意义。

乐

乐在文化史上的地位,虽几经变化,但其功用在封建统治时期,却从未被忽视过。

乐在上古时期掌握于祭司巫史手中时,是用在祭神仪式中娱神的,即后世所谓庙堂之乐,《诗经·大雅》里的某些歌颂先祖功德的篇章中,还可以看出那些古乐的一些影子。乐在后世被称为至神至妙的统治之术,其根本的原因,就在于乐在原始中国人的心目当中,不仅仅是一种音符的组合所得到一串音乐,其人文化内涵至深至广,有着上通于天的神妙功用。《老子》中有"大音希声"的话,就是视天地的空漠无声为"大音",为乐之至。如果说"天人合一"是中国文化最根本特征的话,那么,乐则可以说是使这一根本特征得以实现的最重要的工具。这是乐因娱神功能而受到统治者亲睐的第一阶段。乐被用为神人沟通的工具,这一传统被后世统治者继承下来,封建王朝一遇祭天、郊祀等活动,即要大作其乐,而且还有一整套完整的演乐制度,究其文化心态,即本源于此。

由于有"天人合一"的思想为作基础,能上通于天的乐,也就可能深入到体现着天道自然的人的内心,于是乐又被解释为可以在不知不觉中引导百姓向着统治中心靠拢的工具。那么,如何才能达到乐教的目的呢? 一个外在的手段就是"观风"(观视民风),所用的方法就是将各地民歌收集起来,从民歌曲辞中找出民乐民忧和民怨,从而改进统治,使民情不至怨沸犯上,这是一种被动的实施乐教的方式。另一种就是化被动为主动,在民心民情还没有流露或者表达出来之前,就对之进行正确的引导,让它朝着有利于统治的方向发展。春秋乱世,儒学创始人孔子在礼失则求诸野的驱动下,他对上古诗、乐也进行了系统化整理,《诗经》传说就是由他删定的。其中,有很大的篇幅就是采集各地民风。另外,儒家还制定了一部经典《乐经》,可见儒家对乐教的重视。季札观(注意:不是听)乐,得到的不是听觉感受,而是乐中所包含的政治统治的理乱,民风的纯朴与淫乱,所以说诗教在上古时代仍有着许许多多的乐教内容:通过音乐的形式,表现出来的感情,为统治者改善、稳固其统治起到了不可替代的作用。民因乐而宣泄感情(怨情),统治者借乐改进其统治,"与民同乐",正是以此为前提的。这是乐变为乐教有利于统治的第二阶段。

又由于儒家认为人有"君子""小人"之别,乐的至神至妙一时还不能为愚民所理解,但对得天性之正的"君子"而言,却是最好的调节心性的工具。因此,在统治者以乐为统治之术的同时,乐也得到了士人的喜爱。受过正规教育的士大夫们,对"天人合一"的理解当然又深又透,而他们为了追求理想的人格,也迫不及待地想从天地间找到灵气和本性,于是乐就成了帮助他们完成这一切的最好工具。在得不到现实世界理解的时候,或者在现实世界倍觉愉悦的时候,以乐音表达出来,与天地交通,获得人性张扬的快感,于是,乐的抒情内涵被发掘出来,这是乐变为娱乐工具的第三阶段。

步入现代社会,我们对乐的理解已经发生了巨大的变化,基本上以西方的音乐观来代替了古人的乐观,乐的功能也发生了巨大的变化。娱乐功能不断强化,教化功能萎缩不堪,"天人合一"的至乐追求,更是如天方夜谭了。

仁

如果说"礼"是对行为的规范,是处理人与人之间关系的必要手段的话,那么,"仁"就是这些行动本身,是行动的具体实现。如果将"礼"比喻成一张无所不在的网,那么,"仁"就是使这张网张开的力量。只是这个力量不是外在的,而是由每个网结(人)彼此作用产生的。

仁是儒家学说的思想核心。仁,从人从二,讲的就是如何处理好人与人之间的关系。在万余字的《论语》中,孔子讲到"仁"的地方,有一百多处。可见他对仁的重视了。孔子释仁为"爱人",这里的"爱",是友爱、亲近之意,是带有极强主观感情色彩的感情投入。在上古时代,这个爱更多地表现在血缘关系的紧密程度上。这就给"仁"赋予了血缘的最初本义。以"爱人"出发点,每一个单独的个体,都可以通过"爱"与他人发生关系,又由于"爱"与血缘密切相关,因此,"爱人"也就有远近亲疏之别。孔子将最初的范围限定在"事亲",即处理直系亲属与旁系亲属这个层面,"孝弟者也,其为仁之本与?"然而推而广之,施之于社会成员,上至于君王,下至于黎民,都在"仁"所营造的"爱"的氛围中彼此沟通交流。

仁由主观情感的投入开始,延伸于社会却运行于"礼"的范畴之内,这就将内在的情感外化为行为的规范,表现出来的就是封建宗法制度。这正是儒学的精妙之处。通过"仁"，外在的等级制度被转化为内在的道德自觉。从父义、母慈、兄友、弟恭，推而广之，就成了"父子有亲，君臣有义，夫妇有别，长幼有序，朋友有信"，一切伦常都最终转化为主体自觉。在天人合一的世界观影响下，这种源自主体的"仁"，一方面沟通了社会秩序，另一方面，它也是打通天人的唯一工具：仁乃人之本性，而人的本性又与天相沟通，体现着"天理"的必然，于是乎这种社会伦常秩序，也就成了天理的最佳体现，是天意的具体化，是不可更改的，永世长存的。通过这样环环相扣的推理，封建伦常秩序，被证明为天理人性的最好体现，从而反过来约束每一个社会成员：如果不"仁"，冲撞的就不仅仅是封建伦理秩序，而是悖离了天道，违反了天意，必然受到上天的征罚。"天打雷劈"还不行，还得由个体代表天意的皇帝行使天的意旨，用刑罚加以处置。

总而言之，儒家的"仁学"是建立在最切近人伦，最难摆脱的亲情之上，为封建伦理秩序寻到理论依据，因此，它不仅最能为统治者接受，也非常能获得普通百姓的认同。正是基于这一点，所以封建"仁学"能成为整个封建统治的核心思想，成为构筑中国式的"伦理——社会——政治"学说的奠基石。在今天看来，"仁"作为处理人与人之间关系的要素，仍有其积极意义，"老吾老以及人之老，幼吾幼以及人之幼"，亲友之间，长幼之间，相识的不相识的人之间，彼此尊重，彼此友善，"让世界充满爱"。当然，其封建性的糟粕，比如无原则地拉帮结派，排斥异己等，则是我们应该批判和抛弃的。

义

如果说礼是行为规范,仁是儒学的思想内核的话,那么义就是其提出的价值标准。打个现代熟知但不一定恰当的比方,礼是互联网,仁是服务器里的内容,义就是使这此服务器里内容得以彼此联通大家必须共同遵守的文件格式。仁发自个体内心,但其发展趋势却是施诸社会,维持人与人之间的关系,如何评判个体行为的仁与不仁呢,在礼崩乐坏的争霸时代里,就只能用"义"了,因此,在孔子那里,义几乎跟"善"是同义词。当义不能为普通大众所接受时,义又不得不缩小到只对"君子"行为进行约束的价值标准:"君子喻于义,小人喻于利",意思就是只有向善靠近的人,才有资格称得上"君子",否则即为小人。孟子更用"君子犯义"和"小人犯刑"将两者区别开,对君子只实施道德上的谴责,对"小人"则大刑相加,显示出阶级差别。

义作为价值准则,可以说是从"仁"中抽绎出来能为群体接受的价值综合体,也可以说是礼的约束向价值评判方向的延展。因此,义与仁和礼都有着密切的关联,既可以说源自人心,可一旦成为公认的价值标准,其社会属性立即升为主体,成为外在于单个社会成员的客观标准,继而被升格为天理的必然,正义的象征,并跟个体的欲望形成对立。当个体利益跟象征天理的义发生冲突时,"君子"就必须以义为重,而不能因个人利益而放弃义的标准。

文天祥临死前写在腰带中自挽:"孔曰成仁,孟曰取义。惟其义尽,所以仁至。读圣贤书,所学何事? 而今而后,庶几无愧!"表达出他作为南宋状元宰相将毕生精力和生命献给国家(义尽)以达到个人道德修养极至(仁至)的豪迈情怀,对我们理解义的内涵是很在帮助的。朱熹也这么解释义:义在心里,就像一把利刃,外物一来,它就将之截成两片。意思是义犹如"公理",不仅无须论证,即可以作为人们的行为准则,而且还有极强的排它性,绝不可能在义面前犹豫不决,哪怕是生死之类的大节,只要由义作出了判断,就必须断然取之。"舍生取义"赞颂和"背信弃义"批判,从正反两面反映了义在"君子"心目中的崇高地位。

义在后来随着社会观念的改变,其内涵也略有改变。本来在春秋时间主要约束"君子"行为的义,在后世"君子""小人"的概念相对较弱一些的时代,却不断发展变化,成为封建主仆之间仆人对主人尽心尽力的必然要求,似乎有仆人对主人尽"义务"的意思(当然并不只是义务,可以说是一种主动的、自觉自愿的尽忠)。还有就是发展成为普通人之间的一种彼此信任,进而成为"正义"的代名词。如朋友之间讲"义气",行走江湖的人彼此帮助,有所谓"江湖义气",豪侠之士除暴安良,称为"行侠仗义",都是从上古"义"的本意中生发出来的新的文化内涵。

传统文化中的"义"虽然是价值标准,但它毕竟没有经过科学的论证,其内涵也相对模糊,不同的个体对它的认识也允许有一定的差别,这就是为什么自古以来义跟法律出现差距的原因,特别是"江湖义气"由于其中融合了较多的侠文化的内涵,因此,往往跟国家法令不能相容,并因而受到封建正统势力的打压。这种义与法的悖离,直到今天仍然存在,如何正确认识"义"的内涵,在与人交往之中多一份真诚、少一份欺诈,把握好"义气"的度,是我们继承这一传统文化的关键。

知

还是接着上面那个互联网的比喻,礼、仁、义等将互联网建成了,如何上网呢? 必须通过知(智),即学习上网。在封建宗法社会里,孔子提出知,其主要目的不是如何上网,而是如何将他那一整套的礼节秩序、仁义思想贯穿下去,使每个社会成员都心知肚明。他曾说:"生而知之者上也,学而知之者次之,困而学之,又其次也;困而不学,民斯为下矣。"他所"知之"的内容,现代人看来,似乎指科学知识,但孔子心中却是指礼乐仁义等儒学思想。这就决定了儒学所谓知(智),从开始时就具有相当浓的伦理色彩。中国古代文化充满了人文色彩,一切都被转化到人本主义的范畴,包括上古神话,也在很早的时候就已经人文化、人性化,蒙上了道德的圣衣,其根本手段,无非就是儒家学说的伦理化的知的认识方式。

知除作为伦理认识的手段外,还被释为认识和接受自然和社会科学知识的方法,这一点在孔子那里就已得到强调。经宋儒整理的《大学》、《中庸》,更将知的途径具体化为各种不同的步骤:"博学之,审问之,慎思之,明辩之,笃行之",即广泛地学习,详细地寻问,仔细谨慎地思考,明白地辩别,真实地实践,通过严密的逻辑演绎之后,得出结论,然后推行开去:"人一能之,己百之;人十能之,己千之,果能此道矣,虽愚必明,虽柔必强。"达到对宇宙至理的全面而深刻的把握,表现出突破伦理约束,接近真理的一面。《大学》中也表达了类似的意思,就是以"格物致知"作为认识世界的基本手段。只是,理学家的格物,更多地注重从原理上把握,而少有实践精神,这不仅限制了其"格物"范围的广度和深度,而且还影响到认识的科学性、正确度。在明代西学东渐之后,西方实证的认知方式传入中国之后,中国式有着浓厚人文色彩的知,便相形见绌了。相传清初顺治帝时,汉、回、西洋各派的天文学家,都预测到一次日食,结果却是西洋天文学家预测最准,一一吻合,而汉、回天文学家的预测则只准确到那一天,却不能准确到时辰。传统的认知方式,在严密科学的实证面前,败下阵来。空洞的伦理学说,导致了科学精神的失落和科学技术的落后。四大发明诚然是我们的骄傲,但建构起现代社会的科技,远不是四大发明就足以解决问题。而且,四大发明在出现之后,并没有获得改进,造纸术从中国传出,但中国造纸术直到宋元时期才有大的突破性的进展;火药由中国人发明,但到鸦片战争爆发西方列强以坚船利炮作为攻击侵略的手段时,我们还停留在冷武器时代,以弓箭长矛作战;活字印刷也是长时期停留在原始创段,而朝鲜、日本则出现铜活字等较高的印刷科技。发明之后,并无改进,这更说明了伦理化的认识方式对科学精神的扼杀和制约。

与儒学强调知(智)的认知手段不同,道家强调离形去智,用整体的把握代替部分的认知。庄子曾打过一个非常有名的比喻:混沌能识天地至理,后被凿出七窍,本为更好认识世界,却没想到导致了混沌的死亡。通过这个寓言,庄子想说明的无非是,事物是作为一个整体存在的,如果将之进行人为的划分和界说,用耳听,用鼻闻,那么,就会影响对事物整体的认识,如同瞎子摸象,只能得其皮毛,见其部分而不得整体,难以达到认识的目的。

因而他主张绝圣去智,用"心斋""坐忘"的方式以求得在精神上同于大道,游于天地,化认知的过程为一种精神自由的追求。庄子的这种认知方式跟后来传入的佛教"悟"的认知方式,有着深度的契合,成为中国人认识世界的特殊手段,形成中国人直截根源式的审美理念。

兼　爱

　　跟儒家提出"仁"作为对春秋战国纷乱社会的应答不同,墨家提出了"兼爱"的思想作为他们的治世理想。与儒家以仁为核心,以"义"为准则大异其趣,墨家从"兼爱"出发,却以"利"规范行为。不过,墨家所讲的"利",不是个体的私利,而是天下的公利。这种公利,其实质也就相当于儒家的"仁"。所以墨子说:"仁人之所以为事者,必兴天下之利,除去天下之害,以此为事者也。"积极地为天下人谋福利,是墨家的立足根本。跟儒家走"上层路线"不同,墨家提出"兼爱"的主张,而且还身体力行,用自己的实际行动去实现这一目标。墨家之徒行侠仗义,急他人所急,想他人所想的精神,对后世的侠文化有很深的影响,是众所周知的。除此之外,墨家从墨子到其学徒,都亲身参加生产劳动,为他人利益而不爱惜自身,奔走四方解人急难,"墨子兼爱,摩顶放踵,利天下,为之。"这种在生产力极为低下的历史时期,带有小农意识和手工业者色彩的"兼爱"思想,其局限性是很明显的,当时即有人提出:天下那么大,怎么可以通过某些个体的"兼爱"行为达到目的呢? 对此,墨子的回答是:如果我以天下的公利为利,急他人所急,那么,他人也以这样方式去感召更多的人,如此无限制地推衍下去,天下再大,"兼爱"思想也会全部铺开。今天看来,墨子的这种思想,倒有点像我们今天所说的"从我做起,从现在做起"了,而他那种身体力行的精神,也确实给我们愚公移山式的感召力,所以墨家能提出人定胜天的思想,也不是偶然的。

源于墨家的这一"兼爱"思想本来跟儒家的"大同"思想可以互补,但可惜的是,在儒学独尊之后,"仁"学代替"爱"成为唯一的思想核心。而宋代新儒学兴起之后,"内圣"之学更加发达,不仅以身体力行为特色的"兼爱"思想受到排斥,就是"爱"也被看成是"妇人之仁",是主体情感的非健康外露。而为"兼爱"奔走四方解人急难的行为,更在儒学独尊之后,为那些"学而优则仕"的儒学之士所抛弃,只要他们"修身"达到了一定的境界,就可以不必事事亲自过问了,连"齐家"也只停留在思想上,具体事务都是交给管家办理。以这样的学术精神出仕治国平天下,临事之时,捉襟见肘窘态百出,也是可想而知的。

如果我们将墨子这种兼爱思想与西方文化作对照,就会发现西方的"博爱"可以说是墨子"兼爱"思想的最好对译,而且,墨家的"兼爱"还脱去了西方"博爱"的宗教色彩。作为一个现代中国人,"兼爱"的思想在新的历史时期,仍有其积极意义,那就是它对和谐人与人之间的关系所起的作用,是不容怀疑的。我们没有必要否认人的自私之心,但是,如何才能处理好利己与利人之间的关系呢? 也就是说,如何处理好人的社会属性与个体属性之间的矛盾呢? 这时候就涉及到一个做人的原则问题。再说,关怀和爱护他人,如果不危及个人利益,在很大程度上会获得身心愉悦的回报。那么,我们为什么不以"兼爱"作为做人的原则之一呢? 我们也没有必要像先秦思想家那样彼此抗衡,而且,我们生活在现代社会里,重新返过身去观照传统文化时,应该更加理智,更加客观了。因此,也可以更加全面的吸取其有益部分和舍弃其不足和错误。这样,我们不仅可以更有效地继承传统,而且还可以用它作为参照系,去审视观照西方"博爱"的思想,从而使我们的思想境界更上一层楼。

阴　　阳

阴阳这对哲学范畴在古代中国是广泛运用于人生、社会、自然各个方面的,表现于天地则乾为阳坤为阴,表现于人类则男为阳女为阴。可以说,所有古代中国的知识,都是建立在阴阳消息的基础上的。王朝的更替、天道的运行、男女的尊卑、社会的秩序、中医的理论,一切动静、刚柔、虚实、奇偶、盛衰、消息、张弛、进退等等,都是阴阳的不同体现。

阴阳是中国传统文化中一对至关重要的概念,也十分集中地体现了中国传统文化的精神。在《周易》里,阴阳被称为爻,是一横和一断开的横两种不同的符号,三爻组成一卦,共得八卦,八卦两两相叠,得八八六十四卦,共三百八十四爻。也就是说,天地万物的变化,全都体现在这六十四卦当中,而阴阳二爻则是一切变化的根本。但阴阳是由"变"而得,并不是宇宙的根本,所以有"易有太极"之说,阴阳又都是由太极化出。在古代哲学体系中,阴阳是被看作道的具体化,是生一(太极)之后,所表现出来的二个对立面,所以有"一阴一阳谓之道"的说法。在太极分化阴阳(称为太阴、太阳)的基础上,其"阴"中又分出阴阳,其"阳"中也分出阴阳,在那分出的阴阳里再各分阴阳,这样层出不穷地分化下去,宇宙万物的特性也就处于掌握之中了。

阴阳作为一对哲学范畴,其中所含的辨证思想,也是极其丰富的。在中国人的阴阳理论中是以阴为本的,阳为阴之动。在阳刚和阴柔之间,古代中国人对阴柔的重视远胜过对于阳刚,因为在他们看来,阴柔有似天道的无为却又包容万有,所以柔能克刚,水滴石穿,强调的都是阴胜于阳的一面。但是,在以儒家思想为主干建构起来的封建伦理社会里,却又不是女性为主体,而是以男性为主的,这看似矛盾的地方,其实最能见中国传统文化的精髓:古代中国人对事物的认识,从未作静止的审视,而是将所有认识的对象置于运动变化的过程之中的。这种精神在《易》中体现得最充分也最全面。所以,从变的角度看,一切阳都是由阴之动产生的,虽然现实世界是处于不断变化之中的,但动之极,却又是静,动静之间,以静为本,以动为末,因此,在“有为”的社会里,男子理所当然地应该成为主体,但一切阳动最终又必然归于阴静,所以在“无为”的世界里,还得以阴为本。这就是阴阳动静相互转化的辨证关系。

这种动静阴阳的哲学思想,极大地影响了中国文化的精神。清静无为,是道家找到的解脱现实束缚获取精神自由,以沟通自然同于大化的捷径,儒家的“中庸”哲学,则可以说是伦理社会里阴静与阳动的平衡支点。以阴静为本,为统治者的“无为”垂拱而治找到了理论依据。对于每个社会成员而言,以阴静为本的思想,在消解掉个体能动性的同时,也催生出安于现实不思进取的惰性。不过,用阴阳及其相互转化来概括事物的两个方面或者是矛盾的对立,可以说是抓住了事物变化的根本点,最接近事物的本真,是非常科学的。十八世纪德国数学家莱布尼茨发明二进位制,就曾受过耶稣会士带回西方的《易图》的影响,而现代计算和信息编码理论则证明,自然数 $e(2.7183)$ 所传递的信息量最优,而八卦推衍万象,采用的正是三位二进制码(爻数为3,码符为 2)。《周易》六十四卦之所以玄妙无穷,用现代数理来讲,就在于它的信息量最优,最接近自然数,因而最贴近自然宇宙的本质。

八　　卦

　　八卦指《周易》中以阴阳二爻三用所组成的八种卦形,即乾、坤、震、巽、坎、离、艮、兑。以这八种卦象为基础,两两组合,得六十四卦。天地间无穷的奥密,就尽在其中了。关于八卦的起源,很难确指,只能是种种推测而已,有说起源于结绳改书契之时,以阳爻代表大结,以阴爻代表小结;有说代表原始文字的;有说生殖崇拜的;有说是对占卜龟兆模仿的;有说是蓍草排列方式的。其中,以蓍草排列变化的说法比较合理。本来,这种蓍草占卜只不过古代巫法的一种,但因为它具"人谋"的成分,逐渐得到许多人的欢迎而发展起来。春秋战国时,八卦已经跟某些特定的意义相联系。其中最主要的是乾坤两卦,成为阴阳、天地父母的象征,为宇宙和人类社会及家庭伦理确定了基准,为后世儒学理论的系统化和《周易》义理之学的发达,打下了基础。魏晋时期,王弼以老子玄虚之理释易,对八卦义理的深究起了很大的作用。宋代儒学新变,进一步弃去象数之说,专取义理一路,特别是北宋二程,虽同为"五子"中人,但对邵雍的象数之说,即甚为不取。朱熹虽然主张将义理与象数两种玩易的方法结合起来,但他主攻仍在义理,表现出理性精神。

　　不过,八卦还有另外一种神秘化的发展历史。汉代时,《周易》的解释跟阴阳谶纬之学结合起来,形成了所谓的卦气说。不同的卦象与气候历法相配合,以坎、离、震、兑配四方与四时,称为四正卦或四方伯,四卦中的二十四爻也与二十四节气相配;复、临、泰、大壮等十二卦配十二月,称为十二消息卦或十二辟卦。十二卦中的七十二爻,配七十二候。四卦之外的六十杂卦共三百六十爻,也勉强跟一年的三百六十五日相配。这样,六十四卦跟节候运行相配,也就被赋予了预测天灾人祸意义,成为除神巫祭司之外,任何人都可以用来推算的工具。汉代以后,象数学发展,又逐渐跟术数命相之学结合起来,形成所谓太乙行九宫之法,进而演化出奇门遁甲之术,八卦的功能更加神秘化,各种各样的算命术,就是以此为基础衍生出的。指南针发明之后,汉人将“司南”的神妙功效跟八卦方位结合起来,配以天地四方、五行、二十八宿,形成了堪舆的理法和形法,八卦的功能又延伸到确定住宅的位置、朝向和坟地方位的“指南针”,某种宅命的人,就只能建造和居住在某种宅里,才算是大吉大利,否则就会与主人不利。八卦在发展过程中,还被道教顺便借鉴过来,补充其教理。早期的太平道即受“卦气说”的影响,用八卦中天地运化的道理解释气数命运和生老病死的无常。东晋时道教中出现了《八卦符》这样的“大符”,很显然,八卦已经成了道士们驱神赶鬼的得力工具。道教内丹派在借鉴八卦方面,也没有落后,自古就是“天人合一”的,八卦能跟天地节候相配,也就可以毫不费力地跟人身各部位配合起来。

　　除上面提到的之外,八卦在古代中国的应用还有许多。由此不难看出,八卦作为古代蓍法的一种,因其本身具有象征意义并包涵着辩证思维,特别是前面提到的,它的运算最接近自然数,可负载的信息量最大,具有无穷变化的“神妙”之功,因此能在后来的发展过程中,不断地被运用。从前面的论述中可以看出,向乎所有后起的思想,都一无例外地吸取了八卦的“灵感”,

而八卦又一无例外地使这些思想得以系统化和完整化。这就说明八卦确实有着极大的信息量,面对任何问题,都能左右逢源,应对无碍。今天,我们对八卦的研究仍在继续,其中的奥妙仍有待揭示。但是,我们明白了八卦的思想之源,就可以更好地利用它而不是将之视为神秘或迷信的工具了。

思　考　题

简述原典及原典之外对于文化的意义。

从文化学的角度分析,龙的形象说明了什么?

早期的巫史文化(史官文化)有何特征? 西周的宗法制有什么积极性和消极性?

春秋战国时代,士的兴起具备了哪些条件?

诸子百家中显学具有哪几方面的特征?

为什么诸子百家会形成"和而不同"的时代精神?

附：参考文献

天　道

戴　震

　　道，犹行也[1]，气化流行，生生不息，是故谓之道。《易》曰："一阴一阳之谓道。"《洪范》[2]："五行：一曰水，二曰火，三曰木，四曰金，五曰土。"行亦道之通称，举阴阳则赅五行，阴阳各具五行也；举五行即赅阴阳，五行各有阴阳也。《大戴礼记》曰："分于道谓之命，形于一谓之性。"[3]言分于阴阳五行以有人物，而人物各限于所分以成其性。阴阳五行，道之实体也；血气心知，性之实体也。有实体，故可分；惟分也，故不齐。古人言性惟本于天道如是。

　　问：《易》曰："形而上者谓之道，形而下者谓之器。"[4]程子云："惟此语截得上下最分明；元来止此是道，要在人默而识之。"[5]后儒言道，多得之此。朱子云："阴阳，气也，形而下者也；所以一阴一阳者，理也，形而上者也。道即理之谓也。"朱子此言，以道之称惟理足以当之[6]。今但曰"气化流行，生生不息"，乃程、朱所目为形而下者；其说据《易》之言以为言，是以学者信之。然则《易》之解可得闻欤？

曰：气化之于品物，则形而上下之分也；形乃品物之谓，非气化之谓。《易》又有之："立天之道，曰阴与阳。"[7]直举阴阳，不闻辨别所以阴阳而始可当道之称，岂圣人立言皆辞不备哉？一阴一阳流行不已，夫是之为道而已。古人言辞，"之谓"、"谓之"有异。凡曰"之谓"，以上所称解下，如《中庸》"天命之谓性，率性之谓道，修道之谓教"，此为"性"、"道"、"教"言之，若曰："性也者，天命之谓也；道也者，率性之谓也；教也者，修道之谓也。"《易》"一阴一阳之谓道"，则为"天道"言之，若曰："道也者，一阴一阳之谓也。"凡曰"谓之"者，以下所称之名辨上之实，如《中庸》"自诚明，谓之性；自明诚，谓之教"，此非为"性"、"教"言之，以"性"、"教"区别"自诚明"、"自明诚"二者耳。《易》"形而上者谓之道，形而下者谓之器"，本非为"道"、"器"言之，以"道"、"器"区别其"形而上"、"形而下"耳。形，谓已成形质；形而上，犹曰形以前，形而下，犹曰形以后。阴阳之未成形质，是谓形而上者也，非形而下明矣。器，言乎一成而不变；道，言乎体物而不可遗。不徒阴阳非形而下，如五行水火木土金，有质可见，固形而下也，器也；其五行之气，人物咸禀受于此，则形而上者也。《易》曰"一阴一阳"，《洪范》言"初一曰五行"，举阴阳，举五行，即赅鬼神；《中庸》言鬼神之"体物而不可遗"[8]，即物之不离阴阳五行以成形质也。由人物溯而上之，至是止矣。《六经》、孔、孟之书，不闻理气之辨；而后儒创言之，遂以阴阳属形而下，实失道之名义也。

注释：

[1] 戴震《绪言》说："道犹行也，路也，三名而实一，惟路字专属途路。《诗》三百篇，多以行字当道字。"

[2] 《洪范》，《尚书》篇名。

[3] 见《大戴礼记·本命篇》。

［4］见《易·系辞上》。

［5］见《程氏遗书》卷三。

［6］见朱熹《通书注》第一章。又《朱子语类》卷一云："未有天地之先,毕竟也只是理。有此理便有此天地,若无此理便亦无天地。"可见他认为理是先天的,这是唯心主义思想。

［7］见《易·说卦》。

［8］《中庸》言鬼神"体物而不可遗"。戴震《中庸补注》："阴阳五行,气化之实也,鬼神即以名其精气为品物流行之本,故曰体物而不可遗,未能遗之以生者也。"他把鬼神看作精气的别名,是万物之所以能运动变化的根本。

仁 义 礼 智

戴 震

仁者,生生之德也。"民之质矣,日用饮食",无非人道所以生生者。一人遂其生,推之而与天下共遂其生,仁也。言仁可以赅义,使亲爱长养不协于正大之情,则义有未尽,亦即为仁有未至。言仁可以赅礼,使无亲疏上下之辨,则礼失而仁亦未为得。且言义可以赅礼,言礼可以赅义;先王之以礼教,无非正大之情;君子之精义也,断乎亲疏上下,不爽几微;而举义举礼可以赅仁,又无疑也。举仁义礼可以赅智,智者,知此者也。《易》曰:"立人之道,曰仁与义。"而《中庸》曰:"仁者,人也,亲亲为大;义者,宜也,尊贤为大;亲亲之杀,尊贤之等[1],礼所生也。"益之以礼,所以为仁至义尽。语德之盛者,全乎智仁而已矣;而《中庸》曰:"智仁勇三者,天下之达德也。"益之以勇,盖德之所以成也。就人伦日用究其精微之极致,曰仁,曰义,曰礼;合三者以断天下之事,如权衡之于轻重,于仁无憾,于礼义不愆,而道尽矣。若夫德性之存乎其人,则曰智,曰仁,曰勇,三者才质之美也;因才质而进之以学,皆可至于圣人。自人道溯之天道,自人之德性溯之天德,则气化流行,生生不息,仁也。由其生生,有自然之条理,观于条理之秩然有序,可以知礼矣;观于条理之截然不可乱,可以知义矣。在天为气化之生生,在人为其生生之心,是乃仁之为德也;在天为气化推行之条理,在人为其心知之通乎条理而不紊,是乃智之为德也。惟条理,是以生生,条理苟失,则生生之道绝。凡仁义对文及智仁对文,皆兼生生、条理而言之者也。

注释:

[1] 亲亲,上亲字为动词,下亲字指亲属。杀,逐渐减轻。亲亲之杀,是说对亲属的亲爱,因关系的远近而分别轻重。等,等次。尊贤之等,是说对贤才的尊重,因其大小而分别等次。

答刘禹锡天论书

柳宗元

宗元白:发书得天论三篇,以仆所为天说为未究[1],欲毕其言。始得之,大喜,谓有以开明吾志虑[2]。及详读五六日,求其所以异吾说,卒不可得。其归要曰[3]:“非天预乎人也。”凡子之论,乃吾天说传疏耳[4],无异道焉。谆谆佐吾言,而曰有以异,不识何以为异也? 子之所以为异者,岂不以赞天之能生植也歟[5]? 夫天之能生植久矣,不待赞而显。且子以天之生植也,为天耶? 为人耶? 抑自生而植乎? 若以为为人,则吾愈不识也。若果以为自生而植,则彼自生而植耳,何以异夫果蓏之自为果蓏,痈痔之自为痈痔,草木之自为草木耶?是非为虫谋明矣,犹天之不谋乎人也。彼不我谋,而我何为务胜之耶?子所谓交胜者,若天恒为恶,人恒为善,人胜天则善者行。是又过德乎人,过罪乎天也[6]。又曰:"天之能者生植也,人之能者法制也。"是判天与人为四而言之者也[7]。余则曰:生植与灾荒,皆天也;法制与悖乱,皆人也;二之而已。其事各行不相预,而凶丰理乱出焉[8],究之矣。凡子之辞,枝叶甚美,而根不直取以遂焉[9]。又子之喻乎旅者,皆人也,而一曰天胜焉,一曰人胜焉,何哉[10]?莽苍之先者,力胜也;邑郛之先者,智胜也[11]。虞芮,力穷也;匡宋,智穷也[12]。是非存亡,皆未见其可以喻乎天者。若子之说,要以乱为天理,理为人理耶?谬矣。若操舟之言人与天者[13],愚民恒说耳。幽厉之云为上帝者[14],无所归怨之辞尔。皆不足喻乎道。子其熟之[15]!无羡言侈论以益其枝叶[16],姑务本之为得,不亦裕乎[17]!独所谓无形为无常形者[18],甚善。宗元白。

注释:

[1]未究,未尽。

[2]开明吾志虑,启发我的思想。

[3]归要,主旨,中心思想。

[4]传疏,注解。

[5]生植,生育繁殖。

[6]过德乎人,过分地对人感恩;过罪乎天,过分地加罪于天。

[7]刘禹锡《天论上》说:"天之道在生植,其用在强弱;人之道在法制,其用在是非。"所以柳宗元说他分天与人为四。

[8]凶丰,凶年与丰年。理乱,治乱。

[9]根不直取以遂,不直接提出根本来说明道理。

[10]刘禹锡在《天论中》说:"夫旅者群适乎莽苍,求休乎茂木,饮乎水泉,

必强有力者先焉,……斯非天胜乎? 群次乎邑郛,求荫于华榱,饱于
饩牢,必圣且贤者先焉,……斯非人胜乎?"他把强有力说成天,圣且
贤说成人,而柳宗元则认为都是人。

[11] 莽苍,《庄子·逍遥游》:"适莽苍者三餐而反。"成玄英疏:"莽苍,郊野之
色,遥望之不甚分明也。"郛音孚,外城曰郛。邑郛指城市,莽苍指郊野。

[12] 虞芮是周文王的故事,《史记·周本纪》:"西伯(即文王)阴行善,诸侯
皆来决平。于是虞芮之人,有狱不能决,乃如周。入界,耕者让畔,民
俗皆让长。虞芮之人皆惭,……遂还,俱让而去。"匡宋是孔子的故
事。《史记·孔子世家》:"孔子将适陈,过匡,匡人以为鲁阳虎。……
拘焉五日。……孔子使从者为宁武子臣于卫,然后乃去。"又云:"孔
去曹适宋,与弟子习礼大树下。宋司马桓魋欲杀孔子,拔其树,孔子
去。"这里虞芮指有礼让的地方,匡宋指没有礼让的地方。

[13] 见刘禹锡《天论中》。

[14] 幽厉之诗,指《诗经·小雅·菀柳》及《大雅·板》。前者《毛传》说是"刺
厉王也",诗中有"上帝甚蹈"句;后者《毛传》说是"刺厉王也",诗中有
"上帝板板"句。

[15] 熟,熟思。

[16] 羡言侈论,多说。

[17] 裕,宽绰,充足。

[18] 见刘禹锡《天论中》的结语。

无　为　论[1]

何　晏

　　天地万物皆以无为为本[2]。无也者,开物成务,无往不存者
也[3]。阴阳恃以化生[4],万物恃以成形,贤者恃以成德[5],不肖
恃以免身[6],故无之为用,无爵而贵矣。

注释:

[1]《晋书》卷四十三《王衍传》中有一段话叙述何晏、王弼的主要思想,清代严可均辑的《全三国文》,将这一段话算作何晏的文章,加上这个标题。

[2]无为,即道家所说的无为而自然。何晏认为天地万物的存在和变化,都是自然而然,无所作为,所以说"天地万物皆以无为为本"。

[3]无,用来表达天地万物的本体的名称,指无形、无名的本体,也即所谓"道"。何晏在《道论》中说:"有之为有,恃无以生;事而为事,由无以成。"在《无名论》中说:"夫道者,惟无所有者也。自天地以来,皆有所有矣,然犹谓之道者,以其能复用无所有也。""开物成务"语见《周易·系辞上》。开,开始。成,完成。开物成务,无往不存,是说,"无"在一切事物发生、成长变化的过程中是普遍存在的。

[4]恃,依赖。阴阳恃以化生,是说阴阳二气依赖无的本体,才能化生万物。

[5]成德,使自己的道德得到完成。

[6]免身,免于刑罚。

逍 遥 游(节选)

庄 周

北冥有鱼[1],其名曰鲲[2]。鲲之大,不知其几千里也;化而为鸟,其名为鹏[3]。鹏之背,不知其几千里也;怒而飞[4],其翼若垂天之云[5]。是鸟也,海运则将徙于南冥[6]。南冥者,天池也[7]。齐谐者[8],志怪者也[9]。谐之言曰:"鹏之徙于南冥也,水击三千里[10],抟扶摇而上者九万里[11],去以六月息者也[12]。"野马也[13],尘埃也[14],生物之以息相吹也[15]。天之苍苍,其正色邪?其远而无所至极邪[16]?其视下也,亦若是则已矣。且夫水之积也不厚,则其负大舟也无力。覆杯水于坳堂之上[17],则芥为之舟[18];置杯焉则胶,水浅而舟大也。风之积也不厚,则其负大翼也无力,故九万里而风斯在下矣[19]。而后乃今培风[20],背负青天而莫之夭阏者[21],而后乃今将图南。蜩与学鸠笑之曰[22]:"我决起而飞[23],枪榆枋[24],时则不至,而控于地而已矣[25];奚以之九万里而南为[26]?"适莽苍者[27],三飡而反[28],腹犹果然[29];适百里者,宿舂粮[30];适千里者,三月聚粮。之二虫又何知[31]? 小知不及大知[32],小年不及大年。奚以知其然也? 朝菌不知晦朔[33],蟪蛄不知春秋[34],此小年也。楚之南有冥灵者[35],以五百岁为春,五百岁为秋;上古有大椿者[36],以八千岁为春,八千岁为秋[37]。而彭祖乃今以久特闻[38],众人匹之[39],不亦悲乎?

汤之问棘也,是已[40]:"穷发之北有冥海者[41],天池也。有鱼焉,其广数千里,未有知其修者[42],其名曰鲲。有鸟焉,其名为鹏,背若太山[43],翼若垂天之云;抟扶摇羊角而上者九万里[44],绝云气[45],负青天,然后图南,且适南冥也。斥鴳笑之曰[46]:'彼且奚适也? 我腾跃而上,不过数仞而下[47],翱翔蓬蒿之间,此亦飞之至也[48]。而彼且奚适也?'"此亦小大之辩也[49]。

故夫知效一官[50],行比一乡[51],德合一君,而征一国者[52],其自视也,亦若此矣。而宋荣子犹然笑之[53]。且举世而誉之而不加劝[54],举世而非之而不加沮[55],定乎内外之分[56],辩乎荣辱之境[57],斯已矣。彼其于世,未数数然也[58]。虽然,犹有未树也。夫列子御风而行[59],泠然善也[60],旬有五日而后反[61]。彼于致福者[62],未数数然也。此虽免乎行,犹有所待者也[63]。若夫乘天地之正[64],而御六气之辩[65],以游无穷者,彼且恶乎待哉[66]? 故曰:至人无己[67],神人无功[68],圣人无名[69]。

注释:

[1] 冥,亦作溟,海之意。"北冥",就是北方的大海。下文的"南冥"仿此。

传说北海无边无际,水深而黑。

[2] 鲲,本指鱼卵,这里借表大鱼之名。

[3] 鹏,本为古"凤"字,这里用表大鸟之名。

[4] 怒,奋起。

[5] 垂,边远;这个意义后代写作"陲"。一说遮,遮天。

[6] 海运,海水运动,这里指汹涌的海涛;一说指鹏鸟在海面飞行。徙,迁徙。

[7] 天池,天然的大池。

[8] 齐谐,书名。一说人名。

[9] 志,记载。

[10] 击,拍打,这里指鹏鸟奋飞而起双翼拍打水面。

[11] 抟,环绕而上。一说"抟"当作"搏",拍击的意思。扶摇:又名叫飙,由地面急剧盘旋而上的暴风。

[12] 去,离,这里指离开北海。息,停歇。

[13] 野马,春天林泽中的雾气。雾气浮动状如奔马,故名"野马"。

[14] 尘埃,扬在空中的土叫"尘",细碎的尘粒叫"埃"。

[15] 生物,概指各种有生命的东西。息,这里指有生命的东西呼吸所产生的气息。

[16] 极,尽。

[17] 覆,倾倒。坳,坑凹处,"坳堂",指厅堂地面上的坑凹处。

[18] 芥,小草。

[19] 斯,则,就。

[20] 而后乃今,意思是这之后方才;以下同此解。培,通作"凭",凭借。

[21] 莫,这里作没有什么力量讲。夭阏,又写作"夭遏",意思是遏阻、阻拦。"莫之夭阏"即"莫夭阏之"的倒装。

[22] 蜩,蝉。学鸠,一种小灰雀,这里泛指小鸟。

[23] 决,通作"駃",迅疾的样子。

[24] 枪,突过。榆枋,两种树名。

[25] 控,投下,落下来。

[26] 奚以，何以。之，去到。为，句末疑问语气词。

[27] 适，往，去到。莽苍，指迷茫看不真切的郊野。

[28] 飡，同餐。反，返回。

[29] 犹，还。果然，饱的样子。

[30] 宿，这里指一夜。

[31] 之，这。二虫，指上述的蜩与学鸠。

[32] 知，通"智"，智慧。

[33] 朝，清晨。晦朔，一个月的最后一天和最初一天。一说"晦"指黑夜，
    "朔"指清晨。

[34] 蟪蛄，即寒蝉，春生夏死或夏生秋死。

[35] 冥灵，传说中的大龟；一说树名。

[36] 大椿，传说中的古树名。

[37] 根据前后用语结构的特点，此句之下当有"此大年也"一句，但传统本
    子均无此句。

[38] 彭祖，古代传说中年寿最长的人。乃今，而今。以，凭。特，独。闻，
    闻名于世。

[39] 匹，配，比。

[40] 汤，商汤。棘，汤时的贤大夫。已，矣。

[41] 穷发，不长草木的地方。

[42] 修，长。

[43] 太山，大山。一说即泰山。

[44] 羊角，旋风，回旋向上如羊角状。

[45] 绝，穿过。

[46] 斥鴳，一种小鸟。

[47] 仞，古代长度单位，周制为八尺，汉制为七尺，这里应从周制。

[48] 至，极点。

[49] 辩，通作"辨"，辨别、区分的意思。

[50] 效，功效；这里含有胜任的意思。官，官职。

[51] 行，品行。比，比并。

[52] 而,通作"能",能力。征,取信。

[53] 宋荣子,一名宋钘,宋国人,战国时期的思想家。犹然,讥笑的样子。

[54] 举,全。劝,劝勉,努力。

[55] 非,责难,批评。沮,沮丧。

[56] 内外,这里分别指自身和身外之物。在庄子看来,自主的精神是内在的,荣誉和非难都是外在的,而只有自主的精神才是重要的、可贵的。

[57] 境,界限。

[58] 数数然,急急忙忙的样子。

[59] 列子,郑国人,名叫列御寇,战国时代思想家。御,驾驭。

[60] 泠然,轻盈美好的样子。

[61] 旬,十天。有,又。

[62] 致,罗致,这里有寻求的意思。

[63] 待,凭借,依靠。

[64] 乘,遵循,凭借。天地,这里指万物,指整个自然界。正,本;这里指自然的本性。

[65] 御,含有因循、顺着的意思。六气,指阴、阳、风、雨、晦、明。辩,通作"变",变化的意思。

[66] 恶,何,什么。

[67] 至人,这里指道德修养最高尚的人。无己,清除外物与自我的界线,达到忘掉自己的境界。

[68] 神人,这里指精神世界完全能超脱于物外的人。无功,不建树功业。

[69] 圣人,这里指思想修养臻于完美的人。无名,不追求名誉地位。

易 教 上

章学诚

《六经》皆史也。古人不著书;古人未尝离事而言理,《六经》

皆先王之政典也。或曰：《诗》、《书》、《礼》、《乐》、《春秋》，则既闻命矣；《易》以道阴阳，愿闻所以为政典而与史同科之义焉。曰：闻诸夫子之言矣："夫易开物成务，冒天下之道"，知来藏往，"吉凶与民同患"，其道盖包政教典章之所不及矣；象天法地，"是兴神物，以前民用"[1]，其教盖出政教典章之先矣。《周官》太卜"掌《三易》之法，夏曰《连山》，殷曰《归藏》，周曰《周易》"[2]，各有其象与数，各殊其变与占[3]，不相袭也。然《三易》各有所本，《大传》所谓庖羲、神农与黄帝、尧、舜是也[4]。由所本而观之，不特三王不相袭，三皇五帝亦不相沿矣。盖圣人首出御世，作新视听，神道设教[5]，以弥纶乎礼乐刑政之所不及者[6]，一本天理之自然；非如后世托之诡异妖祥，谶纬术数[7]，以愚天下也。夫子曰："我观夏道，杞不足征，吾得夏时焉；我观殷道，宋不足征，吾得《坤乾》焉。"[8]夫夏时，《夏正》书也；《坤乾》，《易》类也。夫子憾夏商之文献无所征矣，而《坤乾》乃与《夏正》之书同为观于夏商之所得，则其所以厚民生与利民用者，盖与治宪明时同为一代之法宪[9]，而非圣人一己之心思，离事物而特著一书，以谓明道也。夫悬象设教与治宪授时[10]，天道也；礼、乐、诗、书与刑政、教令，人事也。天与人参，王者治世之大权也。韩宣子之聘鲁也，观书于太史氏，得见《易象》、《春秋》，以为周礼在鲁[11]。夫《春秋》乃周公之旧典，谓周礼之在鲁可也。《易象》亦称周礼，其为政教典章，切于民用而非一己空言，自垂昭代而非相沿旧制[12]，则又明矣。夫子曰："《易》之兴也，其于中古乎！作《易》者其有忧患乎！"[13]顾氏炎武尝谓：《连山》、《归藏》不名为《易》，太卜所谓《三易》，因《周易》而牵连得名[14]。今观八卦起于伏羲，《连山》作于夏后，而夫子乃谓《易》兴于中古，作《易》之人独指文王，则《连山》、《归藏》不名为《易》，又其征矣。或曰：文王拘幽，未尝得位行道，岂得谓之作《易》以垂政典欤？曰：八卦为《三易》所同,文王自就八卦而系之辞。商道之衰,文王与民同其忧患,故反覆于处忧患之道而要于无咎,非创制也。武、周既定天下[15],遂名《周易》而立一代之典教,非文王初意所计及也。夫子生不得位,不能创制立法以前民用,因见《周易》之于道法,美善无可复加,惧其久而失传,故作《彖》、《象》、《文言》诸传以申其义蕴[16],所谓"述而不作"[17],非力有所不能,理势固有所不可也。后儒拟《易》,则亦妄而不思之甚矣。彼其所谓理与数者,有以出《周易》之外邪? 无以出之,而惟变其象数法式,以示与古不相袭焉;此王者宰制天下,作新耳目,殆知汉制所谓色黄数五[18],事与改正朔而易服色者为一例也[19]。扬雄不知而作,则以九九八十一者变其八八六十四矣[20]。后代大儒多称许之,则以其数通于治宪,而蓍揲合其吉凶也[21]。夫数乃古今所共,凡明于宪学者皆可推寻,岂必《太玄》而始合哉! 蓍揲合其吉凶,则又阴阳自然之至理,诚之所至,探筹钻瓦[22],皆可以知吉凶,何必支离其文,艰深其学,然后可以知吉凶乎!《元包》妄托《归藏》[23],不足言也。司马《潜虚》又以五五更其九九[24],不免贤者之多事矣。故《六经》不可拟也,先儒所论,仅谓畏先圣而当知严惮耳;此指扬氏《法言》[25]、王氏《中说》[26],诚为中其弊矣。若夫《六经》,皆先王得位行道,经纬世宙之迹,而非托于空言,故以夫子之圣,犹且述而不作。如其不知妄作,不特有拟圣之嫌,抑且蹈于僭窃王章之罪也[27],可不慎欤!

注释:

[1] 以上引文均见《周易·系辞》。

[2] 见《周礼·春官·大宗伯·太卜》职。

[3]《周礼·春官》贾《疏》说,《连山易》"其卦以纯艮为首,艮为山,山上山下,是名连山"。《归藏易》"以纯坤为首,坤为地,故万物莫不归而藏

于中，故名为《归藏》也"。《周易》"以纯乾为首，乾为天，天能周币于四时，无所不备。故名《易》为《周》也。"又《周礼》说《三易》"其经卦皆八，其别皆六十有四。"郑注："《三易》卦别之数亦同，其名占异也。"贾疏："占异者，谓《连山》、《归藏》占七八，《周易》占九六。"章说本此。

[4]《大传》即《周易·系辞》。《系辞》下有"庖羲氏没，神农氏作；神农氏没，黄帝、尧、舜氏作"语。

[5]《周易·说卦》象辞："圣人以神道设教而天下服矣。"

[6] 弥纶语本《周易·系辞》"弥纶天地之道"，包罗的意思。这里也可当作补充的意思。

[7] 谶纬术数，汉朝以后方士依傍《六经》而造作的迷信书籍和方术。

[8] 见《礼记·礼运》。杞是夏代之后，宋是殷代之后。征，证明。夏时，夏代的历法；《坤乾》即《归藏易》。

[9] 治宪，制定历法。明时，分清四季。

[10]《系辞上》："圣人设卦观象，系辞焉而明吉凶。"悬象设教，是说利用卦象来立教。

[11] 见《左传》昭公二年。韩宣子名起，晋国之卿。太史，掌管图书的官。

[12] 昭代，指当代。

[13] 见《系辞下》。相传文王被商纣拘囚在羑里而演《周易》，所以说"作《易》者其有忧患乎"。

[14] 见顾炎武《日知录》卷一《三易》。

[15] 武、周，周武王和周公。

[16]《史记·孔子世家》："孔子晚而喜《易》，序《彖》、《系》、《象》、《说卦》、《文言》。"

[17] 见《论语·述而》。

[18] 汉武帝时，司马迁、儿宽等均从贾谊之说，以汉为土德，色尚黄，数用五。

[19] 历代改朝换帝之初，都要改正朔，易服色，表示不相沿袭。正朔有三：周为天正，色尚赤，以十一月为岁首。殷为地正，色尚白，以十二月为岁首。夏为人正，色尚黑，以正月为岁首。

[20] 扬雄摹仿《易经》作《太玄经》,太玄从一玄分为三方,每方又分为三州,每州又分为三部,每部又分为三家,所以共有九九八十一家。《太玄》中的八十一首,就像《易经》的六十四卦。

[21] 蓍揲,即卜筮。蓍是卜筮时所用的草,揲是逐次把蓍草拿出四条,到最后剩下若干条作为阴阳数。

[22] 筹,竹签。瓦,瓦片。《周官·太卜》有"瓦兆",后世巫师击瓦,观其纹理以卜吉凶叫"瓦卜"。

[23] 《元包》,是后周卫元嵩所撰。体系颇近《太玄》,以坤为首。所以说他"妄托《归藏》"。

[24] 《潜虚》,是宋司马光所撰,也是摹仿《太玄》,但以五行为本,五五二十五,两之得五十章,象《太玄》之八十一首。

[25] 扬雄撰《法言》十三篇,文词摹仿《论语》。

[26] 《中说》十卷,旧题隋王通撰,摹仿《论语》。

[27] 王章,帝王的典章。

礼 乐 论

王安石

气之所禀命者,心也。视之能必见,听之能必闻,行之能必至,思之能必得,是诚之所至也。不听而听,不视而明,不思而得,不行而至,是性之所固有而神之所自生也,尽心尽诚者之所至也[1]。故诚之所以能不测者,性也。贤者尽诚以立性者也,圣人尽性以至诚者也[2]。

神生于性,性生于诚,诚生于心,心生于气,气生于形。形者有生之本,故养生在于保形,充形在于育气,养气在于宁心,宁心在于致诚,致诚在于尽性,不尽性不足以养生。能尽性者,至诚者也;能至诚者,宁心者也;能宁心者,养气者也;能养气者,保形者也;能保形者,养生者也;不养生不足以尽性也。生与性之相因循,志之与气相为表里也;生浑则蔽性,性浑则蔽生,犹"志一则动气,气一则动志"也[3]。

先王知其然,是故体天下之性而为之礼,和天下之性而为之乐。礼者,天下之中经;乐者,天下之中和;礼乐者,先王所以养人之神,正人气而归正性也[4]。是故大礼之极,简而无文;大乐之极,易而希声;简易者,先王建礼乐之本意也[5]。

世之所重,圣人之所轻;世之所乐,圣人之所悲。非圣人之情与世人相反,圣人内求,世人外求。内求乐者得其性,外求乐者得其欲;欲易发而性难知,此情性之所以正反也[6]。衣食所以养人之形气,礼乐所以养人之性也。礼反其所自始,乐反其所自生,吾于礼乐,见圣人所贵其生者至矣[7]。世俗之言曰:养生非君子之事,是未知先王建礼乐之意也。养生以为仁,保气以为义,去情却欲以尽天下之性[8],修神致明以趋圣人之域[9]。

圣人之言,莫大颜渊之问。"非礼勿视,非礼勿听,非礼勿言,非礼勿动"[10],则仁之道亦不远也。耳非取人而后聪,目非取人而后视,口非取诸人而后言也,身非取诸人而后勤也。其守至约,其取至近,有心有形者皆有之也,然而颜子且犹病之,何也? 盖人之道莫大于此。非礼勿听,非谓掩耳而避之,天下之物不足以干吾之聪也;非礼勿视,非谓掩目而避之,天下之物不足以乱吾之明也;非礼勿言,非谓止口而无言也,天下之物不足以易吾之辞也;非礼勿动,非谓止其躬而不动,天下之物不足以干吾之气也。天下之物,岂特形骸自为哉? 其所由来盖微矣。不听之时,有先听焉;不视之时,有先明焉;不言之时,有先言焉;不动之时,有先动焉;圣人之门,惟颜子可以当斯语矣。是故非耳以为听而不知所以听者,不足以尽天下之听;非目以为明而不知所以明者,不足以尽天下之视;聪明者,耳目之所能为;而所以聪明者,非耳目之所能为也。是故待钟鼓而后乐者,非深于乐者也;待玉帛而后恭者,非深于礼者也[11]。蒉桴土鼓,而乐之道备矣;燔黍捭豚,污尊抔饮,礼既备矣[12]。然大裘无文,大辂无饰,圣人独以其事之所贵者何也?所以明礼乐之本也[13]。故曰,"礼之近人情,非其至者也"[14]。

曾子谓孟敬子,"君子之所贵乎道者三:动容貌,斯远暴慢矣;正颜色,斯近信矣;出辞气,斯远鄙倍矣。笾豆之事,则有司存"[15]。观此言也,曾子而不知道也则可,使曾子而为知道,则道不违乎言貌辞气之间,何待于外哉!是故古之人目击而道已存,不言而意已传[16],不赏而人自劝,不罚而人自畏[17],莫不由此也。是故先王之道,可以传诸言,效诸行者,皆其法度刑政,而非神明之用也。《易》曰:"神而明之,存乎其人;默而成之,不言而信,存乎德行。"[18]去情却欲而神明生矣,修神致明而物自成矣,是故君子之道鲜矣。齐明其心,清明其德[19],则天地之间所有之物皆自至矣。君子之守至约而其至也广,其取至近而其应也远。《易》曰:"拟之而后言,议之而后动;拟议以成其变化。"[20]变化之应,天人之极致也。是以《书》言天人之道,莫大于《洪范》。《洪范》之言天人之道,莫大于貌、言、视、听、思。大哉。圣人独见之理,传心之言乎[21]!储精晦息而通神明。

君子之所不失者三:"不失色于人,不失口于人,不失足于人。"[22]不失色者,容貌精也;不失口者,语默精也;不失足者,行止精也。君子之道也,语其大则天地不足容也,语其小则不见秋毫之末,语其强则天下莫能敌也,语其约则不能致。传记圣人之遗言曰,"大礼与天地同节,大乐与天地同和"[23],盖言性也。大礼性之中,大乐性之和,中和之情通乎神明,故圣人储精九重[24],仪凤凰[25],修五事而关阴阳,是[以]天地位而三光明,四时行而万物和。《诗》曰："鹤鸣于九皋,声闻于天。"[26]故孟子曰:我善养吾浩然之气,充塞乎天地之间[27]。扬子曰:"貌、言、视、听、思,性所有"[28],"潜天而天,潜地而地"[29]也。

　　呜呼!礼乐之意不传久矣,天下之言养生修性者,归于浮屠老子而已;浮屠老子之说行,而天下为礼乐者,独以顺流俗而已。夫使天下之人驱礼乐之文以顺流俗为事,欲成治其国家者,此梁晋之君所以取败之祸也[30]。然而世无知之也者何耶?特礼乐之意大而难知,老子之言近而易轻。圣人之道得诸己,从容人事之间而不离其类焉;浮屠直空虚穷苦,绝山林之间,然后足以善其身而已。由是观之,圣人之与释、老,其远近难易可知也。是故赏与古人同而劝不同,罚与古人同而威不同,仁与古人同而爱不同,智与古人同而识不同,言与古人同而信不同。同者道也,不同者心也。《易》曰:"苟非其人,道不虚行。"[31]

　　昔宓子贱为单父之人化焉[32]。今王公大人有尧、舜、伊尹之势而无子贱一邑之功者,得非学术素浅而道未明欤!夫天下之人,非不勇为圣人之道;为圣人之道者,时务速售诸人以为进取之阶。今夫进取之道,譬诸钩索物耳,幸而多得其数,则行为王公大人;若不幸而少得其数,则裂逢掖之衣为商贾矣[33]。由是观之,王公大人同商贾之得志者也,此之谓学术浅而道不明。由此观之,得志而居人之上,复治圣人之道而不舍焉,岁人矣。内而好爱之容蛊其欲,外而便嬖之谀骄其志,向之所能者日已忘矣,今之所好者日已至矣。

　　孔子曰:"有颜回者好学,不迁怒,不贰过。"又曰:"吾见其进,未见其止也。"[34]夫颜子之所学者,非世人之所学,不迁怒者,求诸己;不贰过者,见不善之端而止之也。世之人所谓退,颜子之所谓进(也);世人之所谓益,颜子之所谓损也。《易》曰:"损先难而后易"[35],颜子之谓也。耳损于声,目损于色,口损于言,身损于动,非先难欤?及其至也,耳无不闻,目无不见,言无不信,动无不服,非后得欤?是故君子之学,始如愚人焉,如童蒙焉;及其至也,天地不足大,人物不足多,鬼神不足为隐,诸子之支离不足惑也。是故天之高也,日月星辰阴阳之气,可端策而数也;地至大也,山川丘陵万物之形,人之常产,可指籍而定也。是故星历之数,天地之法,人物之所,皆前世致精好学圣人者之所建也。后世之人守其成法,而安能知其始焉!《传》曰:"百工之事,皆圣人作。"[36]此之谓也。

故古之人,言道者莫先于天地,言天地者莫先乎身,言身者莫先乎性,言性者莫先乎精。精者,天之所以高,地之所以厚,圣人所以配之。故御,人莫不尽能,而造父独得之[37],非车马不同,造父精之也;射,人莫不尽能,而羿独得之[38],非弓矢之不同,羿精之也。今之人与古之人一也,然而用之则二也。造父用之以为御,羿用之以为射,盗蹠用之以为贼[39]。

注释:

[1]《礼记·中庸》:"诚者,不勉而中,不思而得,从容中道,圣人也。"又:"故于诚如神。"即王氏此说的根据。

[2]《礼记·中庸》:"唯天下至诚,为能尽其性;能尽其性,则能尽人之性;能尽人之性,则能尽物之性。"这是尽性以至诚的根据。

[3]见《孟子·公孙丑》。王氏把性和生关系的密切跟气和志相比,含有唯物的观点。

[4]《礼记·乐记》:"是先王之制礼乐也,非以极口腹之欲也,将以教民平好恶而反人道之正也。"归正性即所谓反人道之正。

[5]《礼记·乐记》:"大乐必易,大礼必简。"《礼器》说礼"有以素为贵者,至敬无文"。文是文饰的意思。希声本《老子》"大音希声",《老子》说:"听之不闻名曰希",希声是说不可得闻之音。

[6]《礼记·乐记》:"人生而静,天之性也;感于物而动,性之欲也。"这里说

内求乐者得其性,外求乐者得其欲,即以此为根据。因为内求乐,所以主张无文和希声,使人性复归于静。

[7] 《礼记·乐记》:"乐乐其所自生,而礼反其所自始。乐章德,礼报情,反始也。"又《礼器》:"礼也者,反其所自生;乐也者,乐其所自成。"反始反生,也就是《檀弓》所谓"礼不忘其本",生是人之本,所以说圣人贵其生。

[8] 《礼记·乐记》:"乐者乐也。君子乐得其道,小人乐得其欲。以道制欲,则乐而不乱;以欲忘道,则惑而不乐。"即所谓去情却欲。

[9] 《礼记·乐记》:"礼乐偩天地之情,达神明之德",即所谓"修神致明"。偩,依象的意思。

[10] 见《论语·颜渊》。

[11] 《论语·阳货》:"礼云礼云,玉帛云乎哉? 乐云乐云,钟鼓云乎哉?"皇疏引□播曰:"玉帛,礼之用,非礼之本;钟鼓者,乐之器,非乐之主。假玉帛以达礼,礼达则玉帛可忘;借钟鼓以显乐,乐显则钟鼓可遗。以礼假玉帛于求礼,非深于礼者也;以乐托钟鼓于求乐,非深于乐者也。

[12] 《礼记·礼运》:"夫礼之初,始诸饮食。其燔黍捭豚,汙尊而抔饮,蒉桴而土鼓,犹若可以致其敬于鬼神。"燔,烤。捭,撕。汙,洼地,尊,杯,以洼地为杯。抔饮,用手掬水而饮。蒉,同块,土块。桴,鼓槌。这是说原始的礼乐非常简单,用泥制的鼓槌敲瓦制的鼓,也就可算音乐。用手把肉撕开,和米放在烧热的石上烧熟来吃,在地上掘了洼当作盛水的杯子,用手捧起来喝,也就可以作为饮食的礼节。

[13] "大裘无文"本《礼记·玉藻》:"大裘非古也……不文饰也不裼。""大辂无饰"本《礼记·礼器》:"大路素而越席,……此以素为贵也。"大裘,羔裘;裼,加罩袍。辂路古字通,车子。越席,蒲席。这是说天子祭天时,只穿羔裘,不加罩袍,表示不尚文饰。所坐的车子只遮上蒲席,不用别的装饰。因为素朴是礼乐的本质。

[14] 见《礼记·礼器》。郑注:"近人情者亵,而远之者敬。"

[15] 见《论语·泰伯》。笾豆,古祭祀时用竹和木制的盛肉的器具。

[16] 目击二句本《庄子·田子方》:"目击而道存矣,亦不可以容声矣。"目击,眼睛看到。

[17] 不赏二句本《礼记·中庸》:"是故君子不赏而民劝,不怒而民威于斧钺。"

[18] 见《周易·系辞》。

[19] 《礼记·中庸》:"齐明盛服。"孔颖达《正义》:"齐,谓整齐;明,谓严明。"又《孔子·闲居》:"清明在躬,气志如神。"《正义》:"清,谓清静,明,谓显著;言圣人清静光明之德在于躬身。"

[20] 见《周易·系辞》。

[21] 《尚书·洪范》:"貌曰恭,言曰从,视曰明,听曰聪,思曰睿。恭作肃,从作义,明作哲,聪作谋,睿作圣。""休征:曰肃时雨若,曰义时旸若,曰哲时燠若,曰谋时寒若,曰圣时风若。"时,气候;若,顺当如意。这是说由于君主貌言视听思的恭作肃,从作义,明作哲,聪作谋,睿作圣感动了上天,上天就报答他顺当如意的天气,如下雨、刮风、晴(旸)、(燠)冷等。汉代的阴阳五行家发挥这种说法,建成了天人感应论,说君主一举一动都能感动上天,给以相当的报应。在《汉书·五行志》中列举了种种的例子。王氏不相信这种神秘主义的理论,所以曾说"天变不足畏"。因此他说的"天人之道",像他在《洪范传》里说的,由思而至于圣,感而遂通天下之故,即懂得天人(自然和社会)的道理。他在下文说,"日月星辰阴阳之气,可端策而数也",也是这个意思。

[22] 见《礼记·表记》。

[23] 见《礼记·乐记》。

[24] 九重,最高处,指君主所在的地方。

[25] 《尚书·益稷》:"箫韶九成,凤皇来仪。"仪,出现。

[26] 见《诗·小雅·鹤鸣》。

[27] 见《孟子·公孙丑》。

[28] 扬雄《法言·学行》:"学者所以修性也。视听言貌思,性所有也,学则正,否则邪。"

[29] 扬雄《法言·问神》:"或问神,曰:'心。''请问之。'曰:'潜天而天,潜地

而地。天地,神明而不测者也,心之潜也,犹且测之。'"潜天而天,潜地而地,是说心可以深入到天上地下。

[30] 指梁武帝因信仰佛教,西晋因盛行老、庄之学而致败亡。

[31] 见《周易·系辞》。引这话说明没有古人的心就不能凭空行道。

[32] 子贱,孔子弟子宓不齐字。刘向《说苑·政理》:"宓子贱治单父,弹鸣琴,身不下堂而单父治。"

[33] 掖同腋。逢掖,大袖子,这是古代儒生的服装。

[34] 见《论语·雍也》及《子罕》。

[35] 见《周易·系辞》。

[36] 见《周礼·考工记》。

[37] 造父,周穆王时善于驾车的人。

[38] 羿,夏时善于射箭的人。

[39] 盗蹠,通作盗跖,古代有名的大盗。

夫　妇　论

李贽

夫妇,人之始也。有夫妇然后有父子,有父子然后有兄弟,有兄弟然后有上下。夫妇正,然后万事无不出于正。夫妇之为物始也如此。极而言之,天地一夫妇也,是故有天地然后有万物,然则天下万物皆生于两,不生于一,明矣。而又谓一能生二[1],理能生气[2],太极能生两仪[3],何欤?

夫厥初生人,惟是阴阳二气,男女二命,初无所谓一与理也,而何太极之有?以今观之,所谓一者果何物?所谓理者果何在?所谓太极者果何所指也?若谓二生于一,一又安从生也?一与二为二,理与气为二,阴阳与太极为二,太极与无极为二,反覆穷诘,无不是二,又鸟睹所谓一者而遽尔妄言之哉? 故吾究物始,而见夫妇之为造端也[4]。是故但言夫妇二者而已,更不言一,亦不言理。一尚不言,而况言无! 无尚不言,而况言无无! 何也? 恐天下惑也。夫惟"多言数穷"而反以滋人之惑[5],则不如相忘于无言,而但与天地人物,共造端于夫妇之间,于焉食息,于焉语语己矣。

《易》曰"大哉乾元,万物资始"[6],"至哉坤元,万物资生"[7]。资始资生,变化无穷,"保合太和,各正性命"[8]。夫性命之正,正于太和;太和之合,合于乾坤。乾为夫,坤为妇,故性命各正,自无有不正者。然则夫妇之所系为何如? 而可以如此也夫! 可以如此也夫!

注释:

[1]《老子》:"道生一,一生二,二生三,三生万物。"
[2]周敦颐《太极图说》:"太极动而生阳,动极而静,静而生阴,静极复动,一动一静,互为其根,分阴分阳,两仪立焉。"朱熹说:"太极生阴阳,理生气也。"
[3]《周易·系辞》:"是故易有太极,是生两仪。"
[4]《礼记·中庸》:"君子之道,造端乎夫妇。"造端,开始。
[5]见《老子》第五章。
[6]《周易·乾卦》彖辞。
[7]《周易·乾卦》彖辞。
[8]《周易·乾卦》彖辞:"乾道变化,各正性命,保合太和,乃利贞。"孔颖达《正义》:"性者天生之质,若刚柔迟速之别;命者人所禀受,若贵贱寿夭之属是也。"又曰:"以能保安合会太和之道,乃能利贞于万物。言万物得利而贞正也。"

太 极 图 说

周敦颐

无极而太极[1]。太极动而生阳,动极而静,静而生阴。静极复动。一动一静,互为其根[2];分阴分阳,两仪立焉[3]。阳变阴合而生水火木金土,五气顺布[4],四时行焉。五行一阴阳也,阴阳一太极也,太极本无极也。

五行之生也,各一其性[5]。无极之真,二五之精[6],妙合而凝。"乾道成男,坤道成女。"[7]二气交感,化生万物,万物生生而变化无穷焉。

唯人也得其秀而最灵。形既生矣,神发知矣,五性感动而善恶分,万事出矣。圣人定之以中正仁义,(自注:圣人之道,仁义中正而已矣。)而主静[8],(自注:无欲故静。)立人极焉[9]。

故圣人"与天地合其德,日月合其明,四时合其序,鬼神合其吉凶"[10],君子修之吉,小人悖之凶。故曰:"立天之道,曰阴与阳。立地之道,曰柔与刚。立人之道,曰仁与义。"[11]又曰:"原始反终,故知生死之说。"[12]大哉易也,斯其至矣!

注释:

[1]　"太极"这个名词最初见于《周易·系辞上》:"易有太极,是生两仪。""太极"表示最高存在的范畴。后汉郑玄说它是"淳和未分之气"(《周易》郑氏注)。唐孔颖达《周易正义》云:"太极谓天地未分之前,元气混而为一,即是太初、太一也。"宋朱熹从客观唯心主义的理学观点解释道:"太极只是一个实理。"这是不对的。"无极"二字不见于儒家经

典。《老子》二十八章:"知其白,守其黑,……常德不忒,复归于无极。"陆九渊据此说是"出于老子";朱熹说老子的"无极"是"无穷之义","非若周子所言之意"。实际上,"无极而太极"就是道家的"有生于无"的思想。

[2] 互为其根,根,根基。这里是说动和静相互依存。根,最初也是道家用语,《老子》:"元牝之门,是谓天地根。"

[3] 两仪,指天地。

[4] 五气,指五行之气。

[5] 各一其性,是说五行各有其属性。

[6] 真与精同义,指最精妙精粹的东西。二,指阴阳二气;五,指五行。

[7] 见《周易·系辞》。

[8] 主静和无欲故静,原来都是道家思想。《老子》:"无欲以静,天下将自定。"《庄子·天道》:"圣人之静也,非曰静也善,故静也;万物无足以铙心者,故静也。……夫虚静恬淡,寂漠无为者,天地之平而道德之至。"

[9] 人极,指做人的最高标准。

[10] 见《周易·乾卦》文言。

[11] 见《周易·说卦》。

[12] 见《周易·系辞上》。

第二部分　秦汉魏晋南北朝文化

文化一统的前提

秦汉之时,出现中华文化大一统的局面,其原因是多方面的。从文化学的角度分析,可以概括为以下几个方面。

学术原因。战国末期,各家学说已呈趋于融合之势。这主要体现在《易传》和《吕氏春秋》之中。前已谈到各家都以六经为源,而《易》为群经之首。战国后期,融汇各派思想的著作,又体现于《易传》之中,它以儒家学说为底色,兼容墨、法、道、阴阳等派的思想,将先秦《易经》中所记录先民对自然和社会的认识,上升到一个理性的高度。出于吕不韦门下数以千计的门人之手的《吕氏春秋》,全书共140篇,其中属儒家者约40篇,属道家的约20篇,属墨家的约12篇,属法家的约16篇,属纵横家的约14篇,属兵家的16篇,属阴阳家的约14篇。单从全书篇章的组成,即可看出其融合诸子百家之意。书成之后,吕不韦曾将之悬于咸阳市门,悬千金于其上,延请诸侯游士宾客,若有人能增损一字,即赏千金。若不是融汇百家,滴水不漏,哪敢让无孔不入的游士无空子可钻?

政治原因。秦王朝在极短的时间里,统一六国,形成统一的中央集权的国家,为文化的一统,准备了政治上的条件。更主要的是,秦王朝专以法家思想为其统治之术,实施了一系列的统一文化的措施。书同文,车同轨,度同制,行同伦,地同域等,起先以制度文化的形式被确定下来,而这样的制度文化,又极大地促进了思想文化的趋于统一,从而使中华文化共同体真正建立在一个统一政治背景之下。自那以后,文化的统一与政治的统一互为因果,互为表里,构成中华文化顽强的再生机制:统一的政治为文化的统一提供前提,一旦政治分裂,统一的文化则表现出巨大的凝聚力和向心力,使其走向统一。这种文化与政治的强力互补,构成了中华民族生生不息的原动力。

从文化形态上讲,秦朝是法家思想一统天下的时期。继秦朝而起的汉朝,初期采用黄老之术,与民休息,无为无不为,使统一文化表现出以道家思想为主色调的特色。从汉武帝时代,以董仲舒为代表的儒学家又在兼融诸子思想的基础上,提出了独尊儒术之论,在历史上第一次为儒学确立了一统天下的地位。由于此时的儒学文化在总结法、道二家失败的基础上提出,在学理上更趋完备和圆融,更具涵容性,因而具有更大的优越性,在后来受容外来佛文化的过程中,取得主动,日趋丰富,成为中华文化的代表。

儒 学 的 独 尊

如果说孔子是儒家文化的开创者,荀孟分别从"内圣"和"外王"两个不同的侧面对之进行丰富的拓展的话,那么,董仲舒则可以说是第一位在吸取诸子学说精华的基础上对原始儒学进行全面清理和升华的儒学大师。

董仲舒承先秦以来原始学术中天人相通的思想,创造性地提出"王权天授"之说,将君权神圣化,天子受命于天,承天意而行,是上天意志的具体体现,其治理天下,是代上天而为;天意的下临,是通过"感应"传递的。君王若顺天而行,修德政,则天降祥瑞以示庇祐,若君王违背上天之意,则降灾异以示警,甚者使之败亡,授命于新王朝。王朝的更替,基于黑、白、赤"三统"的循环,三统承续,形成"正统",得之者即意味着其德配上天,乃奉天承运的真命天子,否则即为乱臣贼子。这样的理论,既为汉代秦兴及夏商周的更替寻得理论依据,同时也杜绝了陈胜、吴广之类的犯上作乱理论基础。

其"感应"说的具体内容,则兼容阴阳家的五行生克之说:"王者配天,谓其道。天有四时,王有四政,四政若四时,通类也。天下所同有也。庆为春,赏为夏,罚为秋,刑为冬。庆赏罚刑之不可不具也,如春夏秋冬之不可不备也。"① 以天道更替配社会

---

① 《春秋繁露·四时之副》。

刑赏，进而具体到人伦上，以儒家之五常配五行，形成君臣、父子、夫妇一套严密的伦常准则。董仲舒在改造阴阳五行说的基础上，建构起完整的天下一统的系统模式，创造性地完成了自战国末年以来人们对宇宙、对社会、对人生统一规律进行解释的精神追求，标志着我国学术思想由纷杂走向统一的完成，为儒学的经学化迈出了坚实的一步，成为我国"入世"哲学的代表。

董仲舒的学说虽使儒学进一步系统化和理性化，但由于其学术渊源于《春秋公羊传》，其中多灵异灾变之说，加上学说中有太多的阴阳消息之说，因而董仲舒的学说在兴盛不久，即产出谶讳灾异之学这一儒学怪胎。推尊董氏为"群儒之首"的汉武帝，本人就极为热衷谶讳之异，神仙之说。东汉时，此风更炽，甚至为道教的兴起起了推波助澜的作用。

另外，董仲舒这一封闭而严密的儒学体系，不仅构成了我们民族文化的特色，而且还极大地影响了我们的民族文化心理，阴阳消息，三统循环，犹如一只永恒的怪圈，使先民形成自我封闭、因循守旧、盲目自信的民族性格，更为消极的是，它还使人们产生出听天由命、不思进取、排斥创新的民族劣根性。

浑厚的两汉文化

秦汉文化,无愧为是我们文化史上的一座难以企及的高峰。秦朝虽只有短短的十几年时间,但我国的制度文化,大致上于此时奠基;两汉,特别是西汉的思想文化,不仅是先秦思想的大统一、大总结,而且还为后世文化的指向打下了坚实的基础。

与后来的唐、宋文化相比,秦汉文化个性的突出表现就是:浑厚。

强大的国势、辽阔的版图、丰饶的土地、勤劳的百姓,为秦汉文化提供了挥洒自如、进退容如的空间,使其文化个性表现出浑厚宏阔之势。

建筑文化的代表,是万里长城,是秦陵里那真人般大小、实战般威武的兵马俑,是那刚开头即煞了尾却已透出宏阔气象的阿房宫;文学方面,是那气势恢宏、铺张扬厉、汪洋恣肆的汉赋(大赋);艺术方面,是那布局丰富、穷天极地、囊括古今、交通神人的绘画(包括壁画和帛画),以及画家对艺术空间的最大限度的填充;史学方面,有那为后人称为"史家之绝唱,无韵之《离骚》"的千古巨著《史记》;对外文化方面,徐福的率众出海,张骞的持节出使,甘罗的远涉波斯湾出使大秦(罗马),以及与东南亚诸国的友好交往,无不体现出全方位对外开放的文化心理。科技文化方面,随着生产力的提高,实践经验的不断积累,农、医、天、算各方面全面走向成熟。凡此种种,仿佛天地之间,都充塞着秦汉时人豪迈的人生激情。那种博大、开放和气魄,无不给人厚重之感,却又不生恐惧之心。时至今日,每当我们瞻仰那些历经沧桑的秦汉文化遗迹时,仍能强烈地感受其浑厚而充满质感的文化个性。

反过来,这种开放的兼容性的文化心态,又极大地促进了文化的丰富和发展。特别是对外文化的交流,极大地丰富了华夏文化。西汉的首都长安成为当时世界文化中心之一,那里中外文化汇萃,异域的音乐、舞蹈、绘画、雕刻、服饰、工艺等等,诸多文化样式,都在友好往来之间,传入中土。特别是以这次巨大的对外文化交流为依托传入中土的佛教,对后来中国哲学思想影响之明显之巨大,已不仅仅局限于那个时代,而是波及到其后整个中国文化历程,且成为中华文化精神中不可分割的重要组成部分。

儒、释、道三教

汉武帝以来,儒学获得官学的地位,在其经学化的同时,也日趋衰退。其表现在两个方面:武帝末年,鲁共王从孔子旧宅壁中发现了先秦《尚书》等典籍,形成与"今文经"相区别的"古文经",经学内部出现分歧,产生学术争辩,本来有利于儒学文化的发展,但由于学术与政治的密切结合,使得学术争鸣失去了先秦的自由空间,反而借助政治势力压制对方,从而扼杀了学术生命,助长了不正当学风的出现。今文经学派迎合统治者的好尚,大肆宣说阴阳五行、符瑞灾异等迷信谶纬,趋于空疏和荒诞。古文经学派则片面强调名物训诂,失于繁琐细碎。二者都未能进一步发扬儒学,或趋于神学化,或倒向烦琐僵化,使儒学步入衰变之途。到魏晋时期,名教在人性的张扬声中,轰然倒塌。

与儒学的衰退不同。东汉时期的"出世"哲学呈现出勃勃生机。一为本土的道教,一为外来的佛教。为什么这两类"出世"哲学会在东汉兴起呢?其根本原因就在于当时政治的黑暗,现实生活的痛苦,使得广大百姓迫切追求解脱,以精神麻醉来获取满足。道教称善自修行,即可白日飞升,脱离苦海,得道成仙,永享幸福。佛教称只有苦修今世,才能换得来世的安宁。两者一重今世,一重来世,但都给人开出了救治痛苦的药方,其迅速蔓延开来,也就是情理之中的事了。

两汉之际，佛教传入中国。在这之前，创于公元前六世纪到前五世纪的印度佛教，已经在西域的大月氏、安息、康居、龟兹、于阗等地广为流行。张骞出使，开辟"丝绸之路"，在引入西域"胡"文化的同时，佛教也就随之而来。佛教树立起能救人出苦难的"救世主"——观世音菩萨、弥勒佛等，又倡形灭神不灭论，大讲"轮回""报应"，教人放弃现世今生，以修来世，使得王公大人们，为今世的不义而蘧然自失，以至"竭财以趣僧，破产以趋佛"，而下层百姓更是为了修来世而投入佛的慈悲之怀。

道教的兴起，其社会心理跟佛教的被广泛接受相类，但其思想渊源却要复杂得多。其中既有原始巫术的成分，又汇聚了神仙方术思想，还杂入了阴阳五行说及谶纬灾异之学。另外，汉初流行一时的黄老思想也作为深层文化心理积淀，于此时返潮，并被改造入道教之中。于是，道家的"清静无为"、"恬淡寡欲"与神仙家的"长生不死"、"肉体成仙"相互补充，形成了乐生、贵生带有一定享乐色彩的中国本土宗教。

儒衰、道兴、佛来，特别是佛学那精妙而严密的哲理，给中华文化注入了新的生命力，在魏晋这个人性张扬的时代，蒂结出新的奇葩——玄学。

玄——魏晋的时代精神

如果说西汉文化体现的是先秦以来"入世"哲学的汇溶整合,并因而体现出浑厚的文化特质的话,那么,魏晋时代则可以说是"入世"的儒学跟"出世"的佛教、道教相沟通,并因而表现出思精辩幽趋于"玄"化的文化特色。这可以说是魏晋时代文化特色区别于两汉的根本原因。

魏晋时期,儒学式微,名教出现危机。《世说新语·排调》中记,王浑当着妻子的面夸奖儿子,没想到得到的回答是:"我若跟小叔子婚配,生的儿子肯定比你的儿子还好。"其无视名教礼法,可见一斑,更不用说该书中"任诞"一类人物的言行了。"竹林七贤"中的人物,也为我们留下了许许多多张扬个性、谬越礼法的精彩故事。时风所趋,儒学陷入前所未有的困境。

儒学的式微,是坏事,也是好事。坏当然是就儒学自身的发展而言,而好则是指其式微有利于其跟道、佛融合。玄学之名虽来源于《老子》"玄之又玄,众妙之门",有着颇浓的道家思想氛围,但就其学术精神,特别是就其思辩的理性化和条理化而言,却又表现出受董仲舒以来儒学理论架构的影响,同时,其消极无为的思想,本来就与佛学的悲观厌世存在着很大程度的契合与相通,加上佛教在中国化的过程中,大量借鉴道家思想阐教释佛,于是佛学很快便融入到玄学之中。

　　故而,我们可以大胆地判断,魏晋玄学是儒佛道三家思想第一次碰撞的产物,某种程度上已呈现出圆融三教的迹象(当然,排斥的成分还相当重)。作为一种时代文化思想,融佛道于一炉的玄学,其主体风貌与两汉经学大不相同,其文化指归也迥异。两汉经学着眼于王道秩序的建构,而玄学则可以说是其反动,表现出"解构"的特性。两汉经学,特别是董仲舒为代表的"天人感应"论,尚未脱离原始文化宇宙生成论的胎记,而玄学自诞生之日起,即表现出思辨的、理性的某种程度上可以称之为"纯"哲学的倾向,在深邃思辩之后,玄学家们对宇宙的认识,已提升到本体论的高度。这说明,玄学虽以仙气十足的道教、因果报应的佛教以及神学化的儒学为基础建立起来,却已剔除了其中迷信的糟粕(当然是不完全的),表现出理性的文化个性。它在空前的广度和深度上,在现实生活中实践庄子学说中的人格理想,将那种轻人事、鄙事功、任自然的价值观植入中国知识分子的心中,铸造出摆脱儒学伦理特性的审美的文化心理结构。当时及后人都呼之为"学"而称之为教,就不能不说是它超越三教之处。

士文化的再度喷发——人性的自觉

对于魏晋时代,鲁迅先生曾评之为"文学的自觉"时代,或者称之为"为艺术而艺术的一派"。这还只是停留在对魏晋文学评价的层面。若从整个时代精神来讲,可以称之为"人性的自觉"的时代。

当然,局限于社会结构,这次人性的大解放,也只能局限在作为统治阶层的士族的范围之内,而不可能扩展到整个社会。因此,玄学文化乃是士文化的一种表现。只不过此时的士,跟战国时期相比,已成为一种极富实力的社会集团,形成了士族,其社会地位已相对稳定,也相对较高,无须再像战国谋士那样靠一张嘴一个脑袋为衣食奔走,加上又受佛道思想的影响,因此,其文化指向不再是政治关怀,而是人生关怀了。

挣脱名教,独树一帜的玄学,第一次将个体人格摆到最为重要的地位,体现出的是一种重个性的、审美的人生价值追求,而不是战国时期士文化所表现出来的那种以社会作为个体人生价值实现的衡量标准。古文经的繁琐、今文经的荒诞、道教的仙气、佛学的轮回,跟着现实的事功一起,为玄学所剔除,从中抽绎出来的,是自由的、适性的、唯美的人生追求和价值判断。清谈名家殷浩说:"我与我周旋久,宁作我。"张融说:"不恨我不见古人,所恨古人不见我。"无不体现出魏晋时人张扬的个性。

在审美追求上，魏晋人求的是"气韵生动"，而不是合乎古范。顾恺之绘画，讲究传神写照，聚焦于阿堵之中；陆机要求作赋构思"精骛八极，心游万刃"；陶渊明作诗，在山水真意呈现之时，悠然而见南山，欲辩却又忘言；《世说新语》中那些名士的放诞、排调、容止、谨严，无不体现出他们各有千秋的个性特征，千载之下，犹能令人动容。魏晋人这些艺术表现形式，喷洒出来的除其裸裎的内心情感之外，再无任何附加的东西，因此，他们能充分利用甚至超越艺术表现形式的最大可能，使艺术精神最大限度地表现出来，产生巨大的艺术张力，在表现的形式和内容之外，展现出一个更大的开放式的艺术空间，也就是魏晋人所说的"神"、"气"、"韵"。南宋人严羽曾指说汉魏之诗是"词理兴象，无迹可求"，也就说明，魏晋时代的这种艺术精神，是无法通过模习得来的。因为这种艺术是其内在精神的呈现，不是做出来的。这种艺术精神后世无法企及，原因正在于此。

最能体现魏晋人审美情趣的，当数王羲之的书法。那飞舞的线条，似乎每一笔每一划，都切合你的心理，都让你感到舒服，若试着作些微的调整，便不能令人满意，你只能赞叹那是神来之笔，是造化之工。而笔墨之外，那翩若惊鸿、矫若游龙的笔墨走势之外，还蕴含着一种让人无法用言语表达的东西，它环抱着你，感染着你的情绪，使你陷入一种艺术的迷狂，冥冥之中，透过那些淋漓的笔墨，似乎看到了千载之上王羲之的形象，那一笔一画都在宣扬着洒脱和狂放。这些书法作品，不仅很好地诠释了王羲之的个性，也恰到好处地展示出魏晋人飘逸不群的时代风气。

法

　　古人对法的理解,比较注重其规则、方法的内涵,跟我们今天有着很大的差别。而我们今天说的法,更接近古人所谓的律。从根本上讲,法律是利用一些外在的公认条款对个体行为进行约束,但是,中国传统文化最大的特色就是其人文特色,在天人合一的思想要求下,作为一切事物最终评判标准的,只能是人而不可能是外在于人的物,因为人乃万物之灵,封建君王乃人中之龙,是天子,代表着天的意志统治人类,是权力的中心。任何形式的权力分散或者下放,都意味着离经叛道,是冒天下之大不韪。作为中国传统文化代表性思想的儒家学说,从一开始就强调人治而非法制,自周代开始,统治者跟被统治者在法律量刑上就存在着严重的差别。而孔子提出的"君子亲亲",也从根本上为人治提供了巨大的活动空间,同时也否定了以法律为准绳的客观属性。

　　虽然我们不能一概否定古人的法制观念,但是,说古人的法制观念较为淡薄,大概也不会有太大的错误。自古以来,法律面前人人平等这一点,在古代中国是没有实现过的。由于"外儒内法"的统治术的影响,在中国历史上,真正的法制王朝,恐怕只有秦朝。但是,秦王朝以法家思想作为支撑,而法家讲究"势""谋""术"等,也并不是强调法律面前的平等,因此,以法为评判标准,自古以来,可以说从来就没有实现过。"王子犯法,与庶民同罪",一直只不过作为口号,生存在清官意识或者善良老百姓的幻想当中。最多,这种法制观会上升到跟清官意识结合起来的高度,把清官视为法律的化身。但是,自古以来,所谓清官不仅少而又少,即使有了清官,其文化底蕴仍是人治而非法治,因为清官最终还是人。

不可否认,作为一种传统文化,古人的法律观念,给我们留下了法外有情的一面,但是,毕竟法律,至少是现代意义上的法律,是作为客观的衡量是非的标准,是不允许有人为的因素参与的。但是,由于自古以来重人治而轻法律,这给我们今天法制和法治的健全增加了很大的难度,法律意识的淡薄,不仅不利于我们制定法律,更不利于我们推行法制。一方面,违法者以法盲自居,违法乱纪而不自知,即使心知肚明,也视法律为儿戏;另一方面,受害者也没有法律的观念,受害之后,也不知道或者想不到拿起法律的武器保护自己的合法权益和权利。而作为古人法治观念淡薄最严重影响的是,包庇甚至怂恿违法犯罪活动的存在。自古以来的官本位思想,使得掌权者成为特权阶层,这种落后的意识支撑下的法治淡薄,使得一些在位者或者有某种权力的实力派人物,有机会也有可能凌驾于法律之上,以他自己的意志随意阐释法律,包庇亲友或者有关系者,伤及无辜而不负或不愿负法律责任。而且这种淡薄的法律意识与人治观念还极易跟地方势力、家族势力结合起来,破坏我们的法制,危害我们法制的健全。因此,我们在关注作为传统文化一部的古人的法观念时,一定要注意加以区别和辨析,更重要的是应注意剔除其中落后或者不科学的成分,坚持以法制国,做一个遵纪守法的公民,用今天的法律观念去改造旧的陋习。

外　儒　内　法

政治事功与伦理劝导,是历代统治者稳固其统治的两大核心手段,也是构成外儒内法这一中华文化的重要成因。一般而言,儒学重仁政,讲究以伦理劝导实施统治,而法家讲法制,重在政治事功。但这两种思想在汉代时即彼此糅杂,形成了互补的统治术。宣帝曾多用刑吏,当太子(元帝)向他建议多用儒士时,他的回答是:"汉家自有制度,本以霸王道杂之,奈何纯任德教,用周政乎?"说明汉代统治者就已经自觉地把儒法结合起来实施统治了。

外儒,给封建统治者披上一层仁德的外衣,内法,则为统治者的专制统治提供了坚强的的后盾。依儒家学说,天地君亲,有"君君臣臣父父子子"的伦理制约,但这种伦理约束,尚不具备法律的强制性,于是又生出君为臣纲,父为子纲,夫为妻纲的"三纲",在礼教之上,加以明显的等级约束,进而出现"君要臣死,臣不得不死;父要子亡,子不得不亡"的封建律条。伦理的法制化,将一切封建礼教以法律的形式规定下来。触犯礼教,得到的不再是道德的评判,而是法制的制裁。

从某种意义上讲,封建宗法社会的结构形态,正是外儒内法统治术的必然产物。封建法律都披上了一层"外儒"的仁德外衣,使一切法律都找到了伦理依托。翻开历朝历代的律书,可以发现,开头都冠冕堂皇地戴着一顶仁德的伦理样式的帽子。这样做的结果,一方面,可以为统治者的包庇纵容犯罪留下后路,又为法律向每个社会细胞延伸提供了方便之门。只要是统治者不愿惩罚的人,皇帝或者地方官吏都可以轻松地"宥"之,给予一个改过自新的机会,这么做,不仅不会有"枉法"的责任,反而显示出统治者的宽厚仁慈,体恤下情。而当作为社会细胞的家族出现罪犯时,统治者又可以将某个家族成员的罪刑放大为整个家族的罪刑:族内未能很好地执行礼教,以致出此败类!于是灭九族、连坐等酷刑都可堂而皇之地用上。"满门抄斩"就是以此为依据得以执行起来的。与此同时,这种儒法结合的统治方式,还可以延伸到封建宗法社会的每个细胞组织之中,特别是封建集权统治的后期,国家将法制"下放"到宗族,族长有权采取法律的手段惩罚族人,而法律这时保护的不是族人的利益,而是宗族制度的稳定:只要族长认为有错,就可以到宗祠里对族人实施惩处。私设公堂在封建社会里之所以不被看为犯罪,原因正在于此。

外儒内法的统治术,决定了中国封建社会自古以来即是人治而非法治——因为从外表上看,一切法都被规范于仁德的范围之内了。法外有情,是封建统治者为自己标榜的资本,而不是破坏法制的依据,就很能说明问题。时至今日,在受西方影响,法制观念不断强化的时代,法制难以健全,有法不依,执法不严,认人唯亲等,都还时有出现,在某些落后的地区,宗法思想的残余还相当严重,甚至发展到与国家法律作对的地步,都不能不说是封建外儒内法文化的残余影响。

孝

　　孝是儒学伦理中重要的内容,它具体规范了封建时代子女必须对父母及其他长辈履行的义务。在儒学伦理里,父母必须照顾好自己的子女,将他们抚养成人,相应地,子女在父母年迈之时,也必须作出回报,尽赡养老人的义务,这就是"孝"。在封建伦理文化相当发达的古代中国,孝在《孝经》里有着十分明确的阐释和规定,犹如封建法律条文一般。而事实上,在封建宗法社会里,"孝"虽起源于道德的约束,但最终却转化为封建法制(实际上是人治)的一部分。在讲究封建门第和"光宗耀祖"的传统中,"孝"竟表现出"不孝有三,无后为大"的特色,传宗接代成为"孝"之最重,这又不能不说是中国传统中孝文化的一大特色了。

　　有意思的是,佛学在中国化的过程中,也受到中国孝文化的影响,也讲起"孝"来。由于佛教规定信徒必须剃度、出家修行,才能得其正果,这跟中土伦理有很大的出入,佛教初传中土时,不行孝道往往成为排佛之士的口实,也确实成为佛教普及和中国化的一大障碍。虽然有居家带发修行(居士)这样的变通方式,但毕竟没能从根本上解决问题。因此,如何能在"孝"上与儒学伦理沟通,成为历代高僧不断努力的一个难题。经过前代高僧的不断总结和开拓,五代北宋之时,"辅教大师"契嵩在全面钻研儒学经典的基础上,对佛学教仪全面系统地进行儒学化的解释。《镡津文集》中,他大声宣称佛家也讲"孝"而且,佛家之"孝"的理解还远胜于儒学对孝的定义。在契嵩眼里,作为凡俗尘世的"我",是父母所生,但是,这个"我"只是"我"的法身所经历的亿万"劫"中的一个轮回。这个"我"的生身父母只不过通过他们的一夜偷欢,使"我"历此一"劫"而已。那么,"我"对生身父母行孝,也只能是暂时,因而也是虚妄的。而"我"为了在"劫"满之后,修得"法身",就必须累世苦修,以便功德圆满。因此,"我"舍弃对生身父母行小"孝",而出家修行向"法身"行大"孝",才是正途,才是真正行了孝。

佛教如此论"孝",以求得与儒学的融通,真可谓苦心孤诣。但通过这样的阐述,"孝"的内涵在发生改变的同时,也更加深入人心且表现出主体的自觉来。难怪宋初诸儒在听完契嵩高论之后,虽心有不服,却又不得不承认大开眼界了。

总而言之,不管对"孝"作何种特别会解,"孝"作为子女对父母应尽的义务,还是应该提倡的,任何时候,任何地方,都是如此。西方思想中"孝"的意识很淡,子女成人之后,纷纷离开父母过自己独立的生活,这种行为方式固然无可厚非,但是,中国的孝道伦理毕竟是更富于理性的,我们的文化氛围体现了人生中自始至终的人性和人伦色彩,"孝"作为传统美德,在维护亲情方面,有其独特的作用,是值得大力提倡的。当然,"孝"中某些封建性的内涵必须剔除。子女对长辈尽"孝",也并不是要他们真的付出多少什么,往往是只要一点点感情交流,一小会儿的陪伴,就能使长辈获得满足。再说,在这个生活节奏越来越快,人与人之间的感情越来越冷漠的时候,能在长辈那里寻找到往日成长的欢乐与爱抚,也必然使子女获得身心的愉悦。

玄

　　"玄"的思想,最早应该是从道家那里产生的。《老子》里有"玄之又玄,众妙之门"的说法,究其思想,是用"玄"释"道"。因为"道"是一种无法把捉的东西,如何对它进行阐释呢? 老子称之为"玄"。所谓"玄",就是幽远不可捉摸的意思。《说文解字》中释玄:"黑而有赤争者为详细,象幽而入覆之也。"道教兴起后,最初只以"玄"代表天,是"元"的意思。但晋代葛洪受玄学影响,对"玄"进行大幅度的深挖,并将之与"道"对接解释,于是"玄"的地位再次上升。在葛洪看来,一切与现实相联的口耳鼻舌,都是器用,有损于"大道",因此,只有舍弃这些具体的感受,进入到"玄"的状态,才可以达到超越具象的层次,只在到"玄"境之中,才能像庖丁解牛那样,"以神遇而不以目视"。我们现在常说"真玄"或者"这事玄了",究其本意,就是指事情超出了我们认知的范围,难以把握,不可控制了。对于我们这些俗众而言,事情不可知了,心里就发慌,但对一意追求"得道"的道士们而言,能感受到"玄",真可以说是莫大的喜悦了。

　　在"玄"文化发展过程中,还有一个特殊现象,就是魏晋时期的"玄学"。在对"玄"进行深入探讨的基础上,形成了中国哲学史上重要的学术——玄学。由于谈玄者多为士族名士,他们从开始就放弃了对现实的关怀,更多地是哲理上的思辨的探究,因此,玄学表现出很强的理性思辨的色彩。遗貌取神,成为这一学术的主要倾向和特征。在人物品鉴、字韵画神、山水玄趣中,都反映出这一点。正是由于"玄"的超越性,给魏晋时代精神中注入了一种特有的超然风范。"魏晋风度"所表现出来的那种洒脱不群、放旷不羁,魏晋书法绘画中表现出来的那种"气韵生动",之所以在后世难以企及,原因正在于此。只可惜中国文化总体上是儒学为主体,其伦理性文化特色,跟这种玄风有着很大的差别,因此,魏晋时代的那种特有的文化氛围,也随着隋唐的统一,唐宋儒学的复兴而销声匿迹,存在于士大夫的内心,成为儒学思想的补充。

虽然道教对玄的理解,基本上都是停留在以玄释道的层面上,但是,唐代道士成玄英却别有会解。他本老子"玄之又玄,众妙之门"的说法,对"玄"作了更为深入的探究。他认为,心存欲望的人,总是执着于"有",而无欲之人,又执着于"无",二者都不利于对道的深入理解,所以老子概括为"玄"——说它是无,它又有黑而赤之色,称之为有,它却又穷极幽远,不可捉摸。但仅仅如此,还不够,因为有人还会滞着于这个"玄",于是,再用"又玄"对"玄"进行否定,"玄之又玄",将对"玄"的执着也放弃,一切"有""无""玄"的执着都没有了,精神才进入到超越的状态,达到"妙"的门槛前。成玄英如此解"玄",远超出在"玄"跟"道"之间绕来绕去的说法,因为无论是"玄"还是"道"都是一些形而上的东西,使人无法把捉,因而难于理解,以不可理解释不可理解,最终是一团浆糊。而成玄英能展开来讲"玄",以"外无可欲之境,内无能欲之心"为玄出现的"众妙之门",不管它是不是老子的原意,至少他把"玄"说得极富哲理,令人信服。而且,结合我们对佛性的理解,还不难看出,成玄英这样的解释,跟佛教中对佛性的理解存在着某种程度的契合。他所谓的"玄",很有点佛教中

"空"的意味,而他所谓的"众妙之门",看上去也有点佛教所说的"极乐世界"的架式。从这里,我们也可以看出,佛道二教彼此借鉴的迹象。

隐

从文化心态上讲,隐逸文化是主体个性自由的产物。儒学以人性的社会化作为最高理想人格加以追求,主张将个性消融于群体之中。而隐逸文化则以主体的个性自由作为最终追求目标,这就使二者之间犹如水火不能相容。孔子周游列国时,常受隐者的讥讽,而孔子也以与"鸟兽为伍"反唇相讥,上古高隐如许由等人,都是作为儒家"圣人"如尧、舜等的对立面存在的,从这些地方都可以看出二家思想激烈冲突的痕迹。但是,隐逸文化在后来发生了改变,汉代玩世的东方朔"避世金马门",在皇帝身边过起了与世"隔绝"的隐遁生活,成为所谓"朝隐"的典范。所谓"小隐"隐山林,"大隐"隐市朝,是隐逸文化从绝世索居到混世葆真的明显改变。所谓"隐"已不再强调地理或者空间环境,更重的是隐者的心态和价值观念了,隐也朝着直截根源——心——的方向发展。正是隐逸文化的这一转变,打通了它与儒学价值观相通的路径,当儒学中心性成分被发掘出来并受到重视之时,也就意味着儒逸文化的出现和发达。

宋代以后,儒学发展的重点果然发生了朝向"内圣"方向的转变,心性的修养的重要性得到充分的肯定,"达则兼济天下,穷则独善其身"的儒训中,"独善其身"不仅是兼济天下的基础,甚至是必要的条件:身修然后才能家齐,家齐才有可能治国平天下。从程朱到王阳明,儒学中心性的成分越来越重,主体的个性也越来越受到尊重。陆九渊就曾提出"人同此心,心同此理"的著名命题,削平了凡圣之间的差别,也极大地张扬了主体的个性。儒学的这种转变,拉近了其与隐逸文化之间的差别。因此,宋代之后,儒士们都自觉地把仕隐作为两种可以互补的人生道路,在仕与隐之间不划绝缘的界线,出仕时带着隐逸的情趣,隐逸时心存出仕的念头。这样,儒学中增入了隐逸文化的成分,使隐逸文化普泛化和世俗化。宋元之后,隐士几乎全是儒士——儒隐终于出现,而隐逸的正宗传人——道者(道士或崇道之士)——却退出了隐逸文化的舞台,被处理成"方外"之士了。这不能不说是儒学"和"的哲学理念所发挥的具大作用。

　　隐逸文化在中国传统文化中占有重要一席,只是由于儒学积极入世的哲学占主导地位的情况下,它却从来没有成为主潮,最多只是在魏晋时期作为玄学的文化底蕴。但是,隐作为一种行为方式,无论与仕相对,还是跟利冲突,其文化特征都是"退",所谓"退一步海阔天空",能在积极进取受阻或者激烈的名利场上受挫之时,守持一种"隐"的心态,迅速调整自己的情绪,这是十分重要的。因此,人们往往把那些宣讲隐逸情趣的文字称为"清凉散",看来是很有道理的。有了这样一剂"清凉散",人就可以保持一颗平常心,对困难和挫折采取正确态度,既不会因有所得而大喜过望或忘乎所以,也不会因为有所失去而痛心疾首或消沉颓废。这对一个心理成熟的正常人而言,是相当重要的。虽然我们今天不用真的离开社会离群索居,以示清高,但是,在进退出处之间,保持一份平常心,却是任何时代、任何人都应该具备的,因此,它也永远不会过时。

名　士

　　所谓名士,是指界于"仕"与"隐"之间的一批知识分子。由于他们特殊的社会地位和心理状态,构成了独具特色的传统文化景观,因而受到人们的关注。名士的大量出现,跟魏晋时代名教的兴起有很大的关系,因此,名士也可以解释成"名教之士",但是,名教(其实质性内核仍为儒学)除给名士们注入入世的情结和道德人格之外,在礼法制度大坏的魏晋时期,名士们更多的是吸取了玄学中的玄远之思和高尚节操,即主体个性上的独立和自由。在伦理宗法社会里,名士尊重个性的价值观往往跟礼法发生冲突,这就决定了名士既不像笃儒之士那么热衷于仕进,又不像高隐们那样放弃人间的生活。

　　早期名士文化受隐逸文化的影响,总体趋势上表现出远世高志的一面,但是,名士跟隐士不同,隐士为了追求个性的自由,自原放弃世俗的生活,寻求出世之乐,以葆性情之真。名士虽也视个性自由为人生第一要义,但他们仍心存"兼济"之志,其价值观显然跟隐士不同。为了实现其济世的理想,名士可以在保持人格尊严的前提下,跟"正直"的官僚接触,并存在着以此打通仕途的幻想。随着封建社会内部矛盾的不断显露,私家讲学之风的不断盛行,以及侠文化中气节豪情内涵的不断渗入,名士文化从重"无为"之"隐"发生了向"有为"立身的转变。名节之士,以布衣之身,从宋元以前的置身山林或行走江湖,一变而为设馆授徒、主持讲坛、批评朝政、裁量人物,其干政的手段从当初的亲身入仕到旁观清议,虽然其"仕"之情结未改,但对"仕"和"仕途"的认识却更为全面了。

名士虽有出"仕"的欲望,却又保持着"在野"的情怀。他们出仕绝不像真正的儒士那么执着,而始终对官场保持一定的距离,绝不同流合污。无论"仕""隐",对他们而言,都已落入第二义。洁身自好、守持心性真实,才是他们最大的人生追求。所以他们能在强权面前从容不迫,不为淫威所屈服,面对物质生活的困窘,也能泰然处之,安贫乐道,吟啸自如。名士文化最大的特色就在于它以精神上的超脱和独立而在现实的社会中占有了一席之地,表现出人格完整的价值取向和个性自由的追求。

虽然古代名士多多少少透露出一些"酸"气——或寒酸或儒酸,但是,作为一种文化理象,名士文化所表现出来的尊重个性,不与世俗和官场同流合污的文化特征,却是有着积极意义的,对我们今天仍有借鉴作用。在以儒学思想为主体的传统文化里,人的社会属性一再被强调,从而形成了人云亦云、随大流和害怕"枪打出头鸟"的民族心态,久而久之,进入到一种"麻木不仁"的心理状态,这是非常可怕的。如何保持主体独立的个性,出污泥而不染呢?隐居世外,显然不可能,另一条道路就是高洁其志的"名士"风范。无论何时何地,处于何种环境之中,都能以平常心对待逆顺之境,保持自己的人格和个性,不媚俗,不媚官,精神上处于独立不阿的状态。这才是"名士"文化留给我们最宝贵的东西,虽然它跟传统中那些"酸"性的"名士"文化已有很大的差别。

丹

跟仙一样,烧炼丹药也是从神仙家那里发源,继而为道教所接受并发扬光大的。丹有内外之分,所谓外丹,是指用丹砂(朱砂)等矿物质烧炼成"长生不死"的仙丹。据载,远在战国时期,民间即有采掘丹砂致富者,秦汉时期,由于秦始皇汉武帝等人迷信神仙之道,苦求不死之方,各地方士纷纷贡献所炼不死之药,或上呈烧炼黄金白银的"黄白术",极大地刺激了外丹烧炼术。道教创立后,道士们从方士手里接过了这一带有科学成份的迷信手段,并将之与符箓斋醮等道教仪式和阴阳五行等结合起来,将之提升到新的高度并神秘化。虽然不死的仙丹没有炼成,但种瓜得豆,却促进了古代冶炼和化学工业的发展,火药的发明,即与之有着十分密切的关系。

内丹是另一种道教炼养之术,跟外丹借鉴神仙家思想不同,内丹以行气、守一为手段,借助内气的运化达到修养的目的,其思想本源则多自道家,但在发展过程中,也受阴阳五行之说等影响,趋于复杂和神秘。唐宋以来,在儒释道三家思想日趋融合、外丹修炼不断失败的基础上出现的,内丹修炼之法日益增多,新道教各派在舍弃白日飞升和符箓斋醮等迷信仪式后,更重内在心性的修炼,提出了"性命双修"的口号,大倡卫生之术,内丹之法大为发扬光大。从本质上讲,内丹修炼是通过心性的修炼,达到祛病健身的目的。其具体方法虽然各异,但都不外乎炼精还气、炼气还神、炼神还虚,通过意念的控制,引导身体内部气血的流动,久而久之(修行者称之为"七返九还"),周天畅通,内丹凝聚于丹田(有上、中、下之分),便可以利用它达到身健神全的修养境界,长生久视(命功完备)的同时,还能达到精神上同于天地宇宙(性功圆满),"性命双修",为阅世真仙。

有意思的是,内丹之术虽为道教内修之术,但在民间却进一步放大成为一切修炼者成仙的必备之道,连狐精也只有修炼得丹,才能成为精怪,而善良的精怪甚至还会在人落难或生命有危险之时,吐出内丹,让人服食求生。把丹作为救命之物,当然跟外丹修炼的药用功效有关,但把内外丹的功用结合起来作重新阐释的思想,却已远远超出了内外丹术原有的成仙或者养生的意义。

不可否认,对丹药的追求,不仅带有长生不死等迷信色彩,同时也有祛病延年的科学成分。在内丹理论的基础上,结出的气功之花,就是在剔除内丹术中那些迷信和神秘色彩的基础上发展起来的。我国的传统气功,确实有科学的成分,对某些疾病也确实有效。通过现代科学仪器进行检测,"气"的存在也是不可否认的。但是,受科技发达程度的影响,气功的原理,还有待进一步研究。这就给一些不法之徒以可乘之机,让他们有机会打着弘扬民族文化发扬中华"气功"等幌子,行敛财之实,有的甚至危害病友、危害社会安全。对此,我们一方面要了解作为古老的丹文化的一种表现,肯定气功的作用,但又绝不能将之无限制地夸大,更不能指望做升仙的白日梦。

酒

　　酒在中国传统文化中扮演着十分重要的角色,它的历史也十分悠久,不过,跟一切古老的文化都有一个发展变化的过程一样,酒文化也有其变化的历程。这个历程,也就是酒文化不断文人化的过程。

　　我们的先祖似乎很早以前就对酒有很深的研究。处于宗教狂热之中的殷商人,将酒与原始宗教和政治统治结合起来,对酒的运用可谓恰到好处。大型祭祀中,酒是必不可少之物,巫史借着酒劲,才敢跟神交通,也只有在酒醉迷狂之中,才会生发出与神交通的幻觉。于是,酒文化在殷人那里就已经相当发达。从发掘出来的殷文化遗址中,不难看出,当时酿酒术之高,黄酒、甜酒、白酒都已酿造,酿酒的工具也很齐备,饮器也是各式各样,甚至还出现了以专门制造酒器出名的氏族,如长勺氏、尾勺氏等。处于迷狂状态中的殷代统治者的不屑子孙,仗着巫史跟天、神的"关系",以天命所在自居,无图治之心也无治国之策,整天狂饮大嚼,"荒湎于酒",致使人神共愤,一朝覆亡。

　　不过,在中国历史上,除殷人曾经处于尼采所说的迷狂状态下之外,酒文化在后来的发展过程中,却呈现出向理性化靠近的倾向。有着放诞特色的魏晋时代,阮籍也曾长醉,陶渊明也是嗜酒如命,但这些放旷文士的酒醉,显然已经跟殷人以酒为媒介,致力于达到人神共舞的精神状态,出现了很大差别。在阮籍们看来,酒之德不在于使人与神去交通,而在于它能使人忘记现实以及现实中的痛苦,酒是作为忘忧草而非接仙丹存在的。醉酒成了人们超越现实束缚、实现人格自由的一种很好的手段。李白的"斗酒诗百篇",张旭醉后的笔走龙蛇,无非是要借酒之助,以近似麻木的放松心情进入全身心全自我的创作状态,在诗、书中展现自我和个性。

如果说唐以前的酒文化中还带有很浓的放旷色彩的话,那么,宋人"内敛"的文化品格,却使酒文化也趋向于"中庸"。宋代文士中饮酒人数很多,也是风气之所在,大文豪苏东坡因饮酒"不如人"而心生憾意,从侧面说明了这个问题。但是,宋人饮酒的量,饮酒的豪情,却跟前代大不相同。虽然也有豪饮之士,但基本上表现为个体行为,而整个社会风气则倾向于饮而不醉,醉而不沉的"微醺"状态。在"微醺"之时,主体既可以清醒地意识到自身的存在,又可以暂时地忘却现实中的各种束缚,其个性的自由不仅可以充分展示出来,更主要的是,主体还可以在内心清楚地体会个性呈现时的美妙和愉悦。不醉,精神无法放松,沉醉,自己无法体验。只有在"微醺"之时,似醉非醉的状态下,精神才算解脱,内心体验也最敏感最丰富。不醉不醒却又既醉既醒,其实也就是"发乎情止乎礼义"的儒训在酒文化中的体现。至此,酒文化可以说已经完全体现出士文化的特色,成为封建士大夫修养心性的一种手段了,"微醺"也被看作是一种酒文化的精华或极至而受到后来中国人的欢迎。时至今日,中原和南方各地仍保持这样的饮酒风气,对蒙古新疆等少数民族以饮醉为尚的酒文化,难以接受,是很能说明问题的。

思　考　题

秦汉时期,思想文化的统一有哪几种形态表现?

董仲舒文化思想的成就何在?

试述秦汉的时代文化精神。

与儒教相比,道教的本土特色表现在哪些方面?

谈谈你对两汉、魏晋文化特色差异性的体会。

试简述魏晋人的艺术精神。

如何正确认识古人的法观念?

外儒内法的统治思想对今天有何影响?

为什么说"孝"在现代社会里还有提倡的必要?

说"玄"是超越,其具体内容是什么? 请举例说明。

作为一个现代人,如何正确认识隐的文化意义?

"名士"作为古代的一种文化现象,其现实意义何在?

什么叫外丹,什么叫内丹?

中国酒文化的特征是什么?

附:参考文献

明夷待访录·原法

黄宗羲

三代以上有法,三代以下无法。何以言之?二帝、三王知天下之不可无养也[1],为之授田以耕之;知天下之不可无衣也,为之授地以桑麻之;知天下之不可无教也,为之学校以兴之;为之婚姻之礼以防其淫;为之卒乘之赋以防其乱[2];此三代以上之法也,固未尝为一己而立也。后之人主,既得天下,唯恐其祚命之不长也[3],子孙之不能保有也,思患于未然以为之法。然则其所谓法者,一家之法而非天下之法也。是故秦变封建而为郡县,以郡县得私于我也;汉建庶孽[4],以其可以藩屏于我也[5];宋解方镇之权[6],以方镇之不利于我也;此其法何曾有一毫为天下之心哉,而亦可谓之法乎!

三代之法,藏天下于天下者也[7]:山泽之利不必其尽取,刑赏之权不疑其旁落,贵不在朝廷也,贱不在草莽也,在后世方议其法之疏,而天下之人不见上之可欲,不见下之可恶,法愈疏而乱愈不作,所谓无法之法也。后世之法,藏天下于筐箧者也[8]:利不欲其遗于下,福必欲其敛于上;用一人焉则疑其自私,而又用一人以制其私;行一事焉则虑其可欺,而又设一事以防其欺。天下之人共知其筐箧之所在,吾亦鳃鳃然日唯筐箧之是虞[9],故其法不得不密,法愈密而天下之乱即生于法之中,所谓非法之法也。

论者谓一代有一代之法,子孙以法祖为孝。夫非法之法,前王不胜其利欲之私以创之,后王或不胜其利欲之私以坏之;坏之者固足以害天下,其创之者亦未始非害天下者也。乃必欲周旋于此胶彼漆之中[10],以博宪章之余名[11],此俗儒之剿说也[12]。即论者谓天下之治乱不系于法之存亡。夫古今之变,至秦而一尽,至元而又一尽,经此二尽之后,古圣王之所恻隐爱人而经营者荡然无具,苟非为之远思深览,一一通变,以复井田、封建、学校、卒乘之旧,虽小小更革,生民之戚戚终无已时也。即论者谓有治人无治法[13],吾以谓有治法而后有治人。自非法之法桎梏天下人之手足[14],即有能治之人,终不胜其牵挽嫌疑之顾盼;有所设施,亦就其分之所得,安于苟简,而不能有度外之功名[15]。使先王之法而在,莫不有法外之意存乎其间[16];其人是也,则可以无不行之意[17];其人非也,亦不至深刻罗网[18],以害天下。故曰有治法而后有治人。

注释:

[1] 二帝,指尧、舜。三王,指夏禹、商汤、周文王和武王。

[2] 卒指步兵,乘指兵车。卒乘之赋,是说征集卒乘。

[3] 祚命,就是禄命,指一姓君主统治天下时间的久暂。

[4] 庶蘖,凡不是皇后生的嫡子都称庶蘖。庶有众多的意思,蘖通"蘖",树木旁出的支干叫蘖,引申为庶子之称。汉朝初年以燕、代、齐、赵、梁、楚、荆、吴、淮南等九国封同姓诸侯。其目的是为了利用亲族保卫王室。

[5] 藩,篱落;屏,门内小墙。引申为屏障、保卫的意思。《左传》僖公二十

四年:"故封建亲戚,以藩屏周。"

〔6〕唐朝带兵镇守一方的叫"方镇",后来方镇跋扈,割据一方。宋初解除
　　　将领的兵权,军政大权都由皇帝统一掌握。

〔7〕藏天下于天下,就是公天下的意思。语见《庄子·大宗师》:"若夫藏天
　　　下于天下而不得所遁。"

〔8〕"筐箧之藏",见《晏子春秋·内篇杂下》第十八。筐箧就是箱笼,盛物
　　　的竹器。这里是用来比喻私天下。

〔9〕鳃鳃然,恐惧的样子。

〔10〕胶、漆都是有粘性的东西,此胶彼漆,比喻拘泥于祖宗成法,不知变通。

〔11〕宪章,见《礼记·中庸》:"仲尼祖述尧、舜,宪章文、武。"朱熹注,宪章是
　　　守其法的意思。

〔12〕勦说,见《礼记·曲礼》:"毋勦说。"注:"谓取人之说以为己说。"即剽
　　　窃、抄袭的意思。

〔13〕有治人无治法,即认为治理天下主要依靠能治之人,而不能靠法度。

〔14〕桎梏,本来是束缚手足的刑具,这里当束缚解。

〔15〕度外,即法度之外。所谓不能有度外之功名,指不能脱离"非法之法"
　　　的桎梏而取得治绩。

〔16〕先王之法,指古圣王的"无法之法"。法外之意,指在先王之法以外的
　　　其他想法。这两句是说,如果先王之法还保存,也会有人有其他想法。

〔17〕其人,指有"法外之意"的人。这两句的意思是:如果这些人的想法
　　　对,可以不反对实行他们的想法。

〔18〕深刻,法度深严、苛刻。

老　　子(节选)

一　　章

道可道,非常道。名可名,非常名。无,名天地之始;有,名

万物之母。故常无，欲以观其妙；常有，欲以观其徼。此两者，同出而异名，同谓之玄。玄之又玄，众妙之门。

十 九 章

绝圣弃智，民利百倍。绝仁弃义，民复孝慈。绝巧弃利，盗贼无有。此三者，以为文，不足，故令有所属。见素抱朴，少私寡欲，绝学无忧。

二 十 八 章

知其雄，守其雌，为天下溪。为天下溪，常德不离，复归于婴儿。知其白，守其黑，为天下式。为天下式，常德不忒，复归于无极。知其荣，守其辱，为天下谷。为天下谷，常德乃足，复归于朴。朴散则为器，圣人用之则为官长。故大制不割。

八 十 章

小国寡民，使有什伯之器而不用，使民重死而不远徙。虽有舟舆，无所乘之；虽有甲兵，无所陈之；使人复结绳而用之。甘其食，美其服，安其居，乐其俗，邻国相望，鸡犬之声相闻，民至老死不相往来。

八 十 一 章

信言不美，美言不信。善者不辩，辩者不善。知者不博，博者不知。圣人不积，既以为人，己愈有；既以与人，己愈多。天之道，利而不害；圣人之道，为而不争。

马　蹄

庄　周

马,蹄可以践霜雪,毛可以御风寒,龁草饮水[1],翘足而陆[2],此马之真性也。虽有义台路寝[3],无所用之。及至伯乐[4],曰:"我善治马。"烧之[5],剔之[6],刻之[7],雒之[8],连之以羁馽[9],编之以皁栈[10],马之死者十二三矣[11]。饥之,渴之,驰之[12],骤之,整之[13],齐之。前有橛饰之患[14],而后有鞭筴之威[15],而马之死者已过半矣。陶者曰:"我善治埴[16]。"圆者中规,方者中矩。匠人曰:"我善治木。"曲者中钩,直者应绳。夫埴木之性,岂欲中规矩钩绳哉?然且世世称之曰"伯乐善治马"而"陶、匠善治埴、木[17]",此亦治天下者之过也。

吾意善治天下者不然[18]。彼民有常性[19],织而衣,耕而食,是谓同德[20];一而不党[21],命曰天放[22]。故至德之世[23],其行填填[24],其视颠颠[25]。当是时也,山无蹊隧[26],泽无舟梁[27],万物群生,连属其乡[28];禽兽成群,草木遂长[29]。是故禽兽可系羁而游[30],鸟鹊之巢可攀援而窥[31]。夫至德之世,同与禽兽居,族与万物并[32],恶乎知君子小人哉[33]?同乎无知[34],其德不离[35];同乎无欲,是谓素朴[36]。素朴而民性得矣。

及至圣人,蹩躠为仁[37],踶跂为义[38],而天下始疑矣。澶漫为乐[39],摘僻为礼[40],而天下始分矣。故纯朴不残[41],孰为牺尊[42]!白玉不毁,孰为珪璋[43]!道德不废[44],安取仁义[45]!性情不离,安用礼乐!五色不乱,孰为文采[46]!五声不乱,孰应六律!夫残朴以为器,工匠之罪也;毁道德以为仁义,圣人之过也!

夫马,陆居则食草饮水,喜则交颈相靡[47],怒则分背相踢[48]。马知已此矣。夫加之以衡扼[49],齐之以月题[50],而马知介倪[51]、阘扼[52]、鸷曼[53]、诡衔[54]、窃辔[55]。故马之知而态至盗者[56],伯乐之罪也。夫赫胥氏之时[57],民居不知所为,行不知所之,含哺而熙[58],鼓腹而游[59],民能已此矣。及至圣人,屈折礼乐以匡天下之形[60],县跂仁义以慰天下之心[61],而民乃始踶跂好知,争归于利,不可止也。此亦圣人之过也。

注释:

[1] 龁,咬嚼。

[2] 翘,扬起。陆,通作踛,跳跃。

[3] 义,通"峨","義台"即高台。路,大,正;寝,居室。

[4] 伯乐,姓孙名阳,伯乐为字,秦穆公时人,相传善于识马、驯马。

[5] 烧之,指烧红铁器灼炙马毛。

[6] 剔之,指剪马毛。

[7] 刻之,指凿削马蹄甲。

[8] 雒之,"雒"通作"烙",指用烙铁留下标记。

[9] 连,系缀,连结。羁,马络头。绊,绊马脚的绳索。

[10] 皁,"皂"字的异体,通"槽",饲马的槽枥。栈,安放在马脚下的编木,用以防潮,俗称马床。

[11] 十二三,十分之二三。

[12] 驰,马快速奔跑;下句"骤"字同此义。"驰之"、"骤之",意指打马狂奔,要求马儿速疾奔跑。

[13] 整,整齐划一;下句"齐"字同此义。"整之"、"齐之",意指使马儿步伐、速度保持一致。

[14] 橛,马口所衔之木,今用铁制,谓马口铁。饰,指马络头上的装饰。

[15] 筴,"策"字的异体。马鞭用皮制成叫鞭,用竹制成就叫"策"。

[16] 埴,粘土。

[17] 称,称举,赞扬。

[18] 意,意谓,认为。

[19] 常性,不会改变的、固有的本能和天性。

[20] 同德,指人类的共性。

[21] 党,偏私。

[22] 命,名,称作。天放,任其自然。

[23] 至德之世,人类天性保留最好的年代,即人们常说的原始社会。

[24] 填填,稳重的样子。

[25] 颠颠,专一的样子。

[26] 蹊,小路。隧,隧道。

[27] 梁,桥。

[28] 连属,混同的意思。

[29] 遂,遂心地。

[30] 系羁,用绳子牵引。

[31] 攀援,攀登爬越。阚,同"窥",观察,探视。

[32] 族,聚合。并,比并。

[33] 君子、小人,传统观点认为分别指履道方正的人和殉物邪僻的人,我认为当指统治者和被统治者。

[34] 同,通作"恿",愚蠢;这个意义后代写作"蠢"。

[35] 离,背离,丧失。

[36] 素,未染色的生绢。朴,未加工的木料。"素朴"在这里喻指本色。

[37] 蹩躠,步履艰难、勉力行走的样子。

[38] 踶跂,足跟上提、竭力向上的样子。

[39] 澶漫,放纵地逸乐。

[40] 摘僻,繁琐。

[41] 纯朴,完整的、未曾加过工的木材。

[42] 牺尊,雕刻精致的酒器。"尊"亦作"樽"。

[43] 珪璋,玉器;上尖下方的为珪,半珪形为璋。

［44］道德,这里指人类原始的自然本性。

［45］仁义,这里指人为的各种道德规范,与上句的"道德"形成对立。

［46］文采,文彩;错杂华丽的色彩。

［47］靡,通作"摩",触摩。

［48］分背,背对着背。踶,踢。

［49］衡,车辕前面的横木。扼,亦作"轭"。叉马颈的条木。

［50］题,额。"月题"即马额上状如月形的佩饰。

［51］介,独。倪,睨,侧目怒视之意。一说"介"字为"兀"字之讹,"倪"通作"輗";"兀輗"就是折輗,挣脱车輗的意思。

［52］闉,屈曲。扼,轭。闉扼指曲颈不伸,抗拒木轭。

［53］鸷,凶猛。曼,狂突。鸷曼指马儿暴戾不驯。

［54］诡衔,意思是诡谲地想吐出口里的橛衔。

［55］窃辔,意思是偷偷地想脱出马络头。

［56］态,能。盗,与人抗敌的意思。

［57］赫胥氏,传说中的古代帝王。

［58］哺,口里所含的食物。熙,通作"嬉",嬉戏。

［59］鼓腹,鼓着肚子,意指吃得饱饱的。

［60］屈折,矫造的意思。匡,端正,改变。

［61］县,同"悬"。跂,通作"企",企望。"县跂"意思是空悬而不可企及。

齐 物 论

庄　周

南郭子綦隐机而坐[1],仰天而嘘[2],荅焉似丧其耦[3]。颜成子游立侍乎前[4],曰:"何居乎[5]?形固可使如槁木[6],而心固可使如死灰乎[7]?今之隐机者,非昔之隐机者也[8]。"子綦曰:

"偃[9]，不亦善乎，而问之也[10]？今者，吾丧我，汝知之乎？女闻人籁[11]，而未闻地籁；女闻地籁，而未闻天籁夫！"子游曰："敢问其方[12]。"子綦曰："夫大块噫气[13]，其名为风。是唯无作[14]，作则万窍怒呺[15]，而独不闻之翏翏乎[16]？山林之畏佳[17]，大木百围之窍穴，似鼻，似口，似耳，似枅[18]，似圈，似臼，似洼者，似污者[19]。激者[20]，謞者[21]，叱者，吸者，叫者，譹者[22]，宎者[23]，咬者[24]，前者唱于而随者唱喁[25]。泠风则小和[26]，飘风则大和，厉风济则众窍为虚[27]。而独不见之调调之刁刁乎[28]？"子游曰："地籁则众窍是已[29]，人籁则比竹是已[30]。敢问天籁。"子綦曰："夫吹万不同[31]，而使其自己也[32]，咸其自取[33]，怒者其谁邪[34]？"

大知闲闲[35]，小知閒閒[36]；大言炎炎[37]，小言詹詹[38]。其寐也魂交[39]，其觉也形开[40]；与接为构[41]，日以心斗：缦者[42]，窖者[43]，密者[44]。小恐惴惴[45]，大恐缦缦[46]。其发若机栝[47]，其司是非之谓也[48]；其留如诅盟[49]，其守胜之谓也。其杀若秋冬[50]，以言其日消也；其溺之所为之[51]，不可使复之也；其厌也如缄[52]，以言其老洫也[53]；近死之心，莫使复阳也[54]。喜怒哀乐，虑叹变慹[55]，姚佚启态[56]。乐出虚[57]，蒸成菌[58]。日夜相代乎前[59]，而莫知其所萌[60]。已乎[61]，已乎！旦暮得此[62]，其所由以生乎[63]！

非彼无我[64]，非我无所取[65]。是亦近矣[66]，而不知其所为使[67]。若有真宰[68]，而特不得其眹[69]，可行己信，而不见其形，有情而无形[70]。百骸[71]、九窍[72]、六藏[73]，赅而存焉[74]。吾谁与为亲[75]？汝皆说之乎[76]？其有私焉[77]。如是皆有为臣妾乎？其臣妾不足以相治乎。其递相为君臣乎？其有真君存焉[78]。如求得其情与不得[79]，无益损乎其真。一受其成形[80]，不亡以待尽[81]。与物相刃相靡[82]，其行尽如驰[83]，而莫之能止,不亦悲乎!终身役役而不见其成功[84],苶然疲役而不知其所归[85],可不哀邪!人谓之不死,奚益!其形化,其心与之然,可不谓大哀乎?人之生也,固若是芒乎[86]?其我独芒,而人亦有不芒者乎?

夫随其成心而师之[87],谁独且无师乎?奚必知代而心自取者有之[88]?愚者与有焉。未成乎心而有是非,是今日适越而昔至也[89]。是以无有为有。无有为有,虽有神禹,且不能知[90],吾独且奈何哉!

夫言,非吹也[91]。言者有言,其所言者特未定也[92]。果有言邪?其未尝有言邪?其以为异于鷇音[93],亦有辩乎[94]?其无辩乎?

道恶乎隐而有真伪?言恶乎隐而有是非[95]?道恶乎往而不存?言恶乎存而不可?道隐于小成[96],言隐于荣华[97]。故有儒墨之是非[98],以是其所非而非其所。欲是其所非而非其所是,则莫若以明[99]。

物无非彼,物无非是。自彼则不见,自知则知之[100]。故曰:彼出于是,是亦因彼。彼是,方生之说也[101]。虽然,方生方死,方死方生;方可方不可,方不可方可[102];因是因非,因非因是[103]。是以圣人不由而照之于天[104],亦因是也[105]。是亦彼也,彼亦是也。彼亦一是非,此亦一是非[106]。果且有彼是乎哉?果且无彼是乎哉[107]?彼是莫得其偶[108],谓之道枢[109]。枢始得其环中[110],以应无穷[111]。是亦一无穷,非亦一无穷也。故曰:莫若以明。

以指喻指之非指,不若以非指喻指之非指也[112];以马喻马之非马[113],不若以非马喻马之非马也。天地一指也,万物一马也。

可乎可,不可乎不可。道行之而成,物谓之而然[114]。恶乎然？然于然。恶乎不然？不然于不然[115]。恶乎可？可于可。恶乎不可？不可于不可[116]。物固有所然，物固有所可；无物不然，无物不可。故为是举莛与楹[117]，厉与西施[118]，恢恑憰怪[119]，道通为一[120]。其分也[121]，成也[122]；其成也，毁也[123]。凡物无成与毁，复通为一。唯达者知通为一[124]，为是不用而寓诸庸[125]。庸也者，用也[126]；用也者，通也；通也者，得也[127]；适得而几矣[128]。因是已[129]，已而不知其然[130]，谓之道。劳神明为一而不知其同也[131]，谓之朝三[132]。何谓朝三？狙公赋芧曰[133]："朝三而暮四。"众狙皆怒。曰："然则朝四而暮三。"众狙皆悦。名实未亏而喜怒为用[134]，亦因是也。是以圣人和之以是非，而休乎天钧[135]，是之谓两行[136]。

古之人，其知有所至矣。恶乎至[137]？有以为未始有物者，至矣，尽矣，不可以加矣。其次以为有物矣，而未始有封也[138]。其次以为有封焉，而未始有是非也。是非之彰也，道之所以亏也。道之所以亏，爱之所以成[139]。果且有成与亏乎哉？果且无成与亏乎哉？有成与亏，故昭氏之鼓琴也[140]。无成与亏，故昭氏之不鼓琴也。昭文之鼓琴也，师旷之枝策也[141]，惠子之据梧也[142]，三子之知几乎[143]！皆其盛者也，故载之末年[144]。唯其好之也[145]，以异于彼；其好之也，欲以明之[146]。彼非所明而明之，故以坚白之昧终[147]。而其子又以文之纶终[148]，终身无成。若是而可谓成乎？虽我亦成也[149]。若是而不可谓成乎？物与我无成也。是故滑疑之耀[150]，圣人之所图也[151]。为是不用而寓诸庸，此之谓以明。

今且有言于此，不知其与是类乎？其与是不类乎？类与不类，相与为类[152]，则与彼无以异矣。虽然，请尝言之[153]。有始也者，有未始有始也者，有未始有夫未始有始也者。有有也者，有无也者，有未始有无也者，有未始有夫未始有无也者。俄而有无矣[154]，而未知有无之果孰有孰无也。今我则已有谓矣[155]，而未知吾所谓之其果有谓乎，其果无谓乎？天下莫大于秋豪之末[156]，而大山为小[157]；莫寿于殇子[158]，而彭祖为夭[159]。天地与我并生，而万物与我为一。既已为一矣，且得有言乎？既已谓之一矣，且得无言乎？一与言为二，二与一为三。自此以往，巧历不能得[160]，而况其凡乎[161]！故自无适有，以至于三[162]，而况自有适有乎！无适焉，因是已[163]。

夫道，未始有封[164]；言，未始有常[165]。为是而有畛也[166]。请言其畛：有左有右，有伦有义[167]，有分有辩，有竞有争，此之谓八德[168]。六合之外[169]，圣人存而不论；六合之内，圣人论而不议[170]。春秋经世先王之志[171]，圣人议而不辩。故分也者，有不分也；辩也者，有不辩也。曰：何也？圣人怀之[172]，众人辩之以相示也[173]。故曰：辩也者，有不见也。

夫大道不称[174]，大辩不言，不仁不仁，大廉不嗛[175]，大勇不忮[176]。道昭而不道[177]，言辩而不及[178]，仁常而不成，廉清而不信，勇忮而不成。五者圆而几向方矣[179]。故知止其所不知，至矣。孰知不言之辩、不道之道？若有能知，此之谓天府[180]。注焉而不满[181]，酌焉而不竭[182]，而不知其所由来，此之谓葆光[183]。

故昔者尧问于舜曰："我欲伐宗、脍、胥敖[184]，南面而不释然[185]，其故何也？"舜曰："夫三子者[186]，犹存乎蓬艾之间[187]。若不释然[188]，何哉？昔者十日并出[189]，万物皆照，而况德之进乎日者乎[190]！"

啮缺问乎王倪曰[191]："子知物之所同是乎[192]？"曰："吾恶乎知之！""子知子之所不知邪？"曰："吾恶乎知之！""然则物无知邪？"曰："吾恶乎知之！虽然，尝试言之。庸讵知吾所谓知之非不知邪？庸讵知吾所谓不知之非知邪[193]？且吾尝试问乎女^[194]:民湿寝则腰疾偏死^[195],鳅然乎哉^[196]? 木处则惴慄恂惧^[197],猨猴然乎哉^[198]? 三者孰知正处? 民食刍豢^[199],麋鹿食荐^[200],蝍蛆甘带^[201],鸱鸦耆鼠^[202],四者孰知正味? 猨猵狙以为雌^[203],麋与鹿交,鳅与鱼游^[204]。毛嫱、丽姬^[205],人之所美也,鱼见之深入,鸟见之高飞,麋鹿见之决骤^[206]。四者孰知天下之正色哉? 自我观之,仁义之端^[207],是非之涂^[208],樊然殽乱^[209],吾恶能知其辩^[210]!"

啮缺曰:"子不知利害,则至人固不知利害乎^[211]?"王倪曰:"至人神矣^[212]! 大泽焚而不能热^[213],河汉沍而不能寒^[214],疾雷破山、飘风振海而不能惊^[215]。若然者,乘云气,骑日月,而游乎四海之外。死生无变于己^[216],而况利害之端乎!"

瞿鹊子问乎长梧子曰^[217]:"吾闻诸夫子^[218],圣人不从事于务^[219],不就利^[220],不违害^[221],不喜求,不缘道^[222],无谓有谓^[223],有谓无谓,而游乎尘垢之外。夫子以为孟浪之言^[224],而我以为妙道之行也。吾子以为奚若^[225]?"

长梧子曰:"是黄帝之所听荧也^[226],而丘也何足以知之! 且女亦大早计^[227],见卵而求时夜^[228],见弹而求鸮炙^[229]。予尝为女妄言之,女以妄听之。奚旁日月^[230],挟宇宙? 为其脗合^[231],置其滑涽^[232],以隶相尊^[233]。众人役役^[234],圣人愚芚^[235],参万岁而一成纯^[236]。万物尽然^[237],而以是相蕴^[238]。

"予恶乎知说生之非惑邪^[239]! 予恶乎知恶死之非弱丧而不知归者邪^[240]! 丽之姬^[241],艾封人之子也^[242]。晋国之始得之也,涕泣沾襟,及其至于王所^[243],与王同筐床^[244],食刍豢,而后悔其泣也。予恶乎知夫死者不悔其始之蕲生乎^[245]! 梦饮酒者,旦而哭泣;梦哭泣者,旦而田猎^[246]。方其梦也^[247],不知其梦也。梦之中又占其梦焉,觉而后知其梦也。且有大觉而后知此其大梦也,而愚者自以为觉,窃窃然知之^[248]。君乎,牧乎,固哉[249]！丘也与女，皆梦也；予谓女梦，亦梦也。是其言也，其名为吊诡[250]。万世之后而一遇大圣，知其解者，是旦暮遇之也[251]！

"既使我与若辩矣[252]，若胜我，我不若胜[253]，若果是也，我果非也邪？我胜若，若不吾胜，我果是也，而果非也邪[254]？其或是也，其或非也邪？其俱是也，其俱非也邪？我与若不能相知也，则人固受其黮闇[255]，吾谁使正之[256]？使同乎若者正之？既与若同矣，恶能正之！使同乎我者正之？既同乎我矣，恶能正之！使异乎我与若者正之？既异乎我与若矣，恶能正之！使同乎我与若者正之？既同乎我与若矣，恶能正之！然则我与若与人，俱不能相知也，而待彼也邪[257]？化声之相待[258]，若其不相待，和之以天倪[259]，因之以曼衍[260]，所以穷年也[261]。

"何谓和之以天倪？曰：是不是，然不然。是若果是也，则是之异乎不是也亦无辩；然若果然也，则然之异乎不然也亦无辩。忘年忘义[262]，振于无竟[263]，故寓诸无竟[264]。"

罔两问景曰[265]："曩子行[266]，今子止；曩子坐，今子起。何其无特操与[267]？"景曰："吾有待而然者邪[268]？吾所待又有待而然者邪？吾待蛇蚹蜩翼邪[269]？恶识所以然？恶识所以不然？"

昔者庄周梦为胡蝶[270]，栩栩然胡蝶也[271]，自喻适志与[272]！不知周也。俄然觉[273]，则蘧蘧然周也[274]。不知周之梦为胡蝶与，胡蝶与梦为周与？周与胡蝶，则必有分矣。此之谓物化[275]。

注释：

[1] 南郭子綦，楚人，居住南郭，故名南郭子綦。旧说为楚庄王庶出的弟弟，做过楚庄王的司马；疑为庄子中寓托的高士，而非历史人物。隐，

凭倚。机,亦作几,案几。

[2] 嘘,吐气。

[3] 荅焉,亦作"嗒焉",离形去智的样子。耦,匹对。庄子认为人是肉体和精神的对立统一体,"耦"在这里即指与精神相对立的躯体。丧其耦,表示精神超脱躯体达到忘我的境界。

[4] 颜成子游,子綦的学生,姓颜名偃,子游为字,死后谥成,故名颜成子游。

[5] 居,表疑问的语气词。

[6] 固,诚然。槁,干枯。

[7] 心,思想,精神。固,岂,难道。

[8] "今之隐机者"与"昔之隐机者"实指一人,即南郭子綦,意思是南郭子綦今日隐机入神出体与旧时大不一样。

[9] 偃,见注[4]。

[10] 而,你,人称代词。"不亦善乎,而问之也"乃是"尔问之不亦善乎"之倒置。

[11] 籁,箫,古代的一种管状乐器,这里泛指从孔穴里发出的声响。"人籁"即出自人为的声响,与下两句的"地籁"、"天籁"相对应,所谓"地籁"或"天籁",即出自自然的声响。

[12] 敢,表示谦敬的副词,含有"冒昧地","斗胆地"的意思。方,道术,指所言"地籁"、"天籁"的真实含意。

[13] 大块,大地。噫气,吐气。

[14] 是,此,这里指风。唯,句中语气词,含有仅此的意思。作,兴起。

[15] 窍,孔穴。呺,亦作"号",吼叫。

[16] 翏翏,亦作飂飂,大风呼呼的声响。

[17] 林,通作"陵",大山。畏佳,即嵬崔,山陵高峻的样子。

[18] 枅,柱头横木。

[19] 污,停滞不流的水塘。

[20] 激,水流湍急的声音。

[21] 謞,这里用来形容箭头飞去的声响。

[22] 謑,嚎哭声。

[23] 宎,深而沉。

[24] 咬,鸟鸣叫的声音。一说哀切声。

[25] 于、喁,风吹树动前后相和的声音。

[26] 泠风,小风,清风。

[27] 厉风,迅猛的暴风。济,止。

[28] 调调、刁刁,风吹草木晃动摇曳的样子。"刁刁"亦作"刀刀"。

[29] 是,这样。已,矣。

[30] 比,合并。竹,这里指并合在一起可以发出声响的、不同形状的竹管。

[31] 这句及以下是表述"天籁"的,故有人疑"夫"字之后缺"天籁者"三字。

[32] 使其自己,意思是使它们自身发出各种各样的声音。一说"己"当作"已",是停止的意思,但联系上下文不宜从此解。

[33] 咸,全。

[34] 怒,这里是发动的意思。

[35] 闲闲,广博豁达的样子。

[36] 閒閒,"閒"是"间"的古体,今简作"间","閒閒"即间间,明察细别的样子。

[37] 炎炎,猛烈;这里借猛火炎燎之势,比喻说话时气焰盛人。

[38] 詹詹,言语琐细,说个没完。

[39] 寐,睡眠。魂交,心灵驰躁,神魂交接。

[40] 觉,睡醒。形开,身形开朗,目开意悟。一说形体不宁。

[41] 接,接触,这里指与外界环境接触。搆,"构"字的异体,交合的意思。

[42] 缦,通作"慢",疏怠迟缓的意思。

[43] 窖,深沉,用心不可捉摸。

[44] 密,隐秘、谨严。

[45] 惴惴,恐惧不安的样子。

[46] 缦缦,神情沮丧的样子。

[47] 机,弩机,弩上的发射部位。栝,箭杆末端扣弦部位。

[48] 司,主。"司是非"犹言主宰是非,意思是"是"与"非"都由此产生。一

说"司"通"伺",窥伺人之是非的意思。

[49] 留,守住,指留存内心,与上句的"发"相对应。诅盟,誓约;结盟时的
誓言,坚守不渝。

[50] 杀,肃杀,衰败。

[51] 溺,沉湎。"之"疑讲作"于"。

[52] 厌,通作"压",闭塞的意思。缄,绳索,这里是用绳索加以束缚的意
思。

[53] 洫,败坏。

[54] 复阳,复生,恢复生机。

[55] 虑,忧虑。叹,感叹。变,反复。热,通作"慑",恐惧的意思。

[56] 姚,轻浮躁动。佚,奢华放纵。启,这里指放纵情欲而不知收敛。态,
这里是故作姿态的意思。

[57] 乐,乐声。虚,中空的情态,用管状乐器中空的特点代指乐器本身。

[58] 蒸成菌,在暑热潮湿的条件下蒸腾而生各种菌类。

[59] 相代,相互对应地更换与替代。

[60] 萌,萌发、产生。

[61] 已,止,算了。

[62] 旦暮,昼夜,这里表示时间很短。此,指上述对立、对应的各种情态形
成发生的道理,犹如乐出于虚,菌出于气,一切都形成于"虚"、"无"。

[63] 由,从,自。所由,产生的原由。

[64] "彼"就字面上讲指"我"的对立面,也可以理解为非我的大自然,甚至
包括上述各种情态。

[65] 取,资证,呈现。

[66] 近,彼此接近;引申一步,像前两句话那样的认识和处理,就接近于事
物的本质,接近于认识事物的真理。

[67] 所为使,为……所驱使。

[68] 宰,主宰。"真宰",犹如今日言"造世主",但也可理解为真我,即我身
的主宰。

[69] 特,但,只。眹,端倪、征兆。

[70] 情,真,指事实上的存在。

[71] 百,概数,言其多,非确指。骸,骨节。

[72] 九窍,人体上九个可以向外张开的孔穴,指双眼、双耳、双鼻孔、口、生殖器、肛门。

[73] 藏,内脏;这个意义后代写作"臟",简化成"脏"。心、肺、肝、脾、肾俗称五脏,但也有把左右两肾分别称谓的,这就成了"六脏"。

[74] 赅,齐备。

[75] 谁与,与谁。

[76] 说,喜悦,这个意义后代写作"悦"。

[77] 私,偏私,偏爱。

[78] 真君,对待"我"来说,"真君"即"真我"、"真心",对待社会的各种情态说,"真君"就是"真宰"。

[79] 情,究竟,真实情况。

[80] 一,一旦。

[81] 亡,亦作"忘",忘记。一说"亡"为"代"字之讹,变化的意思。尽,耗竭、消亡。

[82] 刃,刀口,这里喻指针锋相对的对立面。靡,倒下,这里是顺应的意思。

[83] 驰,迅疾奔跑。

[84] 役役,相当于"役于役"。意思是为役使之物所役使。一说劳苦不休的样子。

[85] 苶然,疲倦因顿的样子。疲役,犹言疲于役,为役使所疲顿。

[86] 芒,通作"茫",迷昧无知。

[87] 成心,业已形成的偏执之见。

[88] 代,更改,变化。"知代"意思是懂得变化更替的道理。取,资证、取信的意思。

[89] 这句是比喻,说明没有成见就已经出现是非观念。

[90] 神禹,神明的夏禹。

[91] 吹,风吹。根据本段大意看,"言"似有所指,不宜看作一般所谓的说

话、言谈，而指"辩论"；下句的"言者"则当指善辩的人。辩言之是非出于己见，而风吹出于自然，所以说"言非吹"。

[92] 特，但，只。

[93] 鷇音，刚刚破卵而出的鸟的叫声。

[94] 辩，通作"辨"，分辨、区别。

[95] 恶，何，怎么。隐，隐秘、藏匿。

[96] 成，成就。"小成"这里指一时的、局部的成功。

[97] 荣华，木草之花，这里喻指华丽的词藻。

[98] 儒墨，儒家和墨家，战国时期两个政治和哲学流派。

[99] 莫若以明，传统的解释为"莫如即以本然之明照之"，意思是"不如用其自然加以观察"。姑存此说。

[100] "自知"疑为"自是"之误，与上句之"自彼"互文；若按"自知"讲，语义亦不通达。

[101] 方生，并存。一说"方"通作"旁"，依的意思。

[102] 方，始，随即。

[103] 因，遵循，依托。

[104] 由，自，经过。一说用，"不由"就是不用。照，观察。天，这里指事物的自然，即本然。

[105] 因，顺着。

[106] 一，同一，同样。

[107] 果，果真。

[108] 偶，对，对立面。

[109] 枢，枢要。道枢，大道的关键之处；庄子认为，彼和此是事物对立的两个方面，如果彼和此都失去了相对立的一面，那么这就是道的枢要，即齐物以至齐论的关键。一切都出自虚无、一切都归于虚无，还有不"齐物"和"齐论"的吗？

[110] 环中，环的中心；"得其环中"喻指抓住要害。

[111] 应，适应，顺应。穷，尽。

[112] 指，不宜讲作手指之指，战国名家学派公孙龙子著《指物论》，这里应

是针对该篇内容而言,所谓"指",即组成事物的要素。联系下一句,
事物的要素并非事物本身,而事物的要素只有在事物内才有它的存
在,故有"指之非指"的说法。喻,说明。

[113] 马,跟上句的"指"一样,同是当时论辩的主要论题。名家公孙龙子
就曾作《白马赋》,阐述了"白马非马"的观点。

[114] 谓,称谓、称呼。然,这样。

[115] 然,对的、正确的。

[116] 以上十二句历来认为有错简或脱落现象,句子序列暂取较通行的校
勘意见。

[117] 莛,草茎。楹,厅堂前的木柱。"莛"、"楹"对文,代指物之细小者和
巨大者。

[118] 厉,通作"疠",指皮肤溃烂,这里用表丑陋的人。西施:吴王的美姬,
古代著名的美人。

[119] 恢,宽大。恑,奇变。憰,诡诈。怪,怪异。恢恑憰怪四字连在一起,
概指千奇百怪的各种事态。

[120] 一,浑一、一体。联系上下文,庄子认为世上一切小与大、丑与美、千
差万别的各种情态或各种事物,都是相通而又处在对立统一体内,
从这一观点出发,世上一切事物就不会不"齐",不会不具有某种共
同性。

[121] 分,分开、分解。

[122] 成,生成、形成。"成"和"分"也是相对立的,一个事物被分解了,这
就意味生成一新的事物。

[123] 毁,毁灭,指失去了原有的状态。"毁"与"成"也是相对立的,一个新
事物通过分解而生成了,这就意味原事物的本有状态必定走向毁
灭。

[124] 达,通达,"达者"这是指通晓事理的人。

[125] 为是不用,为了这个缘故不用固执己见;"不用"之后有所省略,即一
定把物"分"而"成"的观点,也就是不"齐"的观点。寓,寄托。诸,讲
作"之于"。庸,指平常之理。一说讲作"用",含有功用的意思。

[126] 以下四句至"适得而几矣",有人认为是衍文,是前人作注的语言,并非庄子的原文。姑备一说。

[127] 得,中,合乎常理的意思。一说自得。

[128] 适,恰。几,接近。

[129] 因,顺应。是,此,这里指上述"为一"的观点,即物之本然而不要去加以分别的观点。

[130] 已,这里是一种特殊的省略,实指前面整个一句话,"已"当讲作"因是已"。

[131] 劳,操劳、耗费。神明,心思,指精神和才智。为一,了解、认识事物浑然一体、不可分割的道理。言外之意,事物本来就是浑然一体,并不需要去辨求。同,具有同一的性状和特点。

[132] "朝三"、"暮四"的故事《列子·黄帝篇》亦有记载。朝是早晨,暮是夜晚,三和四表示数量,即三升、四升。"朝三"、"暮四"或者"朝四"、"暮三",其总和皆为"七",这里借此譬喻名虽不一,实却无损,总都归结为"一"。

[133] 狙,猴子。狙公,养猴子的人。赋,给予。芧,橡子。

[134] 亏,亏损。为用,为之所用,意思是喜怒因此而有所变化。

[135] 和,调和、混用。"和之以是非"即"以是非和之",把是和非混同起来。休,本指休息,这里含有优游自得地生活的意思。钧,通作"均";"天钧"即自然而又平衡。

[136] 两行,物与我,即自然界与自我的精神世界都能各得其所,自行发展。

[137] 至,造极,最高的境界。

[138] 封,疆界、界线。

[139] 以,原本作"之",据文义改。

[140] 昭氏,即昭文,以善于弹琴著称。庄子认为,音本是一个整体,没有高低长短之分就无法演奏,任何高明的琴师都不可能同时并奏各种各样的声音。正因为分出音的高低长短才能在琴弦上演奏出来。

[141] 师旷,晋平公时的著名乐师。枝策,用如动词,用枝或策叩击拍节,

犹如今天的打拍子。一说举杖击节。

[142] 惠子,惠施,古代名家学派的著名人物。据,依;梧,树名。惠施善辩,"据梧"意思就是靠着桐树高谈阔论。一说:"梧"当讲作桐木几案,"据梧"则是靠着几案的意思。

[143] 几,尽,意思是达到了顶点。

[144] 载,记载;一说载誉。末年,晚年。

[145] 好,喜好;"好之"意思是各自喜好自己的专长和学识。

[146] 明,明白、表露。

[147] 坚白,指石的颜色白而质地坚,但"白"和"坚"都独立于"石"之外。公孙龙子曾有"坚白论"之说,庄子是极不赞成的。昧,迷昧。

[148] 其子,指昭文之子。一说指惠施之子。纶,绪,这里指继承昭文的事业。

[149] 这句语意有所隐含,意思是"虽我无成亦成也",即如果上述情况都叫有所成就的话,即使是我没有什么成就也可说有了成就了。

[150] 滑疑,纷乱的样子,这里指各种迷乱人心的辩说。

[151] 图,亦写作"畵",疑为"鄙"字之误,瞧不起,摒弃的意思。

[152] 类,同类、相同。

[153] 尝,试。

[154] 俄而,突然。

[155] 谓,评说、议论。以下几句同此解。

[156] 于,比。豪,通作"毫",细毛。末,末稍。秋毫之末比喻事物的细小。

[157] 大山,一说读如泰山。

[158] 殇子,未成年而死的人。

[159] 夭,夭折,短命。

[160] 历,历数,计算。

[161] 凡,平凡,这里指普通的人。

[162] 适,往,到。

[163] 因,顺应。已,矣。

[164] 封,界线,分别。

[165] 常,定见,定论。

[166] 是,对的,正确的;"为是",意思是各自认为自己是正确的。畛,田地里的界路,这里泛指事物、事理间的界线和区分。

[167] 伦,次序。义,仪,等别。一说本句当作"有论有议",姑备参考。

[168] 八德,八类、八种。

[169] 六合,天、地和东、西、南、北四方。

[170] 论,研究。议,评说。

[171] 春秋,这里泛指古代历史,并非指战国以前的那一段历史年代。经世,经纶世事,这是用调理织物来喻指治理社会。志,记载;这个意义后代写作"誌"。

[172] 怀,囊括于胸,指不去分辨物我和是非,把物与我、是与非都容藏于身。

[173] 示,显示,这里含有夸耀于外的意思。

[174] 称,举称。

[175] 嗛,通"谦",谦逊。

[176] 忮,伤害。

[177] 昭,明;这里指明白无误地完全表露出来。

[178] 不及,达不到,这里指言论表达不到的地方。

[179] 圆,这里作做圆、求圆解。几,近,近似。"圆而几向方",意思是求圆却近似于方,比喻事与愿违。

[180] 府,储存财物的地方。天府,指自然生成的府库,也就是整个宇宙。

[181] 注,注入。焉,讲作"于之"。

[182] 酌,舀取。竭,尽。

[183] 葆,藏,隐藏。"葆光"即潜隐光亮而不露。

[184] 宗、脍、胥敖,三个小国国名。

[185] 南面,君主临朝;古代帝王上朝理事总坐北朝南。释然,不耿介于怀的样子。一说"释"通作"怿",喜悦的意思。

[186] 三子者,指上述三国的国君。

[187] 蓬艾,两种草名。"存乎蓬艾之间"比喻国微君卑,不足与之计较。

[188] 若,你。

[189] 十日并出,指古代寓言中十个太阳一并出来的故事,庄子借此比喻
  阳光普照到每一个地方。

[190] 进,进了一步,具有超过、胜过的意思。

[191] 齧缺、王倪,传说中的古代贤人,实为庄子寓言故事中虚拟的人物。

[192] 所同是,意思是相互间共同的地方。

[193] 庸讵,怎么、哪里。

[194] 女,汝,你。

[195] 湿寝,在潮湿的地方寝卧。偏死,偏瘫,即半身不遂。

[196] 鳅,"鳅"字的异体,即泥鳅。

[197] 木处,在高高的树木上居住。惴、慄、恂、惧,四字都是恐惧、惧怕的
  意思。

[198] 猨,"猿"字的异体,"猨猴"即"猿猴"。

[199] 刍,草。豢,养。"刍豢",用草喂养,这里代指家畜、牲口。

[200] 麋,一种食草的珍贵兽类,与鹿同科。荐,美草。

[201] 蝍蛆,蜈蚣。甘,甜美,嗜好;这里作动词。带,小蛇。"甘带"意思是
  以小蛇为美食。

[202] 鸱,猫头鹰。耆,亦写作"嗜",嗜好。

[203] 猵狙,一种类似猿猴的动物。"猨猵狙以为雌",即"猿以狙为雌"。
  旧注猵狙喜与雌猿交配,"以猿为雌",但与句法不合,姑备参考。

[204] 游,戏游,即交尾。

[205] 毛嫱、丽姬,古代著名的美人。

[206] 决,通作"駃",迅疾的样子。骤,快速奔跑。

[207] 端,端绪。

[208] 塗,通作"途",道路、途径。

[209] 樊然,杂乱的样子。殽,这里讲作"淆",混杂的意思。

[210] 辩,通作辨,分别、区分的意思。

[211] 至人,这里指能够达到忘我境界的、道德修养极高的人。

[212] 神,神妙不测。

[213] 泽,聚水的洼地。泽地水源充足,林木灌丛生长茂密。

[214] 沍,河水冻结。

[215] 根据前两句的句式结构分析,这一句似应分别成两个七字句,故有
人认为此处有脱落,疑为"疾雷破山不能伤,飘风振海不能惊",姑备
参考。

[216] 无变于己,意思是对他自己全无变化。

[217] 瞿鹊子、长梧子,杜撰的人名。

[218] 夫子,孔子,名丘,字仲尼,儒家创始人。

[219] 务,事,含有琐细事务的意思。

[220] 就,趋赴,追求。

[221] 违,避开。

[222] 缘,因循。"不缘道"即不拘于道。

[223] 谓,说,言谈。

[224] 孟浪,言语轻率不当。

[225] 奚若,何如,怎么样。

[226] 听荧,疑惑不明。

[227] 大早,过早。计,考虑。

[228] 时夜,司夜,即报晓的鸡。

[229] 鸮,一种肉质鲜美的鸟,俗名斑鸠。炙,烤肉。

[230] 奚,这里用同"盍",意思是"怎么不"。旁,依傍。

[231] 脗,"吻"字的异体。

[232] 滑,通作"汨",淆乱的意思。涽,乱。一说讲作暗。

[233] 隶,奴仆,这里指地位卑贱,与"尊"相对。

[234] 役役,驰骛于是非之境,意思是一心忙于分辨所谓是与非。

[235] 芚,浑然无所觉察和识别的样子。

[236] 参,糁糅。万岁,年代久远。"参万岁"意思是糅合历史的长久变异
与沉浮。纯,精粹不杂,指不为纷乱和差异所乱。

[237] 尽,皆,全。

[238] 以是,因此,因为这个缘故。蕴,积。

[239] 说,通"悦";喜悦。

[240] 恶死,讨厌死亡。弱,年少。丧,丧失,这里指流离失所。

[241] 丽,丽戎,春秋时的小国。姬,美女。"丽之姬"即丽姬,宠于晋献公,素以美貌称于世。

[242] 艾,地名。封人,封疆守土的人。子,女儿。

[243] 及,等到。

[244] 筐床,亦写作"匡床",方正而又安适的床。

[245] 蕲,祈,求的意思。

[246] 田,打猎。这个意义后代写作"畋"。"田猎"即畋猎。

[247] 方,正当。

[248] 窈窈然,明察的样子。

[249] 牧,牧夫,用指所谓卑贱的人,与高贵的"君"相对。固,鄙陋。

[250] 吊诡,奇特、怪异。

[251] 旦暮,很短的时间,含有偶然的意思。

[252] 若,你,即说话人的对方瞿鹊子;"我"则为说话人长梧子。

[253] 不若胜,即不胜你。

[254] 而,你。

[255] 黮闇,昏暗不明的样子。"闇"是"暗"字的异体。

[256] 谁使,使谁。

[257] 彼,这里讲作另外的什么人。

[258] 化声,变化的声音,这里指是非不同的言论。这一句及至"所以穷年也",计五句二十五字,旧本原在下段中部"然若果然也"之前,今据上下文意和多本校勘意见前移于此。

[259] 倪,分,"天倪"即天然的分际。

[260] 因,顺应。曼衍,变化发展。

[261] 所以,这里讲作"用这样的办法来……"。穷,尽,终了。

[262] 年,概指生死。义,概指是非。

[263] 振,畅。竟,通"境",境界、境地。

[264] 寓,寄托。

［265］罔两,影子这外的微阴。景,影子;这个意义后代写作"影"。

［266］曩,以往,从前。

［267］特,独。操,操守。

［268］待,依靠,凭借。

［269］蚹,蛇肚腹下的横鳞,蛇赖此行走。蜩,蝉。

［270］胡蝶,亦作蝴蝶。

［271］栩栩然,欣然自得的样子。

［272］喻,通作"愉",愉快。适志,合乎心意,心情愉快。

［273］俄然,突然。

［274］蘧蘧然,惊惶的样子。

［275］物化,事物自身的变化。根据本段文意,所谓变化即外物与自我的
　　　交合,推进一步,一切事物也都将浑而为一。

第三部分　唐宋文化

文 化 的 融 合

　　魏晋南北朝时期,从文化学的角度看,可以概括为"中国周秦诸子以后第二度的哲学时代"①。作为这两个哲学时代生力军的,都是士这个知识阶层,只因其价值取向的不同而表现出不同的时代精神。士作为文化主体的作用,在这两个时代表现得非常充分。士在创造着时代精神的同时,也规范着那个时代,引导着那个时代。魏晋南北朝时代的士人,在纷乱的文化氛围里,努力寻求着新的精神家园,使文化趋于统一,从而产生出巨大的亲和力和凝聚力,为政治上的统一在思想上作了充分的准备。

　　魏晋南北朝时期的文化融合,主要表现在两个方面。第一是在融合道教、佛教的基础上产生了区别于先秦及两汉经学的玄学。这一文化融合,发生在哲学层面上,是外来文化与本土文化冲突和融合的表现。儒、佛、道三家思想的融合,导致了"三教调和"论的出现,并在南北朝时代得到越来越多的响应,使得三教中的精英人物,彼此交往,琢磨切磋,在谋求教礼上相通的同时,沟通三教,消弥隔阂,形成文化向心力。

---

　　①　宗白华《美学散步》。

第二是民族文化的融合,即周边少数民族与汉文化间的胡汉文化融合。魏晋六朝时期,居于北方的匈奴、鲜卑、羯、氐、羌等少数民族由于气候的变冷而纷纷南侵,形成了中国历史上所谓的"五胡乱华"之势。这些少数民族,虽有着各不相同的文化特质,但游牧的社会结构和彼此的邻近,又使他们的文化特质表现出某种层面上的一致性,特别是与重传统的汉文化比较起来,其清新之气可谓扑鼻而来。

胡文化的汉化,其表现是多方面的。制度文化的封建化,思想意识的儒学化,社会生活的农业化等,都是显例。就其途径而言,则可分为上层和下层二种。上层是指胡族统治者通过行政手段,强制实行胡化政策。后赵的石勒、前秦的苻坚、后秦的姚苌等统治者,都曾在这方面作过巨大的努力。他们通过征聘任用汉族士大夫,宣传儒学思想等方法,达到汉化的目的。下层是指少数民族的百姓在随统治者南迁之后,与汉族百姓杂居,习用汉语,沐浴于汉文化之中,于潜移默化之中接受汉文化。与前一种相比,下层人民的汉化,更体现出自觉性。

在民族文化的融合过程中,士(士大夫)仍然起着关键性的作用。他们以《孟子·滕文公》中"用夏变夷"的思想作为指导,在出仕胡族政权之后,建构与农业经济相适应的汉式统治结构,宣传儒学,提倡文教,努力改造胡风胡俗。而这些少数民族政权在汉化之后,又进而以"夏"自居,自觉地扛起"用夏变夷"的大旗,进一步影响周边其他少数民族。就这样,形成汉文化发散式的向周边少数民族地区辐射之势,促进汉化和民族融合,形成以"汉"(实际上是以汉文化为主体包容着丰富少数民族文化的混合文化体)文化为内质的巨大文化向心力和凝聚力。正是这种文化上的统一与融合的趋势,成为政治上统一的催化剂,昭示出政治统一的必然,为隋唐大一统时代的到来,作好了思想文化上的准备。

寒 士 的 崛 起

中国传统文化最主要的承载者是士。战国时期,士的崛起和政治上的活跃,造就百家争鸣之势,两汉及魏晋六朝时期,士人群体在政治地位相对稳定之后,将文化导向虚玄和支离。这跟我国古代政治与文化密切结合的社会文化特征相背离,最终导致门阀士族(世族)政治的衰落。隋唐时期,士阶层发生巨大的改变——寒士的崛起,给阶层注入了新的血液,使之再度充满生机与活力,并因而在各个文化领域产生巨大的影响,创造出一代辉煌的文化。

唐代统治者采用人尽其才,才尽其用的治国方针,废除了魏晋时期只于士族选拔官员的九品中正制,取而代之的是给所有士子公平竞争机会的科举制。它给了大批中下层士子或自耕农出身的读书人(寒士)一个通过考试参政的机会,使之在取得政治独立性的同时,相应地产生了主观能动性,从而摆脱门阀士族的惰性和颓废,形成社会政治生活与文化生活中一支活跃而能动的社会力量。催生出灿烂辉煌的唐代文化的,就是这批生力军的巨大力量。

唐代科举与后代的不同之处在于其开放性和透明度。唐时科举不用糊名制,取谁不取谁的关键并不在一次考试的成绩,而在于平时的声誉。这既迫使考生在科考之前作大量的准备工作,漫游天下以激扬身价,结交豪俊名流以求延誉,使唐代士人从一开始就离开象牙塔,步入壮阔的社会生活,多方面体验人生,铸造其雄视百代的阔大胸襟。另外,这也迫使主考官员注意社会公识和舆论,以显示他的识贤和得人。二者相辅相成,共同激荡出唐代士人壮浪豪纵的英发之气,为他们将古代文化推上更高的峰巅,积累了充分的动能。在唐王朝那样一个开放的社会文化环境之中,这批通过科举考试崛起于民间的寒士,在走上仕途的同时,也挟带着一股逼人的锐气和冲天的豪情。与消沉、隐遁的六朝士子相比,表现出更为充分的自信。"儒生不及游侠人,白首下帷复何益"①,"天生我材必有用,千金散尽还复来"②,体现出唐代士人特有的气质和个性。

　　完善的科举制,以制度文化的形式,为寒士进入统治阶层提供了保证,从根本上消除了先秦战国时期士人政治关怀的无秩状态。与先秦崛起的士相比,隋唐寒士在社会阶层上与之有某种相似之处,其张扬的个性及喷薄的豪情也有几分相像,这使得他们都表现强烈的淑世情怀,成为推动文化发展的主力军,但他们所处的社会氛围显然有天壤之别,文化背景也大异其趣。所以唐代寒士以士节为重,自觉地将个体的功名之心与国家的整体利益挂起钩来,学成文武术,售与帝王家。为自己谋得统治集团一席之地的同时,也推动了这个统一大帝国文化的前进。融个体人格与社会人格之中,这是隋唐寒士文化心态上较先秦士人先进之处。其负面效应就是使中国知识分子缺乏个性,减弱了其主体意识,表现出软弱性和依赖性的特征。寒士的这种心理定势,在大唐开放气象消失之后,促使他们经世乏术而困守书

---

① 李白《行行游且猎篇》。
② 李白《将进酒》。

斋,皓首穷经以求一搏,最后发展成为"万般皆下品,唯有读书高"的儒生格言,不能适应变化的社会生活,为社会所抛弃之时,仍不愿放弃固穷守道以维持那点可怜的自尊,即便是站着喝酒,也要身着长衫,以示与短衣帮在身份和社会地位上的不同①。"酸儒"一词,正是对科举怪胎的形象描绘。

---

① 鲁迅《孔乙己》所描绘的秀才孔乙己的形象。

大气磅礴的盛唐气象

对于李唐文化,英国学者威尔斯将之置于七至九世纪的世界文化大背景之下,作了这样的论述:

> 在整个第七、八、九世纪中,中国是世界上最安定最文明的国家……在这些世纪里,当欧洲和西亚敝弱的居民不是住在陋室或有城垣的小城市里,就是住在凶残的盗贼堡垒中的时候,许许多多的中国人,却在治理有序的、优美的、和蔼的环境中生活。当西方人的心灵为神学所缠迷而处于蒙昧黑暗之中时,中国人的思想却是开放的、兼收并蓄而好探索的。①

以强盛的国力为依托,以朝气蓬勃的世俗知识分子为主体的唐文化,表现出一种无所畏惧、无所顾忌的兼容并包的开放的文化气象。在这种文化氛围之中,唐文化不仅大量汲取胡文化的因子以丰富、激活、改造华夏文化,而且还大量地输入域外文化,给唐文化增添万千气象与无限活力。南亚的佛学、医学、历法、语言学、音乐、美术;中亚的音乐、舞蹈;西亚的宗教、医术、建

---

① 威尔斯《世界简史》。

筑等,都在这一时期大量涌入,在以唐都长安为首的中华大地绽放出异彩。同时,唐文化在受容、消化和改造那些域外文化之后,又将这种带有明显华夏特征的活泼泼的文化以高势能文化的姿态向四周输出、辐射,构成更为壮阔的唐代中华文化圈。这当中,极大的受唐文化影响者,主要有日本、朝鲜半岛和越南等地。特别是日本,自公元 630 年之后,先后派出遣唐使达 18 次之多,使团组织庞大,团员常多达五六百人,其中除大使、副使之外,大量的是学生、学问僧和各种技术人员,这些人经过在唐朝的学习和生活,"虚至实归",将唐文化带回日本,极大地促进了其文化的发展。公元 645 年的日本大化革新,实质上就是"中华化"的革新运动,跟"明治维新"的全面西方化相类似。翻检那一段历史,连日本学者不得不惊叹:"日本中古之制度,人皆以为多系日本自制,然一检唐史,则知多模仿唐制也。"①

开放的文化给唐文化带来了活力,但并没有动摇其华夏文化的本质。诚然,域外文化的大量输入,对唐人的文化生活和风俗习惯都有十分巨大的影响,但中国文化的内核并没有因此而发生改变或受其左右。唐代的官制、兵制、田制等制度文化,始终保持着中华文化的延续性。而唐人的价值观、伦理观,一定程度上受域外文化的影响,也并没有荡而不返,而是以传统的价值观、伦理观去融化、汲收域外文化的因子,有亲和力的部分,为唐人所接受、采纳,否则即被抛弃。这实际上就是唐文化以本土文化为主体,对外来文化进行能动的选择、改造和吸收从而将之融为整个唐文化的有机组成部分。用鲁迅先生的话来说,就是唐人完全采取了一种"拿来主义"的态度对待外来文化,而不是盲目地接纳或机械地输入。可以这么说,唐文化的开放性,正是其

---

① [日本]木宫泰彦《中日交通史》。

兼容性的基础,而兼容性又是其宏阔博大的根本保证。

　　以唐文化的繁荣为鉴,我们必须倡导文化的开放,而不是封闭。特别是在全球一体化的今天,文化的交融与进步,已显得更为重要。因此,如果说七八九世纪的唐人还是在一种不自觉的状态下采取了开放的文化政策的话,那么,我们今天就更应该自觉地实施开放的文化政策了。

时代精神的集中反映——诗、书

时代精神虽然贯注于社会文化的方方面面,但是,它总是会找到最恰当的形式、以最完整的形态,集中地体现出来。唐诗便是唐文化的最集中体现。著名学者闻一多先生曾这么说:"一般人爱说唐诗,我却要讲'诗唐'。诗唐者,诗的唐朝也。"① 用"诗"这一个字来概括一个时代,尤其是盛大的唐帝国,其勇力和胆识,可谓非同寻常。

中国诗歌,走过了上古时期在心为志、发言为诗的率意抒情的自然语言阶段,又经历了南朝时期采丽竞繁、俪字偶句的藻饰唯美的人工语言阶段,唐代,终于迎来了气骨俊放、声情并茂的诗的语言阶段。第一次成为社会主流的寒士们以一种经天纬地的豪情和大气受容、改造前此以往的诗歌传统,有效地选择了汉魏时期骨鲠使气的诗歌风范作为学习的对象,熔汉魏的风骨和齐梁的声律于一炉,调和江南文学的藻饰与北方文学的质朴,质文半取,形成一种"既多兴象,复备风骨"② 的全新的唐诗气象。建安诗歌的风骨,成就了唐诗的遒劲;两晋诗的意境,成就了唐诗的高妙;宋齐诗的藻饰,成就了唐诗的清丽;齐梁诗的声病格

---

① 闻一多《说唐诗》。

② 殷璠《河岳英灵集》中评陶翰诗语。

律,成就了唐诗的声韵谐美;梁陈诗的宫体,成就了唐诗的细腻。虽然这些特征在唐诗不同阶段各有侧重,但诸多诗歌特性的全面呈现,特别是集中体现于全能式的诗歌大师杜甫的作品之中,却又不能不说是"诗唐"的时代必然。"诗至杜甫,无体不备,无体不善",诗至唐代,无论其内容、风格、形式、技巧,都已全面成熟,达到难以企及的高度。生于唐人之后的宋人,虽也努力开拓,但已没了那样的时代气氛,因此只能走入尖新或精细之路,以文为诗,虽堪称与唐诗并峙的双峰,但毕竟不如唐诗如清水芙蓉般清新自然。

　　跟唐诗一样,浸染着饱满的时代精神的唐代书法,也集中反映了唐帝国文化的特质所在。初唐书法,婀娜多姿,一如初唐诗歌。从孙过庭起,书法妙达性情的内涵被发掘出来。于是南北朝时期尚未取得宗师地位的王羲之,被孙过庭及以后的书家视为"书圣",他的书法作品也被诠释为抑郁情感、瑰奇遐想、怡悦心境的具象,流畅的线条富于韵律,跳动着书家的心,体现着音乐的美。这种书法的抒情论,直接导致了以张旭、怀素为代表的以狂草为外在表现的书法艺术的成熟。张旭书法那飞舞的线条,如兔起鹘落,体现出他奔放不羁、纵横挥斥的狂放个性。大文豪韩愈曾这么评价张旭:"往时张旭善草书,不治他伎,喜怒窘穷,忧愁愉佚,怨恨思慕,酣醉无聊,不平有动于心,必于草书焉发之。观于物,见山水岩谷,鸟兽虫鱼,草木之花实,日月列星,风雨水火,雷霆霹雳,歌舞战斗,天地万物之变,可喜可愕,一表于书,故旭之书,变动犹鬼神,不可端倪。"① 说的虽是张旭,反映的却是整个唐代书法的精髓和气质。草书之外,篆、行、楷诸体都各有大家,如唐诗的众体

---

① 韩愈《送高闲上人序》。

兼备一样。

　　诗(文)、书之外,唐代的音乐、舞蹈、绘画、建筑等各方面,都取得了前所未有的成就。此处不一一列举。

三 教 并 行

在哲学思想领域体现出唐人的大气和文化的兼容并蓄的，是唐代三教并行的文化氛围。

自东汉道教兴起、佛学东传以来即已开始的三教圆融，只有在盛唐这样一种宽松而开放的文化氛围中，才第一次出现全面的交融和彼此的摄取。李唐统治者一面打击、排斥门阀世族的世系观念，一面却以道家思想的创始者老子李聃为先祖，在找到显要祖宗的同时，也寻得了文化上的依归，因此，道教在李唐很受重视。但是，有着胡文化血统的李唐统治者，并没有因此而排斥儒、释，而是采取了三教并行的政策。科举考试，以儒学为本，武则天为了打击李唐后代的自信心，大力宣扬佛教。三教并行的政策，使得三教在唐代各有发展，也彼此融合。其中，道教虽得到皇室的特别垂青，只因旧道教符箓禳醮的迷信和白日飞升的虚妄，滞阻了其教理的发展，除催生出失意士子的浪迹山水和激流勇退的清虚之举外，并未更显示出多少进步的迹象，使得宋元时期，道教与儒释相比，仍显得原始与落后，直到金元新道教兼容儒释改造道教之后，才给它注入了生机。反倒是儒释二家思想，经过崛起的寒士们的不断努力，跨出低谷向前迈进，颇有成就。特别是佛教思想，在这一时期深得士大夫的喜爱，完成了中国化的重要步骤。

隋唐时期佛教的本土化，以"判教"的方式展开，通过对传入中国的各种经籍进行清理检视,以天台宗和华严宗为代表的中国佛教将印度佛教中"心性本净"的命题中,改造成"心性本觉"的新命题。强调"净",只指众生之心本来清净如白纸,至于这"净"如白纸之心的深层意蕴,却没有顾及。强调"觉",则指明众生之心早已蕴有灵气,已潜有勃勃生机,只要略加指引(即所谓"悟"),即可醍醐灌顶,顿得佛果。已故著名佛学家吕澂曾这样分析二者之间的差别:净只不过是指清净,要由清净达到觉悟还有一个很长的距离,所以印度除释迦之外,别人都没有成佛。而在中国,既然心性本来就是觉悟的,那么,人人生来即是佛胎,一旦大悟禅机,即能立地成佛。神秀跟六祖慧能的偈语,反映的正是佛教经改造而中国化的事实。当神秀称佛性如明镜台,要想成佛,必须"时时勤拂拭"时,慧能却指出心非明镜台可比:"本自无一物,何处惹尘埃?"强调的正是心性之觉。

通过将"心性本净"这一命题改造成"心性本觉",成就了以"顿悟"为特色的中国化佛教。这一佛学教理的改造,是很能适合中国士大夫的心态的。作为文化的主要承载者和功名济世的人生定位,使他们"易于见理,难于受教":容易"觉",但不愿长时间地苦苦修行。他们以"居士"(居家修行之士)自诩,方便的时候,隐迹于丛林定刹之中,作一番心性的洗礼;得意的时候,毫无心理负担地步入仕途,大行其儒家兼济之志。玄妙深奥的佛学被儒士们改造成为一种审美的人生情趣,使他们出入从容、进退裕如。并且"妙悟"的佛学玄机,还被他们改造成为超出象外的一种审美理念,贯穿于诗学之中,使诗与禅密切结合,共同营构出士大夫既别于王侯又不同于下层劳动者的生活范式。

在佛学中国化的过程中,相应地也就产生了士大夫的僧侣化(居士)和僧侣的士大夫化(学问僧、诗僧),二者彼此呼应,相互交游,共同努力,推动着儒佛的融合。

儒　学　的　复　兴

唐代儒学的复兴,呈复杂而曲折前进的状态。

如上一节所述,李唐统治者采取三教并行的文化政策,有利于儒释道三教的融合,但却不利于儒学的复兴。作为一个独立的思想体系,儒学要复兴,就不得不对释老之说加以排斥,这也就是为什么"文起八代之衰,道济天下之溺"的韩愈在以复兴儒学为己任的同时,要大力排佛的根本原因。好在唐王朝在科举考试中以儒学为根本规范,为儒学的复兴打下坚实的基础,而孔颖达注疏儒家《五经》,虽是疏不破注,承袭多于创新,但毕竟为全面清理儒学文化遗产做出了榜样。这些,都决定了唐前期的学术思想并不能出现儒学独树一帜的面貌,同时,却为后来儒学的高涨积累下足够的势能。

中唐时,以杜甫、韩、柳为代表的儒学复兴派迅速崛起,分别从诗歌和散文两个方面入手,对儒家的学说进行歌颂的诠释,可以说是前期准备的必然结果。但这时的儒学复兴,却或以古文运动的形态表现出来,或在"以诗为文"的形式下出现,即在复兴儒家之道的同时,韩愈、杜甫等人还强调恢复先秦承载儒"道"的古文,或者以诗歌这一文学样式表达复兴儒学之"志"。古文运动作为一种文学运动,其主要目的是排斥和打击六朝以来兴起的骈俪文风,而复兴儒学的目的则是要将儒学思想重新抬回到正统学术的地位上去。韩柳等思想家这么做的结果,从积极的方面看,它直接继承了先秦儒学以简要的语言阐述儒学要义的平实学风,避免了两汉时期儒学经学化时期繁琐的训诂和谶讳神怪之言。从消极的方面讲,古文运动与儒学复兴彼此粘带,使古文家将"文"与"道"一分为二,纠缠于"文以载道"、"文以明道"等二者关系这些非实质性的问题上,不利于儒学思想向精深的层面开拓,而诗歌受表现形式的限制,虽经杜甫不断努力,在形式上已有重大突破,但仍不能达到跟古文一样的析理入微的程度。在佛学不断中国化、受容儒学精髓的过程中,唐代儒学未能从学理上与之严格区别开来,从而影响了儒学复兴的力度和力量。韩愈虽有排佛之论,但并不彻底,柳宗元受佛教影响更重。虽然曾动用政治手段拒佛,有武宗灭佛之事,但最终不能阻止儒佛思想的彼此交融。杜甫虽然有"致书尧舜上,再使风俗淳"的宏愿,却不得不于穷老之中,客死他乡。

另外,唐代儒学复兴的曲折性还表现在,中唐儒学复兴的成果,并未顺利地延续和继承下来。韩柳之后的晚唐五代时期,古文运动走入怪奇一途,片面追求文字新奇,晚唐诗歌也或流于浅俗、或呈现光怪陆离之态。"文"的形式多,而"道"的实质内容少。特别是到了五代分裂之时,割据势力于醉生梦死中过着朝不保夕的生活,无意也无法让士人们行其兼济之志,价值取向趋于多元化,儒学终于没能在唐代取得独尊的地位,反而是佛教大盛。"南朝四百八十寺,多少楼台烟雨中",禅佛大兴,教派林立。直到北宋再度统一,复兴儒学的重任,才落到宋儒的身上,并通过他们的努力,真正昌明起来。

宋 学 的 兴 起

所谓宋学,又称理学、道学、新儒学。是以中晚唐的儒学复兴为前导,由韩愈、李翱开启的将儒学思想由外转而向内,援佛道以证儒理,通过两宋理学家多方共同努力而创建的中国后期封建社会最为精致、最为完备的理论体系。由于这个思想体系以"理"作为宇宙最高本体,以"理"为哲学思辨结构的最高范畴,所以被称为理学。由于这批思想家们自认为他们是承继尧舜禹汤文武周孔的道统,并将"明道"作为其学术的终极目的,因此,又被称为道学。由于从学术思想上讲,这个思想体系虽以儒家礼法、伦理为核心,却因其融合佛道思想精粹而区别于原始儒学,给人焕然一新之感,所以也被称为新儒学。到清代时,考据学大兴,清儒们推尊汉儒,对宋代理学家空疏解经的弊病肆意攻击,遂呼之为"宋学"以示与"汉学"相区别。

宋学的建构,大致可分为三个时期:开创期、发展期、集大成期。宋学开山祖是周敦颐,他对宋学的贡献有二:第一,他以六经为本,合阴阳五行之说,出入释老,创造性地构制出《太极图说》,形成"无极—太极—阴阳—五行—男女—万物"的宇宙生成模式。并从中推导出"圣人定之以中正仁义而主静"的结论,为理学的发展奠定了方向。第二,他提出了"诚"为最高的道德伦理境界,显示出理学的伦理哲学趋向。另一位理学开创人物是邵雍,他将天地万物抽象于象数演化的范畴,构造出一个包括自然和人类历史的世界图式,为后世理学思想中"天理"、"人欲"对立论埋下了伏笔。

宋学发展时期的代表人物是张载和二程。张载发挥邵雍之学,认为天地万物与我同体,打通了"外王"与"内圣"之间的方便之门,也为格物致知的理学认识论作了理论上的准备。二程兄弟则第一次将"天理"粹炼成为脱离物质载体的纯理念,为宋学确立了"理"本体。在充分吸取释道,融合三家思想的基础上,体贴出"天理"二字,构筑起宋学完整而严密的自然观、认识论、人性论的思想体系。

集大成时期的代表人物是朱熹。朱熹可以说是我国古代最伟大的思想家。他创造性地发挥了二程以来的"天理"思想,将之视为最高范畴,"理"的表现是"气","气"又派生出万物,这样,万物之中皆含有"理",即"理一分殊"。由于有了这样的万物生成观,因此,朱熹认为要认识世界,找回"天理",就可从分析万物下手,识其"气"性,最终得其"理",这就是所谓的"格物致知"。朱熹将形而上的"理"标举为牢笼宇宙的万物之本,这也就意味着人类社会的伦理秩序与宇宙秩序间的完全沟通,为伦理秩序的存在和永恒不变找到了哲学依据。以此为基础,朱熹提出了道德修养为一切人生根本的命题,描绘出"诚意—正心—修身—齐家—治国—平天下"的封建士大夫人生图景,决定了宋及其以后儒士的内省性人生特征的发展趋向。

宋 学 的 影 响

作为中国古代最完整严密的哲学理论体系，宋代理学一经构成，便对中国文化产生了极其深刻的影响。理学本体论的伦理倾向，将中国文人重伦理重道德的传统精神推向极至，从而引出极为复杂的文化效应，这里面，有积极的，也有消极的。

首先，理学重新构筑起"礼"的封建秩序。理学家们立足于"理"本体之说，对儒学中的礼治哲学进行了系统而全新的阐述。将"理"与"礼"的关系解释为本末与文质的关系，视"理"为"礼"之本，"礼"为"理"的文饰，是"理"的社会化反映，从而为"礼"的存在找到了一个形而上的依据，使"礼"的存在获得了权威性和普遍必然性的确认。在礼治秩序的长期浸染下，中国国民形成了独具一格的主奴根性。由于在人伦的大网中，个人总是具有双重身份——对下一级人伦关系而言，为父、为官，若就上一级人伦关系而言，却又处于为子、为民的境地。为了维系这一宇宙间颠扑不破的人伦巨网，个体非得牺牲自我（"灭人欲"）以适应礼法的要求（"存天理"），否则就只有在"欺上瞒下"的非伦理空间里暂时流露个体的自我色彩。

其次，理学家以个人的道德修养作为人生学问的根本，促成了儒学朝"内圣"的方向发展的趋势。原始儒学本是以"外王"为终极目的的。宋代理学"诚意—正心"以至治国平天下的人生图景,对"内圣"的强调超过"外王",因而,讲求事功的人物和活动都被列入弃置之列,诸葛亮、王安石等人在宋代受到讥评,就有这一学术倾向的原因。而专心内求的学术方法,又往往造成空疏的学风。外轻经济之事,空谈而鲜实用,一遇危难,即束手无策,给民族心理投下阴影。"空谈误国",即是针对这批空疏的"内圣"儒生们的批评。

再次,理学家们强调的道德自觉,给我们的民族带来了积极的因子。以"内圣"为根本的立身原则,使儒生们孜孜以求"立志"、"修身"、"涵养德性",争取"变化气质"来完成其"内圣"的人格追求。这实际上也就是强调了儒生们在道德规范下的主体意识。而张载提出的"民胞物与"命题,导致了中国知识阶层强烈的道德责任感和庄严的历史使命感,并将个体人格的完成,融入到大众群体人格的共同完成之中。又,理学家们强调"浩然正气"也为熔铸自强不息的民族精神奠定了理论基础,每当民族危亡的紧要关头,就会有一批仁人志士牺牲个人利益乃至生命,救亡图存,成为我们民族的脊梁。

此外,在以"天理"为根本的理学本体论中,妇女(与象征男性的"天"相比,妇女为"地")丧失了一切权力,变为男性的附庸和奴隶。为了维护"天理"人伦的正常存在,她们只有作出牺牲的份儿。宋明以后,一系列的封建礼教枷锁,紧紧地套在广大妇女的身上,使她们在神权、君权、夫权的沉重负担下呻吟,至今仍给中国妇女的文化心理留下阴影。

社会结构的新变

由于宋代理学对天理人伦社会秩序重新进行了更为严密的解释,这种思想影响其社会,对社会结构产生了十分巨大的影响。

在中国历史上,宋代以道德文章立国的特色,十分明显。赵宋自立国以来,即确立了以文人为主体的治国思想,重文轻武,使得文人政治较前此任何朝代都发达。统治阶层主体的改变,加上理学"内圣"化的倾向,理学家们重性命之学而轻事功经济,使得宋代学术思想不断向精深处开拓的同时,也极大地危害了其社会国家利益。终宋之世,文人才士辈出,而骁勇善战的武将却屈指可数,甚至有文人因武功出名者,都很能说明其国力的萎弱不振和最终衰亡的根原所在。

最直接的影响就是宋代的教育制度的革新。儒学重点从"外王"向"内圣"的转化,极大地激励了大儒的道德自信心,他们纷纷以孔圣得其道而不得其位自励,同时,其道德人格力量也感召着渴求"内圣"的学子,使他们勇于放弃科举入仕的人生定位,步入山林学院,接受大儒的教诲。二者相激,终于催生出新的宋代私学教育。儒生士大夫们不仅以书院为研究学术、推行道德教育的基地,而且还在书院中交流情感,求得一种精神上的自得。负有责任感的知识分子,还往往通过书院的讲坛,抨击朝政得失,形成朝野上下不敢忽视的政治力量。总体上,书院都以儒家经书为本,不出宋代理学的范畴,但不同的书院因其主创者或主持讲坛者的学术思想的侧重而各有特色,因而呈现出缤纷的异彩,对宋代官学起了有效的补充作用,某些方面甚至超越官学,独领风骚,很好地活跃了宋代的学术气氛。

如果说宋代私学的兴起,是宋儒道德人格修养的社会化的话,那么,宋代宗族共同体的大量出现,则可以说是宋代理学"民胞物与"思想的理论实践,也是其"修身—齐家—治国—平天下"人生图景的实现。宗法制度在我国有着久远的历史,早在父系氏族的社会结构里,以血缘为基础的组织原则里即已包含着一样的因子。但直到宋代,宗法组织才在新的思想基础上,以新的结构方式得以重建。那就是民间自发组成以男系血统为中心的宗族共同体的大量出现。这一以伦常为纽带的宗族共同体,在封建社会后期,成为社会的基本细胞。它一方面加强了社会的稳定性,为宗族个体文化素质的提高提供了有利的条件,但另一方面,它又更加强化了中国人传统的主奴文化心理,使整个社会肌理凝聚得更为紧凑,也使之趋于僵化。每遇社会变革,即会受到这一个紧接一个堡垒似的宗族组织的顽固抵抗,增添改革的难度。时至今日,这种文化心理还严重地影响着我们,影响着我们的改革和现代化。

文化中心的南移

我们常称黄河为母亲河,黄河流域是中华文明的摇篮,中华文明是一种黄土文明。这话是从文化发源的角度讲的,若从文化发展的角度看,中华文明又呈现出随着时间推移不断南移之势。纵观中国历史,文化南移运动有三个十分集中的时期。第一个时期是南北朝时的永嘉之乱。五胡乱华,晋室南迁,迫使汉族士民大规模南移,中原文化随之南播,打开了南方经济文化的新局面。到唐初,南方已经在经济上处于领先地位。第二个时期是唐代的安史之乱。叛军以锐不可挡之势,迅速横扫中原地区,给那里的经济带来极大的破坏,经此浩劫,黄河中下游地区残破凋弊,加上紧随而来的藩镇割据和政局动荡,使士民再次大规模南迁。此消彼长,南方经济远远超过北方,为文化的南移埋下伏笔。北宋时,士人官僚间的南北之争日趋激烈,在渊源、风格、题材、情调上均具有南方文学品性的词的独领风骚等,都预示着文化均衡局面的即将打破及文化的逐渐南移。宋初,文化中心虽仍在洛阳,邵雍、二程、张载等或身处关中或足不出洛阳,但从其学者,却以南方人为多。邵雍曾以象数家的敏感,在洛阳的花园中预见到"气"已至南方,"南人为相",导致亡国。果然,神宗以江西人王安石为相,实行变法。这在守旧的邵雍看来,也就是亡乱之始。虽然邵雍的预言带有神秘色彩,但他看到南方在文化上的反客为主,超出北方,却不能不说是慧眼独具。

1126年,靖康之乱,给文化中心的南移以最后的推动力,完成了文化中心的南移。

南宋以来,文化中心的南移,有以下几方面的表现。第一是学术中心的南移。北宋以前的学术中心,主要集中于洛阳及关中等黄河流域,但那时南方学术气氛已日渐浓厚起来,江西、福建各自成为文化中心。欧阳修、王安石、曾巩等人都出自江西。南宋时,福建更成为学术中心。朱熹曾敏感地意识到这一点,他说:"岂非天旋地转,闽浙反为天地之中?"而他本人学术上的巨大成变,更是促成这一"天旋地转"的巨大推力。第二是政治人物的南人化。关于这一点,"南宋四大家"之一的陆游最有发言权:"天圣以前,选用人才,多取北人,寇准持之尤力,故南方士大夫沉抑者多。仁宗皇帝照知其弊,公听并视,兼收博采,无南北之异。于是范仲淹起于吴,欧阳修起于楚,蔡襄起于闽,杜衍起于会稽,余靖起于岭南,皆为一时名臣……及绍圣、崇宁间,取南人更多,而北方士大夫复有沉抑之叹。"[①] 南宋之后,整个国家偏隅江南,朝堂之上,更是南人的天下了。第三是政治中心的南移。宋高宗虽以"驻跸"之名在杭州停留,但他无意恢复,竟将杭州建成"东南第一州"的销金窝儿,与另一繁华之处——苏州,被称为人间天堂,成为事实上的南宋文化中心。而原来洛阳及关中等地,由于金统治者文化上的相对落后,还有很长的汉化道路要走,未能于文化上独树一帜,因而无法跟"杭州——苏州"这一南方文化轴心相比。这也就使南方文化更显示出优势文化的特色来。虽然元朝时,忽必烈等人曾采取行政手段,对江南文化进

---

① 《渭南文集》卷3。

行掠夺,但并不能完全抹杀江南文化的特质,反而使之与北方文化比较起来,更显出地域性亚文化特征,对后世江南人文精神的影响至为深广。

柔美典雅与市俗风采

宋代文化形态全面走向成熟,士人文化趋于柔美典雅,与此同时市俗文化也是全面开花,异彩纷呈。

赵宋的文官政治,使文人的文化气质得以充分展现于各种文化形式之中。在文学史上堪称与唐诗并称的文学样式——宋词,极具宋代士人文化特征,那就是内敛婉约与典雅含蓄。词起源于民间,本为酒边歌筵歌儿舞女的唱词,到宋代文人手里,却不断地将之进行改造以适应士大夫的审美情趣。一方面是苏轼等为代表的词作家将个人心志怀抱以词的形式表现出来,形成所谓的豪放派词风。另一方面,是秦观等作家,将屈原以来借香草美人寓身世情感的文学传统,移植于词中,"将身世之感,打并入艳情",赋予晚唐五代以来艳歌以更丰富的内涵,使之抒情更趋婉美曲折,形成所谓婉约派的词风。南宋时,这两种词风彼此融合,摧刚为柔,形成以姜夔、吴文英等为代表的风雅词,追求清空骚雅的词境,将这一起源于民间的文学样式,彻底改造成完美表现士大夫情感的工具。

词的柔美细腻,正是宋型文化的特征所在。除此之外,宋诗的理趣瘦劲,宋文的舒徐委备,宋画的典雅精致、妙达趣旨,无不体现出宋型文化格调高雅、神韵超然的特色。文人情趣不仅体现在他们的文学艺术活动之中,而且还表现在他们进行文艺创作的环境布置之中。宋人文房布置,除着重对笔墨纸砚的品鉴玩赏之外,还特热衷于在文房中布置古器以显雅情。细微处见精神,小巧精致的书室陈设,汇成的却是宋代士人的文化品味。

宋诗、宋词、宋文、宋画以及理学,构成了一个精致典雅的文士世界的文化质态。与之相呼应,宋代的市民文化也蓬勃发展。北宋时的汴京是当时全国的政治文化中心,那里的市民文化相当发达。画家张择端的《清明上河图》为我们展现了昔日繁华市井文化的场景。从中我们看到,汴京内外,到处店铺林立,酒肆旗招随处可见,临街店面全部敞开着门户,可见其商业经济之繁荣,都市生活的热闹。这种景象,跟唐都长安,只于城中设二市作为商业交易的中心,其城市功能已大大增强。《水浒传》中,那鲁智深倒拔垂杨的相国寺,更是一个瓦市交易的集中地,其繁华热闹,通过施耐庵绘声绘色的描写,使今日的读者都有身临其境之感。市民文化的形式多种多样,表现的都是市井生活,带有一种特殊的野俗气息。瓦舍之中,百戏荟萃,杂剧、杂技、讲史、说书、说浑话、皮影、傀儡、散乐、诸宫调等,无所不包,元代杂剧正是在这样一种市井文化的气氛中酝酿发展起来的。《东京梦华录》、《梦粱录》、《都城纪胜》、《武林旧事》、《西湖老人繁胜录》等,都有大量当日市井生活的原始记录。快速的都市生活节奏与情感节奏,决定了市民文化热情奔放、浅俗直白的倾向,从而在审美情趣上也跟文人士大夫在精致书斋中创造出来的那种空灵、含蓄的文化相区别,表现出特有的"蒜酪味",为元代杂剧的审美特征奠定了基础。

"宋型文化"的现代影响

从整个中国文化发展的历史看,如果说唐文化重在继往,那么,"宋型文化"则重在开来。作为中国文化的高峰,"宋型文化"对后代影响甚巨,或者说,近现代文化,乃直接受"宋型文化"辐射而定型,虽然其远源仍可追溯到先秦古老的文化原典之中。

"宋型文化"对现代的影响,是多方面的。主要地,我们可以从内在的文化心态和外在的文化表征两方面去看。从文化表征上看,首先,宋代特殊的历史背景所形成的南北文化差异,不仅形成了十二、十三世纪南北中国的文化特色,而且很大程度上为现代江南文化与中原文化的差异,奠定了基础,这是宋型文化的地域表现。其次,宋代在"天人合一"基础上组成的封建王权文化,既是对秦汉以来封建王权文化的完善,更主要的是它不仅以超强的亲和力促使了元朝蒙古统治者的汉化,而且为明清两代封建制度的完善打下基础。当历史进入近现代之后,这种王权模式仍有相当的影响。其三,宋儒穷究天理的治学精神,大大增强了我国古代哲学的思辩色彩,成为我国进入近现代之后与西方对话的基础。其四,宋代文人于兼济独善之间出处从容的态度,保持了学术的独立自由与精神纯粹,浇铸了后代文人的人格特性。最后,"宋型文化"中占相当分量的市民文化特色,诸如戏剧、小说、民风、民俗等,不仅直接刺激了明清两代市民文化的繁荣,也基本上可以说是近现代市民文化的雏形。

在这些文化表征的背后,是其中所潜藏的文化心态,这一点对现代人文精神的影响则更深更远。宋代王权文化所形成的超强的凝聚力,是近、现代爱国思想的基本内核,虽然其远源自先秦时代就已产生;宋代文人求"雅"求"趣"的人生追求,不仅通过诗词书画等文化积淀影响后人,而且还融入到文人的血液之中,代代相传;宋学将传统儒学的重心由"外王"转向"内圣",不仅影响当时儒学发展的趋势,而且对后世儒学的影响也至为重大,对宋及明清士子的文化心态结构有着奠基和定型的作用;宋代城市兴起后形成的市民心态,也可以说是近现代市民心态的源头。

全面清理"宋型文化"的现代影响,在注意到其积极的一面的同时,还必须对其负面效应进行研究。宋学造成的空疏学风、狂禅学风,都在后世有过不良反应,特别是以程朱理学为代表的宋代学术的官学化、僵化,对后世不良影响尤为严重。这在后面的分析中将渐次展开。

太　极

　　一提起太极,我们都觉得玄,但我们又离不开它,我们的传统文化几乎无处不体现着太极所包含的哲理。简单地说,太极也就是道。我们知道,天地万物,都有其极——终点,那么,宇宙的终点是什么? 当我们不再把宇宙作为物质进行考察,而穷究其时间的永恒和空间的无限时,我们会遇到什么样的情形? 也许我们只有茫然自失了。因为我们想象不出那样一个终极是什么样子,更不可能把握其规律,领悟其中的至理。即使是今天的理论物理学家、天文学家都不敢对这样的终点作肯定的回答。《老子》中说:“有物混成,先天地生。”他所指的那个“物”,如果用现代语言来解释,就是宇宙的极限,古人给了它一个专门的名词——太极。《周易·系辞传》中有“易有太极”的话,也就是以太极作为一切《易》理的总归或结穴。

　　虽然太极作为一个古老的哲学范畴,为诸子百家所接受,但各家对它的阐述却又有侧重点的不同。原始儒学中对太极的重视并不很多,宋代新起的新儒学则重在推究其中之理,道家则自古以来即对太极颇为关注,并按照道教思想建构起一整套太极生成宇宙的学说,给太极涂上生成论色彩的同时,也使之更显得玄虚和不可捉摸。宋代理学家周敦颐在《太极图说》中,融合道教的太极理论,配置出太极生化宇宙万物之图,并作图说。在那张图里,周敦颐将太极置于最高一层,其下为阴阳,继之以五行和男女,从中不难看出,周敦颐是将太极处理成天道自然的根本法则或者规律的。虽然后来的理学大家如朱熹等人都全力想从形而上之"理"的层次上解释周敦颐的"太极图",但其中的生化成分,显然是难以否认的。朱熹对周敦颐"无极而太极"的话,作出的解释是,无极言道言静言无,而太极言理言动言有,二者实则为一,只是侧重点略有不同。虽然它这样的解释忽略了其中生成论的色调,但却揭示出"太极"中所蕴含着的天地万物成长化生的勃勃生机。

由于太极自古就被视为是玄妙无形,却又无所不在的,因此,在后来的历史发展过程中,"太极"也就成为极难企及或不可琢磨的玄虚至境,它含有动静、刚柔、虚实、缓急等变通无方的辩证哲理,参透了这当中的玄妙,也就等于心性的同于大道,悟得了宇宙万物的至理,因而可以对人生社会的一切都应付自如。就像道教大师张三丰创造的"太极拳",似缓实急,似柔实刚,似虚实实,似静实动,以无招应有招,以无招破有招。究其深源,也就在于"太极"作为天地万物之根,它虽无形无臭,其理却又无所不在,因此,任何有形与它的无形相比,都显得实、显得浅、显得有缺陷,存在着道与器的根本差别,也就是说,任何有形跟其无形比起来,就已经在层次上差了,只能是有形受制于无形,而绝不可能是无形受制于有形。"无中生有",从哲理上讲,意思就是说太极作为宇宙万物的根本法则,虽不具实形,但万物生成,又都以它为基础,离不开它,并以自身体现着它的存在。

对太极的推究,表明古代中国哲学家从一开始就有着向幽玄哲理深层进发的精神,只是由于作为官方哲学的儒学的伦理固执和道教的原始巫术将这一可贵的精神进行了历史性的扭曲,才使之变形,使之成为普通中国人望而却步的东西。

气

气在古代中国人的心里,不仅是联系人体与自然,社会与天道的基础,而且也是维系生命、自然、社会、天道的基本物质。可以说,无论是儒学思想中的伦理,还是道家思想中的道德,还是阴阳家的阴阳,都必须也只有通过"气"去实现。因此,气的思想,是颇具中国特色的传统文化之一。

从本源上讲,"气"反映的是古代中国人对生命观,气集则生,气散则死。但是,在"天人合一"观念的作用下,这种气生命观被放大成为自然观和宇宙观:云气、天地之气、阴阳二气、五行之气等等,天地万物,都是"气"凝聚而成,天地的运动,则是"气"运转的结果。以此为基础,"气"进而虚玄成为决定个人、社会、国家等成败的因素:得气则成,否则必败。

在朱子理学中,气被看成是"理"(天理)的外化或者物化,天地一理,但如何体现这个理呢,就是通过天地之"气"来实现的。体现天地之理的气,本来是至纯至真的,"浩然"的,但是,因为"滚来滚去",便染上了渣滓,便不纯粹了。得气之正之纯,便为圣为贤;得气之偏者,则为愚为凡;染上渣滓的甚至成为动物植物。这样理解气,虽然颇有思辨哲学的意味,但也带有生成论的色彩。因此,道教内丹派也借鉴吸取了气的思想:孟子曾说他善养"浩然之气",就是通过内养使气至刚至正,同于天地之气,以使精神与天理相合。有此基础,加上内丹修持的理论,宋元时期兴起的新道教在舍弃白日飞升的妄想时,却大力倡导气论,在"精""气""神"的修炼活动中,"气"的修炼具有极为重要的作用,是实现从"精"到"神"这一质的飞跃的关键所在,也就是由凡达仙的道路上的关掖所在。

在内丹派中,一部分越来越把气视为玄妙之物,走向神秘主义倾向。但道教归根到底是重"有"的宗教,一切都归于"有",而不同于世界上任何其它宗教终归于"无",所以,道教对气的认识也是一步步走向实"有",于是,在道教内丹派理论支持下产生了一系列繁复而门派各别的修炼法门,于是内丹修炼与养生术紧密结合,成为气功各派的基础。虽然现代科学仍无法揭开气功的秘密,但是,通过气功修炼,获得"气感",修养身心,通过发放"外气",治病救人,已是事实。这说明,虽然我们对"气"的认识还不够全面和深入,但是,它确实存在着,只是,它对人体的作用,是否像古人所说的那么巨大,却是很值得怀疑的。至于"气"左右社会天理,则更是理学家(包括阴阳家)的附会和捏造了。

当然,我们清理作为传统文化形态之一的"气",重点并不在道教养生之术,而在于"气"的思想里所体现、反映的传统文化的精神实质。在今天看来,气的思想虽然在后来的发展过程中,被理学神秘化、抽象化了,但是,它所反映的中国人原始的生命观和自然观,却标志着古人对自然、生命、社会深入思考及所得出的独特的结论。

中　庸

中庸是中国人的基本精神之一。所谓"中"，就是适应，顺应；所谓"庸"，即经久不渝、恒久不变之意。二者合用，意谓不偏不倚、允当适度，不走极端之意。这种中庸的思想，表现在文化上，就是文化的亲和力，能求同存异，万流并包。中国历史上几次大规模的文化融合，之所以能在较短的时期里完成，且不断由浅表向深层发展，就在于"中庸"起了巨大的作用——能彼此沟通的，先融合起来，对那些暂时不能融合的，也不马上排斥火拼，而是大度地先"挂起来"，以谋求将来的彼此变通，从而最终融合。中庸的思想表现在社会生活中，就是不偏颇、不怨尤，入情尽理、内外兼顾。

中庸就如同调和剂，消解了封建社会的各阶层之间的矛盾，促成了其稳定与平和。我国的封建社会之所以如此稳定，延续如此之长，跟中庸的哲学思想渗入到社会的各个阶层，是密切相关的。

"中庸"文化，对中国的民族心理影响至为深重。在中庸的文化氛围中，国人形成了随大流的心态。个体的秉性，在与群体意识发生冲突的时候，唯一的解决之道，就是放弃个性，屈从群体的意志。否则，就会受到讥评，甚至受到迫害。"枪打出头鸟"、"露才扬己"之所以受到批评，就是因为做鸟竟敢"出头"、将个人的才华外露,以显示自己的非同凡响,强调了个体意识而不是将之融入到集体意识之中,与"中庸"之道相悖相离。

在中庸的基础上形成的官本位文化,极大地催发出中国人的主奴性。封建时代理想的皇帝,不是那种独断专行的人(如果独断而不能治世,就被称为"独夫"),而是能平息臣子间的矛盾,使各种政治势力彼此相容以形成合力的人,所谓"垂拱而治",即源自此。这也就是说,得天道的封建皇帝是"中庸"的最好体现。满朝文武也是以"中庸"为范,以谦谦君子为人生的追求,将这种"中庸"的精神带到各自管理的部门或地区,低一级官僚再进一步扩展下去,这样层层下放,"中庸"的精神也就在全国范围内推行开去。大家都是上面怎么说,下面怎么做,表现出奴性,但第一个上级对下级而言,又可以顺当地将"中庸"化作其主体意志,因接受下级的奴性而表现出主性来。如此环环相扣,犹如一张巨大的"中庸"之网,将所有的人都网在其中,事情一旦成功,每个人都可以将功劳记在自己的名分下,沾沾自喜。倘若失败,每一级都拿出上一级的文件或命令,表明与己无干。只有那最底层的百姓最苦:成功了,没有一份功劳;失败了,必受打板子或杀头之苦。元代散曲家张养浩《山坡羊·潼关怀古》唱得好:"兴,百姓苦;亡,百姓苦。"就是这个意思。

中庸首先是扼杀了个体的个性,同时,又由于"中庸"之道讲究传统的延续性和恒久性,因此往往跟保守密切相关。一切旧的封建习俗长期难以根治,也就在那"庸"字难排。比喻说中国的法制一直难以健全,一个很重要的原因就是因为有法不依。中国自古强调人治而非法制,法外有情。这样的法"庸"势力,存在于害人者心中、受害人心中,甚至执法人的心中,它对法制的完善所起的阻碍作用,是不容忽视的。自古中国人不敢民告官,就说明了这样的问题。余波所及,今天仍有相当的影响。

君　子

　　以封建宗法为特色的中国社会,实际上是个有着很强等级观念的社会。不同阶层的社会成员,其权利和义务也各不相同。在周代宗法社会里,"君子"中"大人君子"的意味似乎更浓,主要指统治者,这从《周易》中可以看出来。但自春秋战国以来,孔子等儒学大师对君子的界定又发生了新的改变,主要指充分体现道德精神的人体。君子与"小人"的区别,就在于面对现实时,是取群体意志(义)来约束私欲(利),还是以私欲为重而放弃群体意志。《礼记·中庸》几乎全是对"君子"内涵的各方面说明。

　　从文化特性上讲,中国古代的君子,虽然被界定为道德修养极高的人,但并非刚毅果敢的代名词,相反,君子必须表现出来的是"谦谦"的风范,所谓"正人君子"中"正"的含义,并不是刚正,而是指劲节,其区别就在于后者将一切个体的行为都自觉地纳入到群体的规范之中,表现出来的是群体意志。所谓"正",主要是指不偏不倚,不走极端,其实就是"中庸"的具体表现。因此,从某种程度上讲,君子可以说是封建礼教的化身,礼教的实物呈现。在封建礼教与封建法制结合得越来越紧密的时候,君子被看成是社会的中坚力量,主要不是从法制的角度切入社会,而是以道德人格感召着社会成员,从而达到稳定封建统治的目的。

　　由于君子与"小人"的划分被概括成"义""利"之别,因此,物质生活越丰富,商品经济越发达,君子与"小人"之辩也就越激烈。宋代城市经济的发展,使宋代儒学对义利之辩上升到一个全新的高度。《中庸》被儒士们从《礼记》中抽出来,重新加以阐释,就是一个十分明显的例子。虽然这种辨析无庸置疑地会以君子精神的精粹纯厚而获得胜利,但是,作为胜利代价的是,君子对"利"的排斥日甚一日,明清之时,清高的君子几乎全处于赤贫的状态,在拮据穷困中"安贫乐道",如同贞洁的寡妇守着前夫的牌位一般苦熬着时日。与此同时,在新的经济生活中,又萌生出新的"君子",他们有经济实力,以融通的观念看待义利,于关键时刻,能舍利取义,在精神上与"君子"相通,却又具有时代气息。这可以说是"君子"的新变形态。

　　由于君子的道德力量,某种程度上已与封建法制脱离,因此,君子这一文化现象,在对封建法制起补充作用的同时,也呈现出一定的独立性,即君子个体的人格魅力对他人形成影响。这就使君子可以较容易冲刷掉身上封建的尘埃,具有现代改造的可能。今天我们谈到君子,不再指那种受过上等封建教育的谦谦君子,而更注重个体的人格魅力和出众才华(但不露才扬己)。但温文尔雅、态度谦恭、处事稳妥、诚信重诺、待人友善,仍是君子必须具备的品德。因为这些品德,并不具有封建特性,而是个体道德修养完备后其人格魅力的必然表现。

和

和作为中国传统文化的一大特质,很少引起人们的注意,对它的讨论也很少。

"和"跟"同"不是一回事。"同"是抄袭或机械地照搬,"和"则在保持各种因素的本质的基础上,达到一种更高层次上的彼此相容相通,是"求同存异"的升华。对此,在西周末年就已经引起了人们的注意。《国语·郑语》中记载史伯在总结周衰之因时,就曾指出,周的衰亡根本原因就在于"去和而取同",未能综合各种不同的意见以防止偏于一端,君臣上下之间,同声一气,以至独断专行,造成亡国。《左传》"昭公二十年"中也记载齐相晏婴严别"和""同":和就像做羹一样,水火醯醢盐梅以烹鱼肉,各种原料都齐备了,再加以烧制,才能烹饪出上好的佳肴。否则,鱼肉煮鱼肉,是不可能做出好菜来的。这就是"和"与"同"的差别:"同"只有一味,而"和"则五味俱全。在此基础上,孔子将"和"与"同"的概念运用到他的礼法哲学之中,提出了"君子和而不同,小人同而不和"的著名命题:君子汲取别人的意见,以纠正自己的错误和缺点,不盲从,不苟同,所谓兼听则明,就可避免偏听偏信犯错误。而小人则只会随声附和,从不提出独立见解,表面上一团和气,实际上却往往将决策引入歧途。

在华夏文明发展的过程中,可以说,"和"是非常重要的文化基因。特别是在民族文化融合的过程中，"和"所起的作用，是不可替代的。正是因为有一种"和"的博大精神，所在才能对外来文化产生巨大的亲和力，才会吸收、改造其他民族的文化，使之成为中华民族文化共同体的有机组成部分。当然，这种"和"又不是没有主次的，一般而言，在文化融合过程中，高势能文化总是会以更快更大规模地向低势能文化流动，而低势能文化的反作用，总是要慢半拍或者一拍，这就形成了文化融合过程中的主动与被动的差别。在中华民族融合的过程中，以汉族文化为主的高势能文化一直处于优胜的地位，因此中华文化共同体表现出汉文化的主体特色，而这时的"和"也以显示汉文化的亲和力为主。

但是，近代以来，在西学东渐的过程中，中国传统文化并没有显示出高势能文化的主动地位（清末的顽固派以天朝大国自居，那只能说是妄自尊大和不自量力），这时，"和"就表现出西学占主动的特征。对此，国粹主义者痛心疾首，而民族虚无主义者则倡"全盘西化"。这些错误或偏激的看法，可以说都没有能真正理解中国传统文化中"和"的精神。中国近代化和现代化的过程，从文化学的角度看，也就是中西文化不断地"和"的过程，是"和"不断深入的过程。在中国文化丧失高势能的优越性的时候，我们焦灼、怀疑是可以理解的，但若因此盲目排外或者丧失自信，则是不可取的。再者，从全球一体化的格局来看，"和"已经成为世界文化交汇融通的大潮，任何一种古老的文化，想孤立于这大潮之外，已不可能，只有适应这一潮流，不断更新和改造，才会有光明的前途。因此，问题的关键不是如何排外或媚外，而是如何更好地发挥我们文化中"和"的传统，使之早日面貌一新，立于世界文化之林。

性

中国古人对性的认识不是一蹴而就的,而是随着哲学思辨的不断深入,其内涵不断明晰起来,或者说不断地被界定清晰起来了。在先秦儒学中,"性"跟"情"没有太大的差别。先师孔子即说过"食色性也"的话,虽然宋儒对这句话进行多方辩解,但终究脱不了其以情释性的根底。正因为如此,所以,先秦哲学中有人性本善还是人性本恶不同见解。"亚圣"孟子主张性善,而荀子则主张人性本恶,毫无疑问,主张严刑酷法的法家,更是主张人性本恶的了。汉代的扬雄综合先秦两派之言,提出善恶参半之说,看似两面讨好,实则双方都得罪了。由于荀子之学重在"外王",而孟子之学重在"内圣",因此,在唐宋之后,儒学的重点转向"内圣",使得孟子的地位不断提高,而荀子则受到冷遇,于是性善之说占了上风。

宋儒在改造传统儒学的过程中,本着孟子性善之说,将"性"先验化,将"性"看成是"天理"在人内心的必然反映。性是善的,是与生俱来的,是健全的人格,是天理的必然,因而又可称之为天性。本来,人性能很好地体现天理,但是,人自出生之后,受后天各种外在因素的影响,渐渐被遮掩起来了,于是天理不见,人欲横流。性存于心中,原本是湛源澄明如如不动的,受后天外物的影响之后,心念顿起,于是丧失了性本,流为情,若进一步荡而不返,则为欲。这就是宋儒为什么要存"天理"灭人欲的原因,在他们看来,唯其如此,才能找回失落的人性本真,才能达到"内圣"的精神境界,也才能在内心达到与天地本性的沟通,才能"格物",才能"致知",才能修齐治平,由"内圣"而"外王"。

很显然,宋儒这套心性之论,是杂糅佛教心性理论提出来的。印度佛教认为"心性本净",而中土佛教创造性地提出了"心性本觉"的命题,但无论是净是觉,性在佛教那里都是慧根佛性一点,无论苦修还是顿悟,就是想得到那一点先天的灵性。为了达到这样的目的,佛教排斥情欲,主张过苦行僧的生活,这其实都为宋儒所借鉴,只不过佛教的这些教义因其出世的说教而影响面不如宋儒那么广泛,因而给宋儒钻了空子,窃取佛性为我所用还大举起排佛的旗号。

源自佛教的心性之论,不仅影响到儒学对性的认识,而且还影响到宋元新道教的教义。原始道教中巫风盛行,力图通过铅汞的烧炼达到白日飞升的目的。随着佛学的影响不断深入,儒学从"外王"转向"内圣"的同时,宋元之际因不满社会现实而由儒入道的新道教各派创始人,纷纷引儒佛心性之论入其教义之中。不过,受中国本土宗教重有尚实的影响,佛儒心性的本源论,在进入道教之后,被改造成为生成论,"性体"被看出是先天纯阳之体,乃生命的源泉。普通人因性体不明,受利欲所制使得性体有亏损,于是精力损耗致命丧黄泉。只有通过炼精化气,炼气化神,炼神化虚,还得纯阳性体,才能延年益寿,这就叫"性命双修"。这批新道教虽从佛学中引来了性体观,但立即又杀出回马枪:佛陀一味了悟本性,而不知河车搬运修炼内丹,到头来最高境界也只能是阴神出窍,却不可能阳神出窍,故而在境界上较道教反差了一层,所以到头来只是一个空字,不能如道教带着肉身游于彼岸世界。

命

命的本意是"令","命令"联用,二字同意。命令有各种各样,但在儒学里,有一个终极之"令",即"天命",上天的旨意所在。"生命",也就是上天叫你活着的命令,所以说"生命"一词,本身就有着很强的淑世情结。这一点,跟基督教以生为重,有着很大的相似,都是秉承上天(上帝)的旨意在说话。所不同的是,儒学所谓的"天",并不是作为宗教的具象化的"上帝",而是形而上的"理"和作为"理"之表现的"气"。以"理""气"为基础,儒士(特别是宋儒)形成了他们一套完整的"命"观:上天元亨利贞的运动,表现为春夏秋冬四时的变化,其中所贯之"气"已经寓有"天命"的成分了。人只有尊从这样的"天命",才能保有性命,否则有违天意,必受惩罚。虽然"气"在天地间都是一样的,但每个人或每个生物,所受之"气"却又各不相同。体现"天命"之意的精粹和清纯之气,在天地间滚来滚去,也会沾上渣滓,受到污染。于是,得气之清者,为圣人,得气之浊者为普通人;受气之偏者,为动物和植物,受气之正者,为人;受气之多者,其命长,受气之少者,其命短。依此,天地间一切生物,都是"天命"的产物,都由"上天"的意志决定了其生命的长短和生活的贫富。通过这样释命,宋儒将所有的封建伦理秩序的规定,都一概推给了"天",似乎跟他们全不相干。不仅将自己的责任推得一干二净,而且还为自己的身分和地位找到了不容置疑的根据——我受了正气、清气,所以成了与众不同的大哲人。

作为关心命的中国本土宗教——道教,理所当然地对"命"特别关注。同样地,道教也视命为"天命",但在宇宙生成论支配下的道教又幻想,既然命由上天决定,而"我"又能与"在天之灵"沟通,那么,"我"就可以通过不违上天之意,苦心修炼,甚至"借命"的行为,达到延年益寿的目的。民间迷信中冥府出游,修改生死簿等事,都是道士们干的。而道教内丹派则认为,通过内丹修炼,达到天人合一的境界,也就具备"性命双修"的能力,同样也有了延年益寿的功效。

必须看到,儒学的"天命"观,带有很重的"宿命"色彩,是应该批判的。作为先秦"百家争鸣"中显学之一的墨学,就以饱满的激情喊出了"人定胜天"的口号,跟儒学的天命观形成对立。诚然,一个人出生在什么样的环境,对他的生活是有很大的影响,但现代医学已经告诉我们,生命对每个人而言都是公平的(先天残疾除外),只有后天的条件有好有坏,差别各异。但是,这些后天的"命",却完全可以通过自身的不断努力去改变。也许从艰苦的环境里拼搏出来,比生于优越环境里的人,付出的更多,但是,艰苦的环境也有着不可替代的锻炼作用,只有历炼之人,才会有着极强的生命力和适应环境的能力,他的事业才会成功,这已经为历史一再证明了的事实。古人云:少年怕顺境,中年怕闲境,老年怕逆境。就是讲的必须通过不断磨练,才能使一个人成熟起来。相反,如果消极地认为一切都是"命"中注定,都是上天安排,不愿作个人努力改变现状,那么,终生必将一事无成。这就是现代人必须理解的"命"的辩证法:从来就没有救世主,全靠我们自己!

忠 信 诚

忠诚和信义是常用之词,但其原有的儒学内含却相当丰富。儒学制定了一系列的礼教规范,但是,如何才能保证这些礼教规范能毫不变形地为每个社会成员所接受呢?儒家思想里又规定了"忠"、"诚"和"信",作为贯彻其思想的保证。

"信"为"五常"之一,是最后的保证(排于"五常"最后),也是最后的一道关口,其重要性是不言而喻的。"忠"则可以说是"信"的前提条件。只有内存忠心,那么,才会在言谈举止中不存欺诈之心,才会在临事接物时以信誉为尚。与"忠"、"信"所强调的是人与人之间的关系中生发出的不同,"诚"更多主观色彩,是"忠"的根本,是主体发自内心的向"信"靠近的力量。宋儒陈淳释三者的关系:"忠信两字近诚字,忠信只是实,诚也只是实。但诚是自然实底,忠信是做工夫实底。诚是就本源天赋真实道理上立字,忠信是就人做工夫上立字。"很显然,忠信还有外在约束的色彩,而诚则是主体内心生发出来。但是,在临事之时,内心之"诚"与作为群体意志的"信"彼此对接,表现为主体的人格和品质。

在后来的发展中,忠信的原则也出现分工重点的不同。信主要表现在平等关系的双方之间,因此,"信义"结合起来,成为维系普通社会成员之间价值体系的准绳,而"忠"则主要体现在下级对上级,突出表现就是臣子对皇帝的忠诚,妻子对丈夫的忠贞不二。"尽忠"成为人臣必须完成的人生使命。在以君主为主宰的封建社会里,忠君也就成为至高无上的人格追求,也极大的影响了我国传统文化的走向和特色。"忠君"作为我国特有的文化现象,其影响也是多方面的。从积极方面讲,忠君思想也为文化凝聚力的形成起了相当大的促进作用。只要是君主所在之地,无可争议地必然是政治中心所在,而且君主也往往成为国家的象征,只要君主还在(哪怕是其后代尚存)就意味着国家未亡,所有臣子都有匡扶社稷的责任。历代王朝败亡之时,常常会出现"勤王"之师,就是很好的例子。从消极方面讲,"忠君",也会阻碍社会生产力的发展,而且还会导致"愚忠"思想的孳生和蔓延。在封建专制的时代,愚忠的例子可谓举不胜举。已堕落为"独夫""民贼"的君主,也被作为"忠"的对象,给那些忠臣们的人生涂上一抹抹悲剧的色彩。

但是,"诚""信"作为传统优良品质,还是应该大力提倡的。特别是在市场经济相当发达的今天,人与人之间的关系(社会属性)也越来越密切的时候,人们之间(自然属性)的陌生度不断增加,如何才能彼此了解呢?除了彼此真诚相待,以信誉至上这唯一的游戏规则之外,再没有什么更好的办法了。特别是进入信息时代之后,人际交往主要通过网络实现,彼此连面貌都没有见到,若按传统的认识方式,可以说是彼此一无所知,完全没有了解。在这种情况下,"诚""信"作为架起人与人之间关系的桥梁,就显得犹为可贵和重要了。

恕

古人说："饶人不是痴汉，痴汉不会饶人。"讲的就是恕的道理。只是，这并非"恕"的原意。先秦儒学中，对"恕"的解释是"推己及人"，跟"仁"（推己及物）相呼应，"仁"强调以普爱之心面对天地万物，而"恕"则专门指向人与人之间的关系。这时的"恕"可以简单地解释为用平等的心态对待自己和他人。由于儒学严分君子、小人，而"恕"则统二者而言之，因此，"恕"对不同的人而言，又有不同的说法。对于正人君子，其心本仁，所以"夫子之道忠恕"，而对有私心者而言，那么就得立起"恕"的规定："己所不欲，勿施于人。"以便杀去其私心，平等待人。总之，在先秦儒学里，"恕"主要是指"推己及人"之意。

"恕"字中这样的含义，在汉代以后，发生了很大的改变，由于"仁"被列入"五常"之中，在汉代大一统儒学得独尊之后，"恕"的原意渐渐被"仁"所涵盖并发生改变，不再是推己及人而是"原谅"或"饶恕"的意思了。北宋时范仲淹就留下名言："以责人之心责己，以恕己之心恕人。"意思是用严责他人之心来检讨自己，用原谅自己的心态去宽恕别人，强调的就是要有一颗宽厚仁慈之心，严以律己，宽以待人。意思虽然跟"推己及人"相似，但是，他所讲的"恕己"，在先秦儒学里是不存在的。因为"恕"从一开始，其指向就是"人"而将"己"排斥在外的。

　　虽然我们已经明白先秦时代的"恕"主要是指君子推己及人之意,但是,这并不妨碍我们用它的后起意。因为这后起"恕"意里宽厚待人的意思显得更加突出和明白了。我们已经不再生活在那种鸡犬之声相闻,民至老死不相往来的小国寡民时代了,今天的世界里人与人的关系更加密切,人的社会属性也更为突出。而所谓人上一百各种各色,"林子大了什么鸟都有",如何才能处理好与他人的关系,如何正确对待他人的优缺点或者是个性,已是每个人必须面对的问题。这时,"恕"就显得十分必要了。要知道,每个人的缺点所在,也就是他的个性所在。你在欣赏其个性的同时,也就必须面对他的缺点。对于一个成熟的人而言,别人的缺点往往是非常敏感地刺激其神经,会很扎眼。这时,如果不能"恕",必然就会激化矛盾,最终分道扬镳,友谊的大厦难以建成。话又说回来,如果无原则地"恕",对他人的缺点包括错误,也一概地容忍,那就"恕"得太过,成了"姑息"了。如何处理好"恕",也有一个度的问题在。对这一点,古人也有阐述,那就是"忠",意思是,"恕"到什么程度,要看你内心的感情是不是保持在"忠"的状态,即你的"恕"是否为内心情感的真实流露。古时"忠恕"连用,其用意正在于此。如果是勉强的或者是扭曲的,那么,表明你本身就已经丧失了人格,没有了主心骨,这时的"恕"也就失去了原则,所以只能算作"姑息",若仍不思悔过,那就必然走向"姑息养奸"的危险境地。因此,如何把握"恕"的度,关键还在自身的道德水平。

恭　敬

恭敬连用,表示态度温顺和蔼,古时候,这两个字却各有侧重,敬是内心修养,恭则是这种修养的外在反映或者显现。

先说"敬"。在儒学看来,人心(性)至善至妙,但是,作为个体,人在出生之后,就会受到各种后天欲望情绪所干扰,从而使至善至妙之"心"受影响、被遮掩。如何才能保证不失本性之真呢? 也就是说如何才能保住个性且使之与集体意识一致呢? 这就必须要持"敬"。朱熹曾说:"主一无适之谓敬",他所说的"一",不是特指某一具体事或物,而是具有丰富儒学内涵的哲学概念,是"道"所生之"一",也就是最为纯真的人之天性。而"无适"并不是无所适从,而是持守专注,不起别念。可以看出,朱熹所理解的"敬"就是将全副心思用到对"道"的体悟和把握上。宋儒曾拿《礼》中"执虚如执盈,入虚如有人"这两句话解释"敬":拿一只空杯子,也应该像拿一杯盛满开水的杯子那样;走进空无一人的房间里,也要像走进有人的房间里一样。不能因为没有开水,就掉以轻心,马马虎虎,也不能因为房间里没有人,而生轻慢之心的不好之念。否则,杯子会因大意而摔掉,心性也会邪念而亏损。"敬"在日常实用当中,其作用也是如此之大!

再说"恭"。所谓"恭"就是"敬"的外在表现。现代心理学已经揭示出,有什么样的心理状态,就必然会有相应的表情或身体语言,表现出来。"敬"的内养,也一无例外地会表现在外表上,那就是:"正其衣冠,尊其瞻视,俨然人望而畏之。"一副端庄肃穆的样子。宋明以来,道学家们往往方巾葛袍,严于治家待人,不苟言笑,"坐如尸,立如斋",透出来一股僵腐之气,所谓"道貌岸然",指的就是这种形象。在儒学统一的价值标准下培养出来的道学家,也有着统一的行为规范和言行举止,表面上看,似乎是超凡脱俗的必然产物,事实上,它不仅扼杀了个性,而且,也从根本上与孔子"因材施教"的精神相违悖。"道貌岸然",恰好是儒学走向僵化的标签。

宋儒忽然从先秦经典里找到一个"敬"来解释修身的手段,很可能是受佛教重"定"的影响。儒士们持敬的态度,跟僧侣日常修为、做早晚功课很是类似,更主要的是,持敬要求专心一致,也跟"定"中之境有几分类似。一般所谓"入定"指思绪不起,使慧心呈现,而持敬也是专心于一处,不作他想,以便内养充盈,真性流露,通于大道。若果真如此,那么,宋儒重敬,还说明了另外一个儒佛融合的问题。不过,敬到底还有儒学色彩,因为敬时精神守持一处或专注某物,而"定"则打断了与现实生活的一切束缚,是精神自由生慧得"悟"的必要手段,二者一重"有"一重"无",这也许可以说是儒佛二教价值指向上的不同的必然结果吧。

虽然"恭敬"作为传统文化的一部分,有着很浓的封建色彩,甚而有僵化腐臭之嫌,但是,作为内修的一种手段,恭敬要求个体以温和的态度待人接物,却是值得肯定的。任何时候,盛气凌人总是给人留下坏印象,而且也损害了自己的人格,不如温厚和顺给人亲切感,这一点,是必须记住的。

佛

佛本指佛教创始人印度净饭国王子乔达摩·悉达多,他天性颖悟,弃去世俗生活,于菩提树下开悟,创立佛教。公元前三世纪印度阿育王时期,佛教大盛,分两路向印度次大陆以外扩展。一路南传到东南亚各国及我国西南地区,以小乘佛教为主;一路北传,以大乘佛教为主。北传中又有两支,一支经中亚细亚(中国人称西域)传入中国。一支传入西藏地区,成为独具特色的藏传佛教。佛教传入中国,是在两汉之际,"丝绸之路"开通之后。当时,西域高僧是主要媒介。不过,那时的佛教主要在社会上层流传,佛教教义未明,中国人对佛教的态度,也跟神仙方术差不多。东汉末年,社会大乱,佛教开始深入下层,普及开来。南北朝时,佛教大盛,中国僧侣对佛教的认识已经深入,西域或印度僧众也有相当的汉学功底,译经全面展开,教义也愈加显明,在译经释义过程中,佛教不断进行着中国化的改造。由于对经义的理解各有重点,中国佛教中也出现各种不同的宗派,其中切合中国人心理的宗派,不断发展壮大起来,而另一些坚持印度原始佛教特征的,则渐渐消失了。

佛教认为,人生一切,都只能用痛苦来概括,痛苦的根源,就在于人有各种各样的欲望,为了满足这些欲望,人就会想尽一切办法去努力。在佛看来,这些努力,不仅最终都是徒劳,消耗生命而已,而且,它还如锁链一样,将人限制于生死的轮回之中,在生、老、病、死的怪圈里使精神倍受煎熬,即所谓的"苦海无涯"。只有放弃现实世俗的生活,出家修行,将自己的精神提升到一个超越世俗世界之上的境界,才能摆脱这个怪圈,摆脱各种痛苦,获得极大的快乐,进入极乐世界——即佛境,即所谓的"回头是岸"。因此,佛教把一切现实世界中引发人内心欲望的东西,都称为"色相",指它们为"妄"。修行的功夫,就是要参透这些虚妄的色相,就像扫去遮掩在金子上的灰尘一样,把蒙蔽真性的各种尘垢清除,从而使真实的佛性显露出来,砸碎现实的束缚,进入真实的佛境。为此,佛教以"积极"的态度放弃现世世俗的生活,"主动"地用现世为来世打基础,希望尽早经历到达佛境必须经过的诸"劫",证得佛果,到那时功德圆满,获得永恒的快乐。

很显然,佛教是用"来世"的说教让人放弃对今世的眷顾,但这对乱世痛苦中的众生而言,无异一剂强心剂或安慰剂,因而为它受到广泛的欢迎打下了基础。随着佛教的不断中国化,儒学以及新道教中不断吸取其中的教义,三教圆融,佛教不断在中国扎下根来,而且还通过不断中国化而壮大起来。其隐忍、退让的说教,也成为中国古代统治术中十分重要的一部分,为维护封建社会的稳定起过相当的作用。作为一种外来的宗教,能得到如此的发展,在全世界都可以说是一个奇迹。它与其说是证明了佛法的广大无边,倒不如说是证明了华夏文化巨大的亲和力。

当然,作为宗教的一种,佛教也跟世界上所有宗教一样,带有其消极遁世的特色。生活在现代化的今天,我们对宗教、迷信等都应该有一个科学的态度,佛教中某些劝人为善的教义,还是有它独到之处的,我们仍应该继承,而其中那些消极出世的东西或者迷信的色彩,则应该受到批判。

禅

禅,既指佛教一大宗派禅宗,又指这一宗派最主要的教义。可以大胆地这么说一句:禅是佛教中国化的硕果。南朝梁普通年中(520—526),南天竺菩提达摩泛海入中土,他在广州上岸,经金陵后,以芦叶渡江,入嵩山少林寺,十年面壁参悟,终于大彻大悟,创立禅宗。经慧可等人衣法相传,至五祖弘忍时,禅法开始大盛。弘忍以偈试诸弟子,上座神秀作偈:"身似菩提树,心如明镜台;时时勤拂拭,莫使惹尘埃。"另一弟子慧能见到后,针对其偈语另作一偈:"菩提本非树,明镜亦非台,本来无一物,何处惹尘埃。"开了禅宗作翻案文章的先例。弘忍见慧能见地透彻,因担心神秀加害,就秘密以法衣相授。慧能隐居十五年之后,果然另创"顿悟"之说,与神秀的"渐修"相区别。禅宗虽出现"南顿""北渐"两支,但禅学却从此大盛。特别是慧能所创顿教,更切近中国人(主要是士大夫)的心理:平时不烧香,急时抱佛脚。

禅宗的宗旨,综言之就是单刀直入、直指心源。与道教的重性修命不同,佛教将人性喻为空,但这个空并不是一无所有,而是此岸世界与彼岸世界的中间带,是一种不此不彼的精神状态。在佛教看来,这正是佛性的显现。如何才能达到这样的境界呢?禅祖达摩提出"二入""四行"学说,为禅宗根本典据。所谓"二入",是指理入和行入。理入,指凭借经教启示,令一切妄念归真。行人,则是指从亲身实践,于日常生活之中,参悟禅机,证得正果。"四行",则是指"行人"的四种途径,达摩称之为报怨、随缘、无所求、称法四种。禅宗在前期发展,基本上是"二入"并行,但到六祖慧能时,六祖虽然悟性过人,但却是不识字的樵夫出身,断了"理入"之路,因此,南宗禅以"顿悟"见特色,也不是偶然的。自那以后,禅宗基本上是行入重于理入。在达摩"四行"之中,并不强调颂经礼佛,所以不立文字、直指心源、当头棒喝、呵佛骂祖、醍醐灌顶、看话默照等诸多法门,禅宗都无所不用其极,但归于一处,则可看出,禅宗强调的是打破言语等束缚,切断逻辑思维等现实的锁链,从而直接进入佛境,悟得禅那。这就使得禅师在日常生活中,与普通人一般无二,但其内心却别具慧性,心性的修养,成为决定能否"悟"的重要关键。《传灯录·慧海传》里,有这样一段禅宗公案:有源律师(律宗大和尚)来问:"和尚修道,还用功否?"师(慧海)曰:"用功。"曰:"如何用功?"师曰:"饥来吃饭,困来即眠。"曰:"一切人总如是,同师用功否?"师曰:"不同。"曰:"何故不同?"师曰:"他吃饭时不肯吃饭,百种须索;睡时不肯睡,千般计较,所以不同也。"从这个故事里,可以看出,作为禅宗高僧的慧海,对"吃""睡"的理解,已经远超过一般人的吃睡了:吃饭对他而言只是一种嘴部肌肉的运动,睡觉也是一种无知无觉,所以,他能"饥来吃饭,困来即眠",心念却从未起过,真如不动,一切随缘——因为心已经超越了一切外缘。禅宗这种随缘持慧的心性功夫,显然对宋代儒学的"内圣"倾向有着密切的关系。结合我们前面的论述,可以看得更清楚一些。

禅宗所表现出来的这些特征,可以说是佛教中国化的成果,但更主要的是,禅对中国人的心性修养有着巨大的影响。士大夫们照着"学而优则仕"的路往来起,一旦走不通,马上就"皈依佛门",而且还可以毫不脸红地称自己"悟"了——贾宝玉不是一受林妹妹的气就"悟"了？而那些杀人如麻的刽子手,也可以随时立地成佛。少林寺十三棍僧救唐王,杀人无数,却丝毫也不影响其佛性,反而通过他们"超渡"众生的行为,更靠近佛性了。

琴

表面上看,琴只不过是古代中国的一种乐器。事实上,在悠久的历史过程中,琴所负载的人文内涵,远过于一种乐器所能承载的分量。

古代中国,乐教被视为至神至妙的统治之术,用乐教引导民众,使人心所生的感情从一开始就受到统治者的控制和掌握,把礼教的内容内置于人心之中,成为其生命的一部分,可以说是变被动的说教为主动接受过程中至关重要的一着,因此,自上古以来,乐教就受到相当的重视,而且,乐也成为时代精神的象征。治世之音,与亡国之音,其间必然出现天壤之别。所以说,乐从开始就已经神圣化了。

本来,这种带有原始巫文化色彩的乐文化意识,是分载于各种不同乐器上的,特别是祭祀之乐如钟鼓之类,但这些乐器却一直作为乐器存在,并没有赋予其文化内涵,而在众多的古乐之中,琴却独树一帜,成为中国文化的代表性文化之一。这当中的原因,当然是多方面的,但最重要的一环可以说因为中国文化的主要载体不在帝王而在士人,士人宴乐当然也讲钟鼓的排场,但当他独处一处,体悟心性时,鼓琴就不能不说是最简便也最富个性化的行为了。钟鼓也能体现天音,但那必须得他人相助,而琴则可以独立弹奏,而且,琴音的变化,也可以随弹奏者的喜好进行。

春秋时代,士人们即有取乐以娱的风气。与封建统治者的重乐不同,士大夫作乐,更多的是要表达内心的情感。由于君子的内心通透神明与天意相合,因此,他们对乐的要求,也必然是能最好体现天意,必然是天音。"琴棋书画"四艺中,琴居首,这说明琴是被士大夫视为天人沟通的一种方式。古人动琴,必先沐浴焚香,正襟危坐,敬之若神。弹奏之前,要调试弦音,若弦音不准,或说明有违天意,或表明意念纷杂,不宜动琴,于是宁愿不弹。若音杂不纯或无故弦断,就会被视为不祥之兆,于弹者不利。凡此种种,都说明古人赋予了琴、琴音以神秘的力量。弹琴体现出来的,是神与人沟通时的愉悦,是弹奏者主观情感与天地自然的交流。通过弹琴的行动,弹奏者就可以寂然同于大道。处于忘我状态之中的弹奏者在欣赏琴音之时,得出的或为伦理秩序,或悟出了天地运化的大道,或感悟到人生的喜乐悲欢。跳动的音符,变成了心灵的震颤,仿佛心灵与自然碰撞后的回音。伯牙的高山流水,其意已不在琴弦,也不在乐音,而在那些琴音交织形成的"高山流水"的崇高感和悠然兴致。陶渊明蓄无弦之琴,兴至则弹之。弹奏的不是琴弦,欲求的也不是琴音的悦耳,而是通过"抚"琴这样的动作,达到调节心性的目的。士人出于修养心性的需要,对琴乐的要求也不是急弦繁音,而是趋静求缓,于悠扬和谐之中,达到精神上与天、与自然的相通相融。因此,琴曲绝不出现那种急弦繁音去而不返的情况,表现出来的永远都是"发乎情止乎礼"的精神状态。

不可否认,音乐对人的心理情感的影响是相当巨大的,但是,古代中国人将音乐功能进行无限制的夸大,赋予音乐以伦理内涵,却不能不说是额外的附加,为此,他们还力图用古乐反对流行音乐,为其守旧复古思想找依据,这显然是不科学的。但是,作为一种传统文化,琴曲中那种中和冲淡的了了之音,对心情的调理作用,也确实能跟后来急弦繁管的"胡"乐起对比作用,显得雍容大度,表现出中华文化特有的中正平和之气。

棋

如果说琴是沟通天人的工具的话,那么,棋就是人与人之间彼此沟通的工具了。时至今日,围棋起源于中国的说法仍是主流,这里我们也无意对棋的渊源进行考辨。只想从文化学的角度,对这种文化现象作些分析。

作为人与人沟通的手段,围棋中也有一些基本的规则,但已是少到不能再少,而且简单到不能再简单了。一副楸枰,犹如茫茫宇宙,黑白棋子,如天地万物,对弈的双方以棋子相围,最直接的表现就是为生存空间而战。评判胜负的标准,也是以所围空间的大小论算。因此,在这个层面上,棋体现出来的是满盘杀机,对弈的双方,犹如作生死的搏斗。

比生死搏杀更高一层的棋境,是"手谈"。对于有这样境界的对弈双方而言,小小的楸枰已经变成了人生的舞台,对弈双方表现出来的,全然都是作为社会成员的属性。棋中的死活、气、眼、目等,都如同人生道路上的一道道沟沟坎坎,是人生的喜怒哀乐。对弈的双方面对这些的时候,其下出的每一着,都体现着他的性情和心境,是平和还是心急,是相争还是相让,是谋求和平共处还是争相挑起事端,几乎一举手就可以给对方传递出黑白棋子之外的东西——个人的修为,人格的健全与残缺,道德水准的高低上下,等等。为此,在古代中国,有着相当教养(不是棋技)的棋手,视个人道德修养为人生最终目标的对弈者,是绝对不会在高手面前过分表露出杀机的,因为杀机一露,已显示出他的修为不够,所谓"不战而屈人之兵,善之善者也",最好的战争,就是兵不血刃,以德怀远。在这种文化心理下,中国古代棋文化中,从来就不把杀气浓重的棋风看得很高,而是对轻灵飘逸之气情有独钟。一个道德修养够高的对弈者,总是能看到对手杀机的同时,也洞悉其破绽,在对手的步步紧逼之下,一再退让,直到退无可退,让无可让,对手满以为大功告成,胜局已定之时,再于关键之处加以点破,以无招破有招,将其全部如意算盘全部推翻,促其猛醒——若对手是顽愚不化之辈时,连这最后一着也不点破,即弃子推枰,飘然而去。这里面其实也体现出传统哲学中那种以柔克刚的至理,而整个棋枰上的风范,也非儒家"中庸"不能概括。

　　围棋当中所体现出来的人生感悟是多重的,一个真正懂得棋道的人,可以终生不与人对弈,但却能在脑海里与自己对弈,并通过这种"弈"棋,来提升自己的生之愉快,棋对他而言,已不再是一种对话的工具,更不是一较短长的工具,而是消融于其身体之内成为其自身的一部分,在他的人生之中,无时无刻不体现着棋之精髓,棋理之中也无时无刻不体现着他对人生的感悟。就像一个身怀盖世绝技的大侠,虽然一生比试,却求败不能,这时他就有资格不与人动武,剑不出鞘,超然于武力之外,从而达到涵容所有武学于胸中的境界。这种境界,其实也就是中国哲学中经常提到的"天人合一"的境界——能从形而下的器用之中,领悟到形而上的体之根本,虽然是体用一源,但能于用中见体,那么,他的身心不也就跟整个宇宙至理——道——合而为一了吗? 所以说,无论是琴还是棋还是武功,其最后的超越也就表现在"无我"或者说"忘我",以达到"天人合一"的至乐之境。

书

中国的书法载有丰富的文化内涵,体现着中国人的形象思维和超越意识。

中国文字以象形为发端,仓颉造书的传说,即是对外像的描模和追踪。"六书"(许慎《说文解字》里总结的六种造字方式,分别为象形、指事、会意、形声、转注、假借)中首重象形,都说明象形是形象思维的必然结果。以此为基础形成的中国文字,无论是先秦的大篆还是秦小篆,都富有构图语言艺术的某些特性。

但是,这种书法又不停留于象形的层面,其所谓"形"经过艺术加工,已不再是自然界的形,而是融汇着书家主体意识、主体情感的"形"。书法的能耐,不在于能摹其形,而在于能得其神。为了达到这一目的,书家采取了两方面的努力,第一就是变"形",利用形态的变化,达到笔墨酣畅以求淋漓尽致地抒发内在情感,另一方面就是通过线条的生动刻画,增加书法艺术的视觉效果,直接刺激欣赏者的视觉,给人如赏画之感。这就是为什么书法与绘画,自古以来即有着亲密的渊源。人们对书法的评论,也跟对绘画的评论密切相关,"神韵"、"气韵生动"等,既是画评,也是书评。魏晋书法之所以难以企及,就在于它将这种超越发挥到了极至。毛笔书法所能表现出来的特有的构图艺术特征,通过书法家的灵活而巧妙的运用,得到了最大限度的发挥。"飞白"可以说是中国书法与中国绘画,那似断实连,笔断意连,使人欣赏到笔势的飞动和灵活,也仿佛产生出中国山水画烟雨迷濛或者龙翔云端的审美效果。特别到宋元之后,士大夫文化急剧地朝着"内圣"方面转化,在前人努力的基础上,宋元时人创造性地将三种不同的艺术形式结合起来,创造出诗、书、画三位一体的抒情模式,利用三种艺术彼此的长处,融汇成一完整的艺术整体。"题画诗"作为一种文化现象,大量出现在宋元时期的文人画中,既标志着书画结合的开始,也意味着线条艺术与绘画艺术只能最终谋求妥协,而不可能由一方替代另一方,书家超越意识已经达到极限,到此为止了。

书法中的超越意识是有限度而不是无限制的。即使是张旭的狂草,也最多只能成为其内在狂放情怀的载体,而对线条的依赖却是自始至终没有能突破出去。书就是书,画就是画。融书画为一体的"鸟书",在中国书法界和国人心中,从来就没有获得过正统的地位,似乎也暗示出中国人的超越更多的是停留在情感的层面,以主体情感的实现作为对超越的肯定,而不是以某种外在的客观标准为依据的。另外,自隶书渐渐脱离对外像进行形象的追踪,到楷书的方正严整,线条的艺术含量大减而字的实用功能渐趋突出,使得中国书法朝着尚实的路线发展,虽然其艺术性仍为人所重,但已不再是对线条形象构图的欣赏,而是将审美观照的重心转向了对负载于笔画之后的文化内涵的把握,而笔画本身的艺术功能却大为降低,视觉效果也明显减弱。这种力图超越却又不离初始的艺术创造,借用闻一多对中国诗的评价,就是戴着镣铐跳舞。而这一点,也正是中国文化的魅力之所在。

画

写意是中国画最主要的特色,承载、传递、表达绘画主体的思想情感是中国画的主要功能,因此,中国画是呈现的而非再现的,任何一幅中国名画,都是创作主体在现实的基础上加工升华而成的。这与西洋油画的写实风格大异其趣。

有人说中国没有写实的绘画,这只能从大体上讲。事实上,写实的画风不仅在中国存在着,而且还曾出现过黄金期,那就是北宋画院的画作,无论是摹形写态还是点染着色,都是工稳精致,力图再现事物的原貌。只是,这种画风在以文人写意画为主流的中国画坛,一直未被看好,未被真正认可,反而受到批评,从而严重影响其发展。

除注重写意之外,中国画的另一特色,就是散点构图。这其实是跟其写意风格紧密相关的。为了表现画家的心胸情怀,他在创作时便无所顾忌地打破现实光线、点面体的布局规律,随心所欲地表现他所愿意表现的某个侧面,或有意将某个局部进行强化。无疑,这种着重表现画家个体情感的绘画精神,某种程度上具有个性超越的趋势。但十分有趣的是,传统中国画反而又十分注重从前人那里吸取经验,甚至有着极为强烈的临摹前人画作的风气,使得赝品达到乱真的程度,甚至有些临摹习作远胜原作的情况,也时有发生。这不能不说是中国传统文化特殊性之所在了。画家都讲外师造化(大自然),内法心源。这个心源在中国文化里并非指个体的情感,而是古圣先贤在其作品中表达流露的艺术精神,于是临摹就变成了对先贤心意的学习和领悟。

散点构图和写意的笔调,形成了中国画遗貌取神的审美追求。苏轼就曾说,如果看到某幅画所表达的只是画面中的意思,那只能是用儿童的见解作的画,并非成熟的传神的精品。中国画所讲求的神韵,简单地讲,就是通过画面的构图、物景,甚至中国画特有的皴染手法所突现出来的意境氛围。这是画家最用意的部分,也是欣赏者最关注的部分。因为画家的情怀,不是通过画面中实有的景物表现出来,而是以画面之外的意境作为载体进行传达的。这种意境的追求,使中国画极富空灵特色,同时,也使赏画成为一种艺术再创造的审美活动,意境不胶著于画,给欣赏者以巨大的想象空间。作者未必然,读者未必不然,赋予了中国画极大的艺术张力和永恒的魅力,仁者见仁,智者见智。这种写意的表现手法,在西方,直到印象派大师们的画笔下才出现,而中国则似乎自古已然,不能不说是东西文化巨大差异的突出表现。

当然,人无我有,并没有什么值得骄傲。写意画风有其表情达意的功能,却也有其特殊的不足,自明清以来,中国画从总体上讲,趋于怪,表情达意变成了情感的宣泄,"扬州八怪"的怪奇画风,虽然淋漓尽致地表现出画家内心的痛苦、焦灼和无奈,但那种狂怪中所传达出来的拗怒,除使欣赏者体会到其内心的痛苦外,却很难引起欣赏者的共鸣。这些艺术大师的作品尚且如此,更何况那些无病呻吟的末流呢? 因此,画风的改变,已成历史的必然。在这样的背景下,一批近现代大师,借西学东渐之风,给中国画带来新鲜的西洋气息,中西结合,加强中国画的表现力,取得了相当大的成就,为新的中国画风奠定了基础。

意　　境

前面我们分析中国古代的琴棋书画等艺术形式，从中不难发现，它们都不注重写实，而力求写意。琴的最高境界是谋求人与天地自然的沟通，棋则追求"不战而屈人之兵，善之善者也"的境界，书画作为古代文人最常用的艺术形式，其对"传神写照"的追求，更是众所周知的事。由此，我们即可总结出传统的艺术精神就是写意抒怀，作为这种追求的直接体现形式，就是对艺术境界即意境的追求。

意境中的意，着重说明艺术作品的创作主体情怀、胸襟、想象等，意境中的境，着重的是，通过一定的艺术手段把内在的情感以某种特定的艺术形象表现出来。意与境的结合，就像我们平时所说的1加1并不等于2一样，在艺术的领域里，创造性的发散的思维会给艺术品以更加广阔的存在空间，那就是艺术的空间，也是其魅力之所在。虽然从本源上讲，一切意中之"境"，都一无例外地是现实世界的反映，但这个"反应"不是"模仿"，不是照搬照抄，因此，意中之"境"，往往与现实生活有差别，也正是由于有了"意"的再加工和改造，才使得这个"境"摆脱了现实空间的局限，体现出艺术的灵性和品格。王维的雪里芭蕉画幅，苏轼的朱笔画竹，初看起来完全背离了现实规律，但是，正因为这种背离形成了更大的艺术张力，给了读者更大的艺术想象的空间,形成了艺术的美感。水中之月,镜中之象,空中之音,十分恰当地体现了意境所形成的美感,它是月,但不在天下而在水中,是荡漾着的月亮;它是物像,但不在眼前,而在镜中,是通过明镜反映之后的产物;它是乐音,但并不直接刺激你的耳鼓,而是通过空间的转换之后作用于你的全身。

意境的产生,不仅体现在艺术创造的过程中,而且还被引伸到艺术欣赏的过程中。所谓作者未必然,读者未必不然的话,强调的就是读者对艺术作品的再加工。试想,如果艺术作品没有给欣赏者预留下广阔的想象空间,那么,那"未必不然"的艺术再加工,也就不可能实现。由此可见,艺术意境的追求,将艺术创作与欣赏连为一体,打破了时间的界线和限制,使之成为永恒。无论千载之上还是千载而下,我们都可以为同一个艺术品而惊喜。

意境作为中国艺术精神的重要组成部分,不仅培养出我国古代优秀的艺术精品,而且它还影响世界,进入近代以后,在西学东渐的同时,意境作为中国艺术的精华,也对西方艺术产生了重大的影响。十九世纪西方兴起的印象派诗歌、象征派绘画,都可以说是直接或间接受了中国意境的艺术精神的影响出现的艺术流派。这些艺术风格的出现,极大地影响了西方尚实的艺术精神,产生了深远的影响,时至今日,这类艺术还给西方人以巨大的魅力,就是最明显的证明。而一旦这种追求意境的艺术精神与追求艺术的人生态度结合起来,那么,它所形成的艺术人生的品格,也就使我们产生出唯美的唯艺术的人生态度,一种对真善美的亲近感代替了现实生活中的种种烦恼,使我们能以超脱的态度对待生活中的一切,那样一种生活境界,才可以说是真正意义上的潇洒和自在——这是我们亲近传统文化所应采取的态度。

茶

作为一种饮品，茶本身已成为一种文化现象，其茶道、工夫的细密讲究，就足以写成一本专著。但我们这里所要讲的，并不是茶文化本身，而是茶在中国传统文化体系中所具有的特别的人文气息。

若从地域上讲，大致可以将茶归于南方亚文化圈里的文化现象，而酒则属于北方文化圈里的亚文化现象。南方"蛮夷"之地多山，终年云雾缭绕，有所谓"瘴气"，正是茶生长的优良环境，江南水乡也因其四季分明而成为茶叶生长得天独厚的条件。再说，茶叶所喜爱的红土，也是南方所特有。与之不同，北方多产高粱、黍米等物，正是酿酒的原料。因此，我们可以大致上将茶文化与酒文化分别作为南北亚文化圈的代表性文化形式。不过，在古代中国，这两种古老的文化形式从很早时候起就开始了交融和互补。北方饮酒和南方饮茶虽时至今日仍有所侧重，但互通有无的历史却是源远流长的。

茶作为一种文化现象，除具有地域特性之外，还形成了独特的文化群体，就是文士、清客。自古及今，茶都是普通百姓的饮品，百姓饮茶也讲茶道，但讲到茶文化时，这一大批人却被拒之于门外。只有那些嗜茶的士大夫，才被列入茶文化群体之中。从某种程度上讲，茶正体现着士大夫的审美情趣。

初入口时,茶味微苦,继之以甘,细品之下,味平而悠远,而且,新茶色淡味纯,老茶味浓色沉,品种不同,味道各别,就如同士人的人生经历,平稳而不失情趣。再者,茶性凉解渴,有提神醒脑的功效。品茶之余,神精目明,能清晰地洞悉社会的真实和人生的真谛,自然也免不了一种内在的愉悦。茶所包含的那种含蓄、隽永、兴味悠然,正是士大夫优雅、高洁、冲和的人生追求和审美趣味的体现,因此,自古以来,茶就成了名士高人的随身必备之物,进而成为他们的象征。寒室苦茗,不是主人困窘无聊的说明,而是主人清雅高洁胸怀俊朗的外在体现。唐代诗人卢仝在他那首茶叶赞歌里,将这种士大夫式的茶文化内涵,揭示得再明显不过了。有"茶仙"之称的晚唐人陆羽,虽是一位栖身泽畔的隐者,但在后世茶文化传统中,其人格的高洁,更显雅士的风范。茶与酒相比,茶是使人主动认清世界和人生本质的清醒剂,酒是让人忘记现实和人生的迷药。茶楼酒肆,功能各别,茶结交清客,酒结交豪杰。茶与西方传入的咖啡相比,从文化学的角度看,二者也各自体现着不同的文化背景色彩。茶显清,咖啡味浓;茶味平,咖啡富刺激性味道;茶纯正单一,咖啡则必加入糖或牛奶等物饮用才能味道更浓。总而言之,茶更近天然,而咖啡则必为人工。从这里是不是也可以体会到东方文化所特有的天人和谐自然,西方文化主客体界划清晰的差别?

时至今日,茶无论作为亚文化代表还是作为东西文化差异性的代表,其功能已大大退化了,而且,茶文化的历史属性,即封建士大夫赋予茶文化特定的内涵,也已经随着历史的前进而被剔除了。茶作为大众饮品的功能得以突出出来,理所当然地,茶文化也必然具有大众文化的色彩。不过,作为一个现代知识分子,在饮茶之时,不光顾着用它解渴,倘能于风朝月夕,工作之余,相邀三五友人,烹茶品茗,虽不能如古之文人雅士,却也别有心闲神悠的自得,这对于繁忙的现代人而言,也不失为一种调节心性的有效手段。

思 考 题

在胡汉文化融和的过程中,士大夫起了什么样的作用?

隋唐寒士跟南北朝时代士族在社会地位上有什么不同?

简述繁荣的唐文化的开放性给我们的启示。

简要论述唐代在音乐、舞蹈、绘画和建筑等方面所取得的成就。

佛学中国化的根本命题是什么?

唐代儒学复兴的复杂性表现在哪几个方面?

试述宋学发展的三个时期。

宋代理学对我们民族心理有哪些影响?

试述宋代社会结构的新变。

试述我国文化南移的三大过程。

试述宋型文化两大阵营的特色。

从宋型文化的现代影响看现代中国受传统文化影响的多重性。

作为现代人,应该如何正确对待"忠""信""诚"等传统文化精神?

古代中国的"气"思想存在着哪两种发展倾向?

如何正确认识"中庸"这一哲学思想?

谈谈你对君子这一文化现象的看法。

在全球一体化的今天,如何才能更好地发挥传统文化中"和"的精神?

宋元时期儒佛道对性的认识发生了哪些变化,它意味着什么?

如何正确认识"命"的内涵及其意义?

如何正确理解"恕"?

如何扬弃"恭敬"的文化内涵?

佛教的主要教义是什么?

如何理解佛禅世俗化的意义?

古代艺术精神的意境,对我们有什么影响?

如何理解琴是修身养性之物?

中国古代棋风倾向是什么,为什么?

除文中提到的以外,你还能说出哪些书法艺术的文化内涵?

中国画的两大特色是什么? 有什么优缺点?

为什么说茶文化具有地域文化的特征?

附:参考文献

原　性

韩　愈

性也者,与生俱生也;情也者,接于物而生也。性之品有三,而其所以为性者五;情之品有三,而其所以为情者七[1]。曰:何也? 曰:性之品有上中下三。上焉者,善焉而已矣;中焉者,可导而上下也;下焉者,恶焉而已矣。其所以为性者五:曰仁,曰礼,曰信,曰义,曰智。上焉者之于五也,主于一而行于四[2];中焉者之于五也,一不少有焉,则少反焉,其于四也混[3];下焉者之于五也,反于一而悖于四[4]。性之于情视其品。情之品有上中下三,其所以为情者七:曰喜,曰怒,曰哀,曰惧,曰爱,曰恶,曰欲。上焉者之于七也,动而处其中[5];中焉者之于七也,有所甚,有所亡[6],然而求合其中者也;下焉者之于七也,亡与甚,直情而行[7]者也。情之于性视其品。孟子之言性曰:人之性善[8]。荀子之言性曰:人之性恶[9]。扬子之言性曰:人之性善恶混[10]。夫始善而进恶,与始恶而进善,与始也混而今也善恶[11],皆举其中而遗其上下者也,得其一而失其二者也。叔鱼之生也,其母视之,知其必以贿死[12]。杨食我之生也，叔向之母闻其号也，知必灭其宗[13]。越椒之生也，子文以为大戚，知若敖氏之鬼不食也[14]。人之性果善乎？后稷之生也，其母无灾；其始匍匐也，则岐岐然，嶷嶷然[15]。文王之在母也[16]，母不忧；既生也，傅不勤[17]；既学也，师不烦。人之性果恶乎？尧之朱，舜之均，文王之管蔡[18]，习非不善也，而卒为奸。瞽叟之舜，鲧之禹[19]，习非不恶也，而卒为圣。人之性善恶果混乎？故曰：三子之言性也，举其中而遗其上下者也，得其一而失其二者也。曰：然则性之上下者，其终不可移乎？曰：上之性就学而愈明，下之性畏威而寡罪，是故上者可教而下者可制也，其品则孔子谓不移也。曰：今之言性者异于此，何也？曰：今之言者，杂佛老而言也。杂佛老而言也者，奚言而不异？

注释：

[1] 所以为性者，即性所由以构成的内容；所以为情者，即情所由以构成的内容。

[2] 主于一，以仁礼信义智五德中之一德为主；行于四，通于其余四德。

[3] 反，违背。这是说：对于五德之一不是少许具有一些，就是少许违背一些，而对于其余四德也是杂而不纯。

[4] 反于一，与五德之一相反；悖于四，与其余四德违背。

[5] 中，适中。动而处其中，七情之动适得其中，无过与不及。

[6] 有所甚，有所亡，于七情之中，有的过甚，有的缺乏。

[7] 直情而行，任情而行。

[8] 《孟子·告子上》："人性之善也，犹水之就下也。人无有不善，水无有不下。"

[9] 《荀子·性恶篇》："人之性恶，其善者伪也。"

[10] 扬子，扬雄。《扬子法言·修身》："人之性也善恶混，修其善则为善人，修其恶则为恶人。"

[11] 这三句指孟子、荀子及扬雄之说。今也善恶,意思是说现在或者成为善,或者成为恶。

[12] 叔鱼,羊舌鲋字,春秋时晋大夫羊舌肸之弟。《国语·晋语》:"叔鱼生,其母视之曰:'是虎目而豕喙,鸢肩而牛腹,溪壑可盈,是不可餍也,必以贿死。'遂不视。"后来叔鱼以断狱受贿,为邢侯所杀。

[13] 杨食我,羊舌肸之子伯石。叔向,羊舌肸的字。《国语·晋语》:"杨食我生,叔向之母闻之,往,及堂,闻其号也,乃还,曰:'其声豺狼之声,终灭羊舌氏之宗者,必是子也。'"又见《春秋》昭公二十八年《左传》。后食我长大,与祁盈同为晋侯所杀,羊舌氏和祁氏两族都被晋国六卿消灭。

[14] 越椒,鬬越椒。《春秋》宣公四年《左传》:"楚司马子良(子文之弟)生子越椒,子文曰:'必杀之!是子也,熊虎之状而豺狼之声,弗杀,必灭若敖氏矣。谚曰:狼子野心。是乃狼也,其可畜乎!'子良不可,子文以为大戚。及将死,聚其族曰:'椒也知政,乃速行矣,无及于难。'且泣曰:'鬼犹求食,若敖氏之鬼不其馁而!'"其后果因进攻楚王失败而被族灭。

[15] 后稷,周朝始祖。《诗经·大雅·生民》:"载生载育,时维后稷。……不坼不副,无灾无害。……诞实匍匐,克岐克嶷,以就口食。"无灾无害,谓产生之时其母没有痛苦。岐嶷,《毛传》:"岐,知意也;嶷,识也。"郑玄笺:"能匍匐则岐岐然意有所知也,其貌嶷嶷然有所识别也。"

[16] 在母,在母怀。

[17] 不勤,不辛劳。

[18] 朱,丹朱,尧子;均,商均,舜子;两人都不肖。管,管叔鲜;蔡,蔡叔度;两人都是文王之子,武王之弟。因与殷武庚合谋反对周公,为周公击败,管叔被杀,蔡叔被放逐。

[19] 瞽叟,舜之父;鲧,禹之父。两人都品质顽劣和性情执拗。《论语·阳货》:"子曰:'性相近也,习相远也。'子曰:'惟上知与下愚不移。'"

性

戴　震

性者，分于阴阳五行以为血气心知，品物区以别焉；举凡既生以后所有之事，所具之能，所全之德，咸以是为其本；故《易》曰："成之者性也。"[1]气化生人生物以后，各以类滋久矣；然类之区别，千古如是也，循其故而已矣。在气化曰阴阳，曰五行；而阴阳五行之成化也，杂糅万变；是以及其流形，不特品物不同，虽一类之中又复不同。凡分形气于父母，即为分于阴阳五行；人物以类滋生，皆气化之自然。《中庸》曰："天命之谓性。"以生而限于天，故曰"天命"。《大戴礼记》曰："分于道谓之命，形于一谓之性。"分于道者，分于阴阳五行也；一言乎分，则其限之于始，有偏全厚薄清浊昏明之不齐，各随所分而形于一，各成其性也。然性虽不同，大致以类为之区别，故《论语》曰："性相近也"[2]，此就人与人相近言之也。孟子曰："凡同类者举相似也，何独至于人而疑之！圣人与我同类者。"[3]言同类之相似，则异类之不相似明矣；故诘告子"生之谓性"曰："然则犬之性犹牛之性，牛之性犹人之性与？"[4]明乎其必不可混同言之也。天道，阴阳五行而已矣；人物之性，咸分于道，成其各殊者而已矣。

问：《论语》言性相近，孟子言性善[5]，自程子朱子始别之，以为截然各言一性，反取告子"生之谓性"之说为合于孔子，创立名目曰"气质之性"；而以理当孟子所谓善者为生物之本，人与禽兽得之也同，而致疑于孟子。是谓性即理，于孟子且不可通矣，其不能通于《易》、《论语》固宜。孟子闻告子言"生之谓性"，则致诘之,程朱之说,不几助告子而议孟子欤?

曰:程子、朱子,其初所讲求者,老、庄、释氏也。老、庄、释氏自贵其神而外形体,显背圣人,毁訾仁义[6];告子未尝有神与形之别,故言"食色性也"[7],而亦尚其自然,故言"性无善无不善"[8],虽未尝毁訾仁义,而以杯棬喻义,则是戕杞柳始为杯棬[9],其指归与老、庄、释氏不异也。凡血气之属,皆知怀生畏死,因而趋利避害;虽明暗不同,不出乎怀生畏死者同也。人之异于禽兽不在是。禽兽知母而不知父,限于知觉也;然爱其生之者及爱其所生,与雌雄牝牡之相爱,同类之不相噬,习处之不相残,进乎怀生畏死矣。一私于身,一及于身之所亲,皆仁之属也。私于身者,仁其仁其身也;及于身之所亲者,仁其所亲也。心知之发乎自然有如是,人之异于禽兽亦不在是。告子以自然为性使之然,以义为非自然,转制其自然,使之强而相从,故言"仁,内也,非外也;义,外也,非内也"[10]。立说之指归,保其生而已矣。陆子静云:"恶能害心,善亦能害心。"[11]此言实老、庄、告子、释氏之宗指,贵其自然以保其生,诚见穷人欲而流于恶者适足害生;即慕仁义为善,劳于问学,殚思竭虑,亦于生耗损,于此见定而心不动。其"生之谓性"之说如是也,岂得合于孔子哉!《易》、《论语》、《孟子》之书,其言性也咸就其分于阴阳五行以成性为言;成,则人与百物偏全厚薄、清浊昏明,限于所分者各殊;徒曰生而已矣,适同人于犬牛而不察其殊。朱子释孟子有曰:"告子不知性之为理,而以所为气者当之,盖徒知知觉运动之蠢然者,人与物同,而不知仁义礼智之粹然者,人与物异也。"[12]如其说,孟子但举人物诘之可矣,又何分"牛之性,犬之性"乎?犬与牛之异,非有仁义礼智之粹然者,不得谓孟子以仁义礼智诘告子明矣。在告子既以知觉运动为性,使知觉运动之蠢然者人与物同,告子何不直应之曰"然"?斯以见知觉运动之不可概人物,而目为蠢然同也。凡有生即不隔于天地之气化,阴阳五行之运而不已,天地之气化也,人物之生生本乎是;由其分而有之不齐,是以成性各殊。知觉运动者,统乎生之全言之也,由其成性各殊,是以本之以生,见乎知觉运动也亦殊。气之自然潜运,飞潜动植皆同,此生生之机肖乎天地者也;而其本受之气,与所资以养者之气则不同。所资以养者之气,虽由外而入,大致以本受之气召之。五行有生克[13],遇其克之者则伤,甚则死,此可知性之各殊矣。本受之气及所资以养者之气,必相得而不相悖,斯外内为一;其分于天地之气化以生,本相得不相逆也。气运而形不动者,卉木是也;凡有血气者,皆形能动者也。由其成性各殊,故形质各殊;则其形质之动而为百体之用者,利用不利用亦殊。知觉云者,如寐而寤曰觉,心之所通曰知。百体皆能觉,而心之知觉为大。凡相忘于习则不觉,见异焉乃觉。鱼相忘于水,其非生于水者,不能相忘于水也,则觉不觉亦有殊致矣;闻虫鸟以为候,闻鸡鸣以为辰,彼之感而觉,觉而声应之,又觉之殊致有然矣;无非性使然也。若夫鸟之反哺[14],雎鸠之有别[15],蜂蚁之知君臣,豺之祭兽,獭之祭鱼[16],合于人之所谓仁义礼智者矣,而各由性成。人则能扩充其知,至于神明,仁义礼智无不全也。仁义礼智非他,心之明之所止也,知之极其量也。知觉运动者,人物之生;知觉运动之所以异者,人物之殊其性。孟子曰:"心之所同然者,谓理也,义也;圣人先得我心之所同然耳。"[17]于"义外"之说必致其辨,言理义之为性,非言性之为理。性者,血气心知本乎阴阳五行,人物莫不区以别焉是也;而理义者,人之心知,有思辄通,能不惑乎所行也。孟子道性善,言必称尧舜,非谓尽人生而尧舜也。自尧舜而下,其等差凡几,则其气禀固不齐,岂得谓非性有不同?然人之心知,于人伦日用,随在而知恻隐,知羞恶,知恭敬辞让,知

是非,端绪可举,此之谓性善。于其知恻隐,则扩而充之,仁无
不尽;于其知羞恶,则扩而充之,义无不尽;于其知恭敬辞让,则
扩而充之,礼无不尽;于其知是非,则扩而充之,智无不尽[18]。
仁义礼智,懿德之目也。孟子言"今人乍见孺子将入于井,皆有
怵惕恻隐之心"[19],然则有谓恻隐,所谓仁者,非心知之外别如
有物焉藏于心也。已知怀生而畏死,故怵惕于孺子之危,恻隐
于孺子之死,使无怀生畏死之心,又焉有怵惕恻隐之心? 推之
羞恶、辞让、是非亦然。使饮食男女与夫感于物而动者,脱然无
之以归于静,归于一,又焉有羞恶,有辞让,有是非? 此可以明
仁义礼智皆非他,不过怀生畏死,饮食男女,与夫感于物而动者
之皆不可脱然无之,以归于静,归于一,而恃人之心知异于禽
兽,能不惑乎所行,即为懿德耳。古圣贤所谓仁义礼智,不求于
所谓欲之外,不离乎血气心知;而后儒以为别如有物,凑泊附著
为性[20];由杂乎老、庄、释氏之言,终昧于《六经》、孔、孟之言故
也。孟子言"人无有不善"[21],以人之心知异于禽兽,能不惑乎
所行之为善。且其所谓善也,初非无等差之善,即孔了所云"相
近";孟子所谓"苟得其养,无物不长;苟失其养,无物不消"[22];
所谓"求则得之,舍则失之;或相倍蓰而无算者,不能尽其才者
也"[23];即孔子所云"习"。至于相远、不能尽其才,言不扩充其
心知而长恶遂非也。彼悖乎礼义者,亦自知其失也,是"人无有
不善";以长恶遂非,故性虽善,不乏小人。孟子所谓"梏之反
覆","违禽兽不远"[24],即孔子所云下愚之不移。后儒未审其
文义,遂彼此扞格[25]。孟子曰:"如使口之于味也,其性与人
殊,若犬马之与我不同类也,则天下何耆皆从易牙之于味
也!"[26]又言"动心忍性"[27],是孟子矢口言之,无非血气心知
之性;孟子言性,曷尝自歧为二哉! 二之者,宋儒也。

注释：

[1] 见《易·系辞上》。

[2] 《论语·阳货》："子曰:性相近也,习相远也。"习,指后天的习染。

[3] 见《孟子·告子上》。

[4] 见《孟子·告子上》。

[5] 《孟子·滕文公上》："孟子道性善,言必称尧舜。"

[6] 《老子》说"大道废,有仁义","绝仁弃义,民复孝慈",《庄子》说"道德不废,安取仁义","攘弃仁义,而天下之德始玄同矣",都是毁訾仁义。

[7] 见《孟子·告子上》。食色,指饮食和男女关系。

[8] 见《孟子·告子上》："告子曰:性犹湍水也,决诸东方则东流,决诸西方则西流。人性之无分于善不善也,犹水之无分于东西也。"

[9] 又:"告子曰:性犹杞柳也,义犹桮棬也。以人性为仁义,犹以杞柳为桮棬。孟子曰:子能顺杞柳之性而以为桮棬乎? 将戕贼杞柳而后以为桮棬也? 如将戕贼杞柳而以为桮棬,则亦将戕贼人以为仁义与? 率天下之人而祸仁义者,必子之言夫!"桮棬,木制的杯盘碗盏。戕,即戕贼,也就是毁伤的意思。

[10] 又:"告子曰:食色,性也。仁,内也,非外也;义,外也,非内也。"告子认为仁是从内心发出的,即自然的,义的标准是外在的,即非自然的。

[11] 子静,陆九渊字,又号象山。引文见《象山全集》卷三十五《语录》。他以为心即理,是自然的,善恶都出于人为,非自然的,所以都能害心。所以说"贵其自然以保其生"。

[12] 见《孟子·告子上》"生之谓性"章朱熹集注。

[13] 五行有生克,这是战国以来阴阳家的说法。如木生火,火生土,土生金,金生水,水生木,叫做五行相生。金克木,水克火,木克土,火克金,土克水,叫做五行相克。

[14] 乌鸦能反哺其母,称为慈乌。

[15] 雎鸠有别,本《诗·周南·关雎》"关关雎鸠",《毛传》:"雎鸠,王雎也,鸟挚而有别。"

[16] 《礼记·月令》:"季秋之月,……豺乃祭兽戮禽。"又:"孟春之月,……

獭祭鱼。"祭兽祭鱼,是说豺獭用兽和鱼祭祖。这当然是古人对于动物生活的错误观察。

[17] 见《孟子·告子上》。

[18] 《孟子·公孙丑上》:"恻隐之心,仁之端也;羞恶之心,义之端也;辞让之心,礼之端也;是非之心,智之端也。……凡有四端于我者,知皆扩而充之矣。"上文系发挥这些话的意思。

[19] 见《孟子·公孙丑上》。怵惕,惊惧的样子。恻隐,哀痛不忍的意思。

[20] 凑泊,凑合。

[21] 见《孟子·告子上》。

[22] 见《孟子·告子上》。

[23] 见《孟子·告子上》。倍,一倍;蓰,五倍。相倍蓰,相差很多。

[24] 见《孟子·告子上》。梏,原文作牿,搅乱的意思。是说反复的搅乱的善的本性,那就离禽兽不远了。

[25] 扞格,抵触的意思。

[26] 见《孟子·告子上》。耆,同嗜。易牙,春秋时齐国人,善调味。

[27] 见《孟子·告子下》。动心,运用心思。忍同韧,忍性,使性格坚韧。

性　恶

荀　况

人之性恶,其善者伪也[1]。

今人之性,生而有好利焉,顺是,故争夺生而辞让亡焉;生而有疾恶焉[2],顺是,故残贼生而忠信亡焉;生而有耳目之欲,有好声色焉,顺是,故淫乱生而礼义文理亡焉[3]。然则从人之性[4],顺人之情,必出于争夺,合于犯分乱理而归于暴。故必将有师法之化[5],礼义之道[6],然后出于辞让,合于文理,而归于治。用此观之[7],然则人之性恶明矣,其善者伪也。

故枸木必将待檃栝烝矫然后直[8],钝金必将待砻厉然后利[9]。今人之性恶,必将待师法然后正,得礼义然后治。今人无师法,则偏险而不正[10];无礼义,则悖乱而不治。古者圣王以人之性恶,以为偏险而不正,悖乱而不治,是以为之起礼义、制法度,以矫饰人之情性而正之,以扰化人之情性而导之也[11]。使皆现于治[12],合于道者也。今之人,化师法[13],积文学,道礼义者为君子[14];纵性情,安恣睢[15],而违礼义者为小人。用此观之,然则人之性恶明矣,其善者伪也。

孟子曰:"人之学者,其性善。"[16]曰:是不然!是不及知人之性,而不察乎人之性伪之分者也。凡性者,天之就也[17],不可学,不可事[18]。礼义者,圣人之所生也[19],人之所学而能,所事而成者也。不可学、不可事、而在人者[20],谓之性;可学而能、可事而成之在人者,谓之伪:是性伪之分也。今人之性,目可以见,耳可以听。夫可以见之明不离目,可以听之聪不离耳,目明而耳聪,不可学明矣。孟子曰:"今人之性善,将皆失丧其性故也。"[21]曰:若是则过矣。今人之性,生而离其朴[22],离其资,必失而丧之。用此观之,然则人之性恶明矣[23]。

所谓性善者,不离其朴而美之,不离其资而利之也。使夫资朴之于美,心意之于善,若夫可以见之明不离目,可以听之聪不离耳。故曰目明而耳聪也。今人之性,饥而欲饱,寒而欲暖,劳而欲休,此人之情性也。今人饥,见长而不敢先食者[24],将有所让也;劳而不敢求息者,将有所代也[25]。夫子之让乎父,弟之让乎兄;子之代乎父,弟之代乎兄:此二行者,皆反于性而悖于情也。然而孝子之道,礼义之文理也。故顺情性则不辞让矣,辞让则悖于情性矣。用此观之,然则人之性恶明矣,其善者伪也。

问者曰:"人之性恶,则礼义恶生[26]?"应之曰:凡礼义者,是生于圣人之伪,非故生于人之性也[27]。故陶人埏埴而为器[28],然则器生于工人之伪[29],非故生于人之性也。圣人积思虑、习伪故[30],以生礼义而起法度,然则礼义法度者,是生于圣人之伪,非故生于人之性也。若夫目好色,耳好声,口好味,心好利,骨体肤理好愉佚[31],是皆生于人之情性者也;感而自然,不待事而后生之者也[32]。夫感而不能然,必且待事而后然者,谓之生于伪。是性伪之所生,其不同之征也[33]。故圣人化性而起伪[34],伪起而生礼义,礼义生而制法度。然则礼义法度者,是圣人之所生也。故圣人之所以同于众其不异于众者,性也;所以异而过众者,伪也。夫好利而欲得者,此人之情性也。假之人有弟兄资财而分者[35],且顺情性,好利而欲得,若是则兄弟相拂夺矣[36];且化礼义之文理,若是则让乎国人矣。故顺情性则弟兄争矣,化礼义则让乎国人矣。

凡人之欲为善者,为性恶也。夫薄愿厚,恶愿美,狭愿广,贫愿富,贱愿贵,苟无之中者[37],必求于外;故富而不愿财,贵而不愿,苟有之中者,必不及于外[38]。用此观之,人之欲为善者,为性恶也。今人之性,固无礼义,故强学而求有之也;性不知礼义,故思虑而求知之也。然则生而已[39],则人无礼义,不知礼义。人无礼义则乱;不知礼义则悖。然则生而已,则悖乱在已。用此观之,人之性恶明矣,其善者伪也。

孟子曰:"人之性善。"曰:是不然!凡古今天下之所谓善者,正理平治也,偏险悖乱也。是善恶之分也已。今诚以人之性固正理平治邪?则有恶用圣王[40],恶用礼义矣哉!虽有圣王礼义,将曷加于正理平治也哉!今不然,人之性恶。故古者圣人以人之性恶,以为偏险而不正,悖乱而不治,故为之立君上之以临之,明礼义以化之,起法正以治之,重刑罚以禁之,使天下皆出于治,合于善也。是圣王之治而礼义之化也。今当试去君上之[41]，无礼义之化，去法正之治，无刑罚之禁，倚而观天下民人之相与也[42]；若是，则夫强者害弱而夺之，众者暴寡而哗之[43]，天下之悖乱而相亡不待顷矣[44]。用此观之，然则人之性恶明矣，其善者伪也。

故善言古者必有节于今[45]；善言天者必有征于人。凡论者，贵其有辨合、有符验[46]。故坐而言之，起而可设、张而可施行。今孟子曰："人之性善。"无辨合符验，坐而言之，起而不可设、张而不可施行，岂不过甚矣哉！故性善则去圣王，息礼义矣；性恶则与圣王[47]，贵礼义矣。故檃栝之生，为枸木也；绳墨之起，为不直也；立君上，明礼贸然，为性恶也。用此观之，然则人之性恶明矣，其善者伪也。

直木不待檃栝而直者，其性直也[48]。枸木必将待檃栝烝矫然后直者，以其性不直也。今人之性恶，必将待圣王之治，礼义之化，然后皆出于治，合于善也。用此观之，然则人之性恶明矣，其善者伪也。

问者曰：礼义积伪者[49]，是人之性，故圣人能生之也。应之曰：是不然！夫陶人埏埴而生瓦，然则瓦埴岂陶人之性也哉？工人斫木而生器，然则器木岂工人之性也哉？夫圣人之于礼义也，辟亦陶埏而生之也[50]，然则礼义积伪者，岂人之本性也哉？凡人之性者，尧、舜之与桀、跖，其性一也；君子之与小人，其性一也。今将以礼义积伪为人之性邪？然则有曷贵尧、禹[51]，曷贵君子矣哉？凡所贵尧、禹、君子者，能化性，能起伪，伪起而生礼义；然则圣人之于礼义积伪也，亦犹陶埏而生之也。用此观之，然则礼义积伪者，岂人之性也哉？所贱于桀、跖小人者，从其性，顺其情，安恣睢，以出乎贪利争夺。故人之性恶明矣，其善者伪也。

天非私曾、骞、孝己而外众人也[52]；然而曾、骞、孝己独厚于孝之实，而全于孝之名者，何也？以綦于礼义故也[53]。天非私齐、鲁之民而外秦人也，然而于父子之义[54]，夫妇之别，不如齐、鲁之孝具敬父者[55]，何也？以秦人之从情性[56]，安恣睢，慢于礼义故也，岂其性异矣哉！

"涂之人可以为禹[57]。"曷谓也？曰：凡禹之所以为禹者，以其为仁义法正也[58]。然则仁义法正有可知可能之理，然而涂之人也，皆有可以知仁义法正之质，皆有可以能仁义法正之具；然则其可以为禹明矣。今以仁义法正为固无可知可能之理邪？然则唯禹不知仁义法正不能仁义法正也[59]。将使涂之人固无可以知仁义法正之质，而固无可以能仁义法正之具邪？然则涂之人也，且内不可以知父子之义，外不可以知君臣之正。今不然[60]，涂之人者，皆内可以知父子之义，外可以知君臣之正，然则其可以知之质，可以能之具，其在涂之人明矣。今使涂之人者，以其可以知之质，可以能之具，本夫仁义之可知之理，可能之具，然则其可以为禹明矣。今使涂之人伏术为学[61]，专心一志，思索孰察，加日县久[62]，积善而不息，则通于神明，参于天地矣。故圣人者，人之所积而致也。

曰：圣可积而致，然而皆不可积，何也？曰：可以而不可使也[63]。故小人可以为君子而不肯为君子，君子可以为小人而不肯为小人。小人君子者，未尝不可以相为也[64]；然而不相为者，可以而不可使也。故涂之人可以为禹，则然；涂之人能为禹，未必然也。虽不能为禹，无害可以为禹。足可以遍行天下，然而未尝有能遍行天下者也。夫工匠农贾，未尝不可以相为事也[65]，然而未尝能相为事也。用此观之，然则可以为，未必能也；虽不能，无害可以为。然则能不能之与可不可，其不同远矣，其不可以相为明矣。

尧问于舜曰："人情何如？"舜对曰："人情甚不美，又何问焉？

妻子具而孝衰于亲,嗜欲得而信衰于友,爵禄盈而忠衰于君。人之情乎! 人之情乎! 甚不美,又何问焉?"唯贤者为不然。有圣人之知者[66],有士君子之知者,有小人之知者,有役夫之知者[67]。多言则文而类[68],终日议其所以[69],言之千举万变,其统类一也,是圣人之知也。少言则径而省[70],论而法[71],若佚之以绳[72],是士君子之知也。其言也谄[73],其行也悖,其举事多悔[74],是小人之知也。齐给便敏而无类[75],杂能旁魄而无用[76],析速粹孰而不急[77],不恤是非[78],不论曲直,以期胜人为意,是役夫之知也。

有上勇者,有中勇者,有下勇者。天下有中[79],敢直其身[80];先王有道,敢行其意[81];上不循于乱世之君[82],下不俗于乱世之民[83];仁之所在无贫穷,仁之所亡无富贵;天下知之,则欲与天下共乐之[84],天下不知之,则傀然独立天地之间而不畏[85]:是上勇也。礼恭而意俭[86],大齐信焉[87],而轻货财;贤者敢推而尚之,不肖者敢援而废之:是中勇也。轻身而重货,恬祸而广解苟免[88];不恤是非、然不然之情,以期胜人为意:是下勇也。

繁弱、巨黍,古之良弓也;然而不得排檠[89],则不能自正。桓公之葱[90],太公之阙[91],文王之录[92],庄君之曶[93],阖闾之干将、莫邪、巨阙、辟闾[94],此皆古之良剑也;然而不加砥厉则不能利,不得人力,则不能断。骅骝、骐骥[95]、纤离、绿耳,此皆古之良马也;然而必前有衔辔之制[96],后有鞭策之威,加之以造父之驭,然后一日而致千里也。夫人虽有性质美而心辩知[97],必将求贤师而事之,择良友而友之。得贤师而事之,则所闻者尧、舜、禹、汤之道也;得良友而友之,则所见者忠信敬让之行也。身日进于仁义而不自知也者,靡使然也[98]。今与不善人处,则所闻者欺诬、诈伪也,所见者污漫、淫邪、贪利之行也,身且加于刑

戮而不自知者,靡使然也。传曰:"不知其子视其友,不知其君视
其左右。"靡而已矣! 靡而已矣!

注释:

[1] 伪,人为。

[2] 疾恶,憎恶。疾,同"嫉"。

[3] 文理,即礼法。

[4] 从,读作"纵"。放纵。下同。

[5] 化,教化。

[6] 道,同"导"。

[7] 用,通"以"。

[8] 枸,读作"钩",弯曲。檃栝,矫揉弯曲的木材使之变直的工具。煣,谓
　　　煣之使柔。矫,谓矫之使直。

[9] 砻,磨。厉,同"砺",磨刀石,这里用作动词,也作"磨"解。

[10] 险,邪。

[11] 扰化,驯服教化。

[12] 出于治,进于治理。出,进。

[13] 化师法,受师法教化。

[14] 道,蹈,实践。

[15] 恣睢,放纵贪欲,任意胡为。

[16] 人之所以要学习,由于其本性是善的。

[17] 自然所具有的。天,自然。就,具有。

[18] 事,为,修饰。

[19] 生,制定。

[20] 此"人"疑作"天",与下文"在人者"之"人"相对。

[21] 由于丧失本性,故恶。"故"下当有"恶"字。

[22] 朴,质资,材。这是性的自然条件。

[23] 这几句是说:离去其资质,必然丧失其本性,这就证明人性本来是恶
　　　的。

［24］长，尊长。

［25］代，代替尊长。

［26］恶，何。

［27］故，本来。

［28］埏，调合土。埴，黏土。

［29］工人当为"陶人"。

［30］伪故，人为的事物。

［31］肤理，皮肤纹理。佚，同"逸"。

［32］不待人为而后发生。

［33］征，征验。

［34］化，变化。起伪，进行各种工作。

［35］假之，假如。

［36］拂夺，争夺。拂，违背。

［37］如果本身没有这东西。之，犹"于"。中，内，这里指本身。

［38］及，当作"求"。

［39］生而已，任天性自然地生长，不加矫治。

［40］有，读作"又"。恶，何。下句同。

［41］当，通"倘"。试，尝试。

［42］倚，站着。相与，相交往。

［43］哗之，众声呵责他使不得发言。哗，喧哗。

［44］顷，少顷，顷刻。

［45］节，信，证验。

［46］辨，通"别"，别，古代借贷所用的一种凭证，别之为二，两家各执其一。
符，也是古代用的一种凭证，双方各执一半。两者都是相为勘合之
物。这里意思是说:议论必须如别之合如符之验，然后可施行。

［47］与，从。

［48］据下文"以其性不直也"，"其"上似脱"以"字。

［49］积，积累。伪，人为。

［50］辟，同"譬"。

[51] 有,读作"又"。

[52] 曾,曾参;骞,闵子骞:都是孔丘的学生。孝己,殷高宗的太子。

[53] 綦,极。

[54] 一说"然而"下当有"秦人"二字。

[55] 孝具敬父,一说"具"当作"共","父"当作"文",意为孝顺恭敬而有礼。
共,即"恭"。

[56] 从,同"纵"。

[57] 涂,同"途",道路。

[58] 为,遵,行。法正,合乎礼法的常道。

[59] 唯,读作"虽"。

[60] 今不然,原作"不然今"。

[61] 伏术,从事道术,学习道术。伏,通"服",从事。术,道。

[62] 加日县久,时间长久。加日,累日。县,同"悬"。

[63] 人人有成为圣人的可能,但不可勉强使他成为圣人。

[64] 未尝不可以互相转换。

[65] 未尝不可以互相调换职业。事,业。

[66] 知,读作"智",下同。

[67] 役夫,劳役之人。

[68] 文而类,文雅而有条理。

[69] 一天到晚议论他为什么这样主张的理由。

[70] 径而省,直截了当。径,捷速。

[71] 有次序,有法则。论,通"伦"。

[72] 佚,当作"扶"。扶,辅正。

[73] 诡,荒诞。

[74] 多悔,多过失。

[75] 齐给便敏,口才流利,行动敏捷。齐给,回答得快。便敏,做事敏捷。

[76] 杂能旁魄,技能多而杂。旁魄,即"旁薄",充满广被的意思。

[77] 分析问题捷速,议论精熟,但不切合当前的需要。孰,同"熟"。不急,
非实用之所急,即无用。

[78] 恤,不顾。

[79] 中,正道。

[80] 敢于挺身去做。

[81] 敢于实行自己的意志。

[82] 循,顺从。

[83] 俗,习染。

[84] 共,原作"同苦"。

[85] 傀然,形容个人独立。傀,同"块"。

[86] 礼貌恭敬而存心谦让。

[87] 大齐信,重视忠信。大,重视。齐,庄重严肃。

[88] 恬祸,安于祸难,即不能预作警戒以避祸。广解苟免,多方设法解脱以求免于罪责。

[89] 排檠,矫正弓弩的工具。

[90] 桓公,齐桓公。

[91] 太公,齐太公。

[92] 文王,周文王。

[93] 庄君,楚庄王。舀和上三句的"葱""阙""录"都是剑名。

[94] 阖闾,吴国国君。

[95] 骥,读作"骐"。

[96] 必前,原作"前必"。

[97] 心辩知,心智聪明。辩,慧。

[98] 靡,借为"摩",观摩,受影响。

与友人论学书

顾炎武

比往来南北,颇承友朋推一日之长[1],问道于盲[2]。窃叹夫

214 ·

百余年以来之为学者,往往言心言性,而茫乎不得其解也。命与仁,夫子之所罕言也[3];性与天道,子贡之所未得闻也[4];性命之理,著之《易传》[5],未尝数以语人。其答问士也,则曰"行己有耻"[6];其为学,则曰"好古敏求"[7];其与门弟子言,举尧、舜相传所谓危微精一之说[8],一切不道,而但曰:"允执其中,四海困穷,天禄永终。"[9]呜呼!圣人之所以为学者,何其平易而可循也!故曰:"下学而上达。"[10]颜子之几乎圣也,犹曰"博我以文"[11];其告哀公也,明善之功,先之以博学[12];自曾子而下[13],笃实无若子夏[14],而其言仁也,则曰:"博学而笃志,切问而近思。"[15]今之君子则不然。聚宾客门人之学者数十百人,"譬诸草木,区以别矣"[16],而一皆与之言心言性。舍多学而职,以求一贯之方[17],置四海之困穷不言,而终日讲危微精一之说。是必其道之高于夫子,而其门弟子之贤于子贡,祧东鲁而直接二帝之心传者也[18]。我弗敢知也。

《孟子》一书,言心言性,亦谆谆矣。乃至万章、公孙丑、陈代、陈臻、周霄、彭更之所问,与孟子之所答者,常在乎出处、去就、辞受、取与之间[19]。以伊尹之元圣,尧、舜其君其民之盛德大功[20],而其本乃在乎千驷一介之不视不取[21]。伯夷、伊尹之不同于孔子也;而其同者,则以"行一不义,杀一不辜,而得天下不为"[22]。是故性也、命也、天也,夫子之所罕言,而今之君子之所恒言也。出处、去就、辞受、取与之辨,孔子、孟子之所恒言,而今之君子所罕言也。谓忠与清之未至于仁[23],而不知不忠与清而可以言仁者,未之有也;谓不忮不求之不足以尽道[24],而不知终身于忮且求而可以言道者,未之有也。我弗敢知也。

愚所谓圣人之道者如之何?曰"博学于文",曰"行己有耻"。自一身以至于天下国家,皆学之事也;自子臣弟友以至出入、往来、辞受、取与之间,皆有耻之事也。耻之于人大矣!不耻恶衣恶食[25],而耻匹夫匹妇之不被其泽[26]。故曰:"万物皆备于我矣,反身而诚。"[27]呜呼! 士而不先言耻,则为无本之人;非好古而多闻,则为空虚之学。以无本之人,而讲空虚之学,吾见其日从事于圣人,而去之弥远也。虽然,非愚之所敢言也;且以区区之见,私诸同志而求起予[28]。

注释:

[1] 一日之长,语本《论语·先进》:"以吾一日长乎尔。"意思是不过比别人年岁大一点,懂得多一点,是自谦的口气。

[2] 问道于盲,自谦之辞。是说别人向自己请教,譬如道路不熟的人向盲人问路。见韩愈《答陈生书》。

[3]《论语·子罕》:"子罕言利,与命与仁。"罕,少的意思。

[4]《论语·公冶长》:"子贡曰:夫子之文章可得而闻也,夫子之言性与天道,不可得而闻也。"子贡姓端木,名赐,孔子的学生。

[5]《易·说卦》传:"穷理尽性以至于命。昔者圣人之作《易》也,将以顺性命之理……。"

[6]《论语·子路》:"子贡问曰:如何斯可谓之士矣? 子曰:行己有耻,使于四方,不辱君命,可谓士矣。"行己有耻,是说要用羞恶之心来约束自己的行为。

[7]《论语·述而》:"子曰:我非生而知之者,好古敏以求之者也。"敏通勉,勤勉。

[8]《伪古文尚书·大禹谟》:"人心惟危,道心惟微,惟精惟微,允执厥中。"宋儒把这十六个字加以唯心主义的解释和发挥,称为十六字心传。

[9] 这三句话见《论语·尧曰》。相传是尧告舜的话。朱熹的解释:"允,信也。中者,无过不及之名。四海之人困穷,则君禄亦永绝矣。"这是说如果统治者把人民的生活困苦置之度外,就不能保持永久的禄位。

[10]《论语·宪问》:"不怨天,不尤人,下学而上达。"下学就是说从基础的地方学起,上达是指达到最高的成就。顾炎武很注重下学上达,参看《答友人论学书》及《日知录》卷一《形而下者谓之器》条。

[11]《论语·子罕》:"颜渊喟然叹曰:夫子循循然善诱人,博我以文,约我以礼。"

[12] 《礼记·儒行篇》记鲁哀公与孔子的问答,孔子曾对以"儒有博学而不穷,笃行而不倦"的话。

[13] 曾子名参,字子舆,孔子学生。

[14] 子夏姓卜名商,孔子学生。

[15] 《论语·子张》:"子夏曰:博学而笃志,切问而近思,仁在其中矣。"

[16] "譬诸草木,区以别矣。"是说有形形色色的人,像草木的品类一样的不同。语见《论语·子张》,是子夏说的话。

[17] 多学而识,见《论语·卫灵公》。一贯,见《论语·里仁》:"吾道一以贯之";又《卫灵公》:"予一以贯之。"一贯的解释极多,大概是指以一通万,融会贯通的意思。

[18] 祧,远祖的庙名。古时自天子至大夫,祖庙皆有定制,超过定制所规定的世代的远祖牌位,迁到祧庙去。因此引申为超过,跳过的意思。东鲁,指孔子。二帝,指尧、舜。心传,见注[8]。这是说理学家超越过孔子的学术,而直接继承尧、舜的十六字心传。

[19] 万章等人都是孟子的学生。曾分别和孟子讨论出处、去就、辞受、取与之道,即处理出仕不出仕、仕于什么样的人、接不接受诸侯、大夫的爵禄和馈赠等问题的原则。散见《孟子》各篇。

[20] 伊尹名挚,商汤时的宰相。元圣即大圣。《孟子·万章上》:"吾岂若使是君为尧、舜之君哉! 吾岂若使是民为尧、舜之民哉!"是记伊尹的话。

[21] 千驷、一介,见《孟子·万章上》:"伊尹耕于有莘之野,而乐尧、舜之道焉。非其义也,非其道也,禄之以天下弗顾也,系马千驷弗视也。非其义也,非其道也,一介不以与人,一介不以取诸人。"介与芥同,微末的意思。

[22] 《孟子·公孙丑上》记孟子与弟子论及伯夷、伊尹与孔子不同道,又论及伯夷、伊尹与孔子相同的地方,说:"得百里之地而君之,皆能以朝诸侯,有天下;行一不义,杀一不辜而得天下,皆不为也。"

[23] 《论语·公冶长》:"子张问曰:'令尹子文,三仕为令尹无喜色,三已之无愠色,旧令尹之政,必以告新令尹,何如?'子曰:'忠矣!'曰:'仁矣乎?'曰:'未知,焉得仁!''崔子弑齐君,陈文子有马十乘,弃而违之。

至于他邦,则曰:"犹吾大夫崔子也。"违之。何如?'子曰:'清矣。'曰:'仁矣乎?'曰:'未知,焉得仁!'"违是离开的意思。清,清高。

[24]《论语·子罕》:"子曰:'……不忮不求,何用不臧?'子路终身诵之。子曰:'是道也,何足以臧?'""不忮不求"二句,见《诗经·邶风·雄雉》。忮,贪求。臧,善。意思是不嫉害人,不贪求,何为而不善。孔子引这两句诗来称赞子路。子路便老是得意地念着这两句诗。所以孔子又对他说:仅仅做到这一点,还不足为至善。

[25]《论语·里仁》:"士志于道,而耻恶衣恶食者,未足与议也。"

[26]《孟子·万章上》:"伊尹……思天下之民,匹夫匹妇,有不被尧、舜之泽者,若己推而内(纳)之沟中。"

[27]《孟子·尽心上》:"万物皆备于我矣,反身而诚,乐莫大焉。"这里引用的意思是,能使天下人都受到自己的好处(万物皆备于我),才是个人最大的快乐的光荣,否则就是耻辱。作者借此来说明其"行己有耻"的主张。

[28] 起予,启发我。《论语·八佾》:"起予者商也。"

大 学(节选)

大学之道[1],在明明德[2],在亲民[3],在止于至善[4]。知止而后有定,定而后能静,静而后能安,安而后能虑,虑而后能得。物有本末,事有终始,知所先后,则近道矣。古之欲明明德于天下者[5],先治其国[6];欲治其国者,先齐其家[7];欲齐其家者,先修其身;欲修其身者,先正其心;欲正其心者,先诚其意[8];欲诚其意者,先致其知[9];致知在格物[10]。物格而后知至,知至而后意诚,意诚而后心正,心正而后身修,身修而后家齐,家齐而后国治,国治而后天下平。自天子以至庶人[11],壹是皆以修身为本[12]。其本乱而末治者,否矣。其所厚者薄,而其所薄者厚,未之有也。

注释：

[1] 大学之道,大学,指社会人生的学问,具体指修身齐家治国平天下。道,原则,道理。

[2] 明明德,第一"明"是动词,发扬光大。第二个"明"是形容词,光明磊落。"明德",即指人的光明磊落的道德。"明明德",是说发扬人所固有的、先天赋予的"明德"。

[3] 亲民,朱熹采用程颐的说法,认为"亲"当作"新"。"亲民",意思是"涤其旧染之污而自新",使人的思想革旧更新。

[4] 止于至善,达到至善的境界。

[5] 天下,指古代中国全部领土。

[6] 治,治理好。国,周朝实行分封制,最高统治者天子将部分土地和百姓分封给其兄弟、亲属及功臣,叫他们代为统治,被封者称诸侯,诸侯的封地叫国。

[7] 齐,整齐,这里用作动词,是整顿好的意思。家,按周朝的分封制,诸侯在其国内也要将部分土地和百姓分封给卿、大夫,以血缘关系为纽带的卿、大夫家族或其封地叫做家。这里指家族。

[8] 诚,真诚,这里用作动词,使真诚的意思。意,意念,想法。

[9] 致,使获得。知,知识,这里指修身治人的学问。

[10] 格,推究,从而领恪。物,物理,事物的道理。儒家的特有概念"格物",指穷尽事物之理,以致无所不知。

[11] 庶人,在战国时期,指地位在士以下的平民。

[12] 壹是,全部。

大学章句序(节选)

朱　熹

《大学》[1] 之书,古之大学所以教人之法也。

盖自天降生民,则既莫不与之以仁义礼智之性矣;然其气质之禀,或不能齐,是以不能皆有以知其性之所有而全之也。一有聪明睿智、能尽其性者出于其间,则天必命之以为亿兆之君师,使之治而教之以复其性。此伏羲、神农、黄帝、尧、舜所以继天立极,而司徒之职[2]、典乐之官所由设也[3]。

三代之隆,其法浸备[4],然后王宫国都以及闾巷,莫不有学。人生八岁,则自王公以下至于庶人之子弟,皆入小学,而教之以洒扫、应对、进退之节[5],礼、乐、射、御、书、数之文[6]。及其十有五年,则自天子之元子众子[7],以至公卿大夫元士之适子[8],与凡民之俊秀,皆入大学,而教之以穷理、正心、修己、治人之道,此又学校之教,大小之节所以分也。

夫以学校之设,其广如此;教之之术,其次第节目之详又如此;而其所以为教,则又皆本之人君躬行心得之余,不待求之民生日用彝伦[9]之外;是以当世之人无不学,其学焉者,无不有以知其性分之所固有,职分之所当为,而各俛焉以尽其力[10],此古昔盛时,所以治隆于上,俗美于下,而非后世之所能及也。

注释:

[1]《大学》,《礼记》篇名。孔颖达《礼记正义》:"案郑《目录》云:'名曰大学者,以其记博学,可以为政也。'"朱熹《章句》卷首引子程子曰:"《大学》,孔氏之遗书,而初学入德之门也。"又在"未之有也"下注云:"右经一章,盖孔子之言而曾子述之,其传十章,则曾子之意而门人记之也。"朱熹把它和《论语》、《孟子》及《礼记》的《中庸》合为"四书"。

[2]司徒,主管教育的官职,见《尚书·尧典》。

[3]典乐,主管音乐的官职。典乐之官也负有教化人民,感化人民的责任。

[4]浸,通寖,逐渐的意思。

[5]这是古代童子学习的事情。《论语·子张》:"子夏之门人小子,当洒

扫、应对、进退,则可矣。”

[6]《周礼·地官·司徒》:“六艺,礼、乐、射、御、书、数。”郑玄注:“礼,五礼
之义;乐,六乐之歌舞;射,五射之法;御,五御之节;书,六书之品;数,
九数之计。”

[7] 元子,天子正后所生的嫡长子;众子,嫡长子以外的诸子。

[8] 元士,天子的上士。

[9] 彝伦,伦常。

[10] 俛,同勉。

语　　录(节选)

程　颐

一人之心即天地之心,一物之理即万物之理,一日之运即一
岁之运。

人道莫如敬,未有能致知而不在敬者。

须是识在所行之先,譬如行路,须得光照。

近取诸身,百理皆具。屈伸往来之义,只于鼻息之间见之。
屈伸往来只是理,不必将既屈之气复为方伸之气。生生之理自
然不息,如复言“七日来复”[1],其间元不断续,阳已复生,物极必
返,其理须如此。有生便有死,有始便有终。

天地之间只有一个感与应而已,更有甚事?

人于天地间並无窒礙处,大小快活。

……大凡人心不可二用,用于一事则他事更不能入者,事为
之主也。事为之主,尚无思虑纷扰之患,若主于敬,又焉有此患
乎!所谓敬者,主一之谓敬;所谓一者,无适之谓一。且欲涵泳
主一之义,一则无二三矣。言敬无如圣人之言,易所谓“敬以直

内，义以方外"[2]，须是直内乃是主一之义。至于不敢欺，不敢慢，尚不愧于屋漏，皆是敬之事也。

今之为学者，如登山麓，方其迤逦，莫不阔步，及到峻处，便逡巡。(一本云："或以峻而遂止，或以难而稍缓。敬能遇难而益坚，闻过则改，何远弗至也。")

今人欲致知，须要格物。物不必谓事物然后谓之物也，自一身之中至万物之理，但理会得多，相次自然豁然有觉处。

故人力行，先须要知，非特行难，知亦难也。《书》曰知之非艰，行之惟艰[3]，此固是也，然知之亦自艰。譬如人欲往京师，必知是出那门，行那路，然后可往。如不知，虽有欲往之心，其将何之！自古非无美材能力行者，然鲜能明道，以此见知之亦难矣。

……不致知，怎生行得？勉强行者，安能持久？除非烛理明，自然乐循理。性本善，循理而行，是顺理事本亦不难，但为人不知，旋安排著，便道难也。知有多少般数，煞有深浅。向亲见一人普为虎所伤，因言及虎神色便变，傍有数人见他说虎，非不知虎之猛可畏，然不知他说了有畏惧之色，盖真知虎者也。学者深知亦如此。且如脍炙，贵公子与野人莫不皆知其美；然贵人闻著便有欲尝脍炙之色，野人则不然。学者须是真知，知得是，便泰然行将去也。某年二十时，解释经义，与今无异，然思今日，觉得意味与少时自别。

……凡一物上有一理，须是穷致其理。穷理亦多端，或读书讲明义理，或论古今人物别其是非，或应事接物而处其当，皆穷理也。或问："格物须物物格之，还只格一物而万理皆知？"曰："怎生便会该通？若只格一物便通众理，虽颜子亦不敢如此道。须是今日格一件，明日又格一件，积习既多，然后脱然自有贯通处。"

涵养须用敬；进学则在致知。

问:"人性本明,因何有蔽?"曰:"此须索理会也。孟子言人性善是也。虽荀、扬亦不知性[4]。孟子所以独出诸儒者,以能明性也。性无不善,而有不善者才也。性即是理,理则自尧、舜至于途人[5],一也。才禀于气,气有清浊,禀其清者为贤,禀其浊者为愚。"又问:"愚可变否?"曰:"可! 孔子谓'上智与下愚不移'。然亦有可移之理,惟自暴自弃者则不移也。"曰:"下愚所以自暴自弃者才乎?"曰:"固是也。然却道佗不可移不得。性只一般,岂不可移。却被他自暴自弃不肯去学,故移不得。使肯学时,亦有可移之理。"

……问:"敬义何别?"曰:"敬只是持己之道,义便知有是有非。顺理而行,是为义也。若只守一个敬,不知集义,却是都无事也。且如欲为孝,不成只守著一个孝字。须是知所以为孝之道,所以侍奉当如何,温清当如何,然后能尽孝道也。"又问:"义只在事上如何?"曰:"内外一理,岂特事上求合义也?"

"'性相近也,习相远也'[6]。性一也,何以言相近?"曰:"此只是言气质之性,如俗言性急性缓之类。性安有缓急? 此言性者,'生之谓性'也。"又问:"'上智下愚不移'是性否?"曰:"此是才。须理会得性与才所以分处。"

"乃若其情,则可以为善","若夫焉不善,非才之罪",此言人陷溺其心者,非关才事[7]。才犹言材料,曲可以为轮,直可以为梁栋,若是毁凿坏了,岂关才事! 下面不是说人皆有四者之心? 或曰:"人材有美恶,岂可言非才之罪?"曰:"才有美恶者,是举天下之言也。若说一人之才,如因富岁而赖,因凶岁而暴,岂才质之本然邪?"

气有善不善,性则无不善也。人之所以不知善者,气昏而塞之耳。

又问:"《易》言知鬼神之情状[8],果有情状否?"曰:"有之。"

又问："既有情状，必有鬼神矣?"曰："《易》说鬼神，便是造化也。"
又问："名山大川能兴云致雨，何也?"曰："气之蒸成耳。"又问：
"既有祭，则莫须有神否?"曰："只气便是神也。今人不知此理，
有水旱，便去庙中祈祷，不知雨露是甚物，从何处出，复于庙中求
耶? 名山大川能兴云致雨，却都不说著。却于山川外，木土人身
上讨雨露，木土人身上有雨露耶?"又问："莫是人自兴妖[9]?"曰：
"只妖亦无，皆人心兴之也。世人只因祈祷而有雨，遂指为灵验
耳，岂知适然。某常至泗州，恰值大圣见。及问人曰，如何形状?
一人曰如此，一人曰如彼，只此可验其妄。兴妖之人，皆若此也。
昔有朱定亦尝问学，但非信道笃者。曾在泗州守官，值城中火，
定遂使兵士舁僧伽避火[10]。某后语定曰：'何不舁僧伽在火中?
若为火所焚，即是无灵验，遂可解天下之惑。若火遂灭，因使天
下人尊敬可也。此时不做事，待何时耶?'惜乎定职不至此。"

学者不可不通世务，天下事譬如一家，非我为则彼为，非甲
为则乙为。

称性之善谓之道，道与性一也。以性之善如此，故谓之性
善。性之本谓之命，性之自然者谓之天，自性之有形者谓之心，
自性之有动者谓之情，凡此数者，皆一也。圣人因事以制名，故
不同若此，而后之学者随文析义，求奇异之说，而去圣人之意远
矣。

学也者，使人求于内也;不求于内而求于外，非圣人之学也。
何谓不求于内而求于外? 以文为主者是也。学也者，使人求于
本也;不求于本而求于末，非圣人之学也。何谓不求于本而求于
末? 考详略，採同异者是也。是二者，皆无益于身，君子弗学。

古之学者为己，其终至于成物;今之学者为物，其终至于丧
己。

注释：

[1]《周易·复卦》卦辞："反复其道,七日来复。"程颐《易传》:"其道反复往来,迭消迭息。七日而来复者,天之运行如是也。"

[2] 见《周易·坤卦》文言。

[3]《伪古文尚书·说命中》:"非知之艰,行之惟艰。"此用其意。

[4] 荀,荀卿;扬,扬雄。

[5] 途人,路上所见的普通人,本《荀子·性恶》"塗之人皆可以为禹"。

[6] 语见《论语·阳货》。

[7]《孟子·告子上》:"富岁子弟多赖,凶岁子弟多暴,非天之降才尔殊也,其所以陷溺其心者然也。"朱注:"富岁,丰年也。赖,藉也。丰年衣食饶足,故有所顾藉而为善,凶年衣食不足,故有以陷溺其心而为恶也。"

[8] 语本《周易·系辞》:"精气为物,游魂为变,是故知鬼神之情状。"

[9]《左传》庄公十四年:"人之所忌,其气焰以取之,妖由人兴也。人无衅焉,妖不自作。"

[10] 僧伽,唐泗州普光王寺僧人,这里指僧伽的像。

中　庸(节选)

　　天命之谓性[1],率性之谓道[2],修道之谓教[3]。道也者,不可须臾离也[4],可离非道也。是故君子戒慎乎其所不睹[5],恐惧乎其所不闻。莫见乎隐[6],莫显乎微。故君子慎其独也[7]。喜怒哀乐之未发谓之中[8],发而皆中节谓之和[9]。中也者,天下之大本也;和也者,天下之达道也[10]。致中和[11],天地位焉[12],万物育焉。

注释：

[1] 天命,天的意旨和命令。性,指人的本性。这里指仁义、孝悌、忠恕、

中庸等一整套道德观念。

[2] 率,遵循。道,道理,规律。《中庸》一书中的"道"一般指儒家所谓的做人治国的根本原则。

[3] 教,教化。

[4] 须臾,一会儿,片刻。

[5] 乎,于,在。

[6] 见,同"现",表现、发现。隐,暗处,深处。

[7] 慎其独,慎,谨慎。独,独处。慎其独,指独处时要特别谨慎。

[8] 发,表现出来。中,无"过(超过)"无"不及(没有达到)",不偏不倚。这里有保持天赋予人的本性的意思。

[9] 中节,中,符合。节,节度。和,和谐。这里有行动上符合天所赋予人的本性的意思。

[10] 达道,通行的准则,普通的道理。

[11] 致,达到。

[12] 位,位置,在这里用作动词,安其位的意思。

朱 子 语 类（节选）

朱 熹

问:"昨谓未有天地之先,毕竟是先有理,如何?"曰:"未有天地之先,毕竟也只是理,有此理便有些天地,若无此理便亦无天地,无人无物,都无该载了,有理便有气,流行发育万物。"曰:"发育是理发育之否?"曰:"有此理便有此气流行发育,理无形体。"……

有是理后生是气,自一阴一阳之谓道推来,此性自有仁义。

天下未有无理之气,亦未有无气之理。

问理与气。曰"有是理便有是气,便理是本,而今且从理上说气,如云'太极动而生阳,动极而静,静而生阴'[1],不成动已前便无静? 程子曰:'动静无端.' 此亦是且自那动处说起,若论着动以前又有静,静以前又有动. 如云'一阴一阳之谓道,继之者善也.'[2]这继字便是动之端. 若只一开一阖而无继,便是阖杀了."……

问:"先有理抑先有气?"曰:"理未尝离乎气,然理形而上者,气形而下者,自形而上下言,岂无先后? 理无形,气便粗,有渣滓."

或问:"必有是理然生有是气,如何?"曰:"此本无先后之可言,然必欲推其所从来,则须说先有是理,然理又非别为一物,即存乎是气之中,无是气则是理亦无挂搭处. 气则为金、木、水、火,理则为仁、义、礼、智."

或问:"理在先,气在后."曰:"理与气本无先后之可言. 但推上去时,却如理在先、气在后相似."又问:"理在气中发见处如何?"曰:"如阴阳五行错综不失条绪,便是理. 若气不结聚时,理亦无所附著. 故康节云:'性者道之形体,心者性之郛郭,身者心之区宇,物者身之舟车.'[3]……"

鬼神只是气,屈伸往来者气也. 天地间无非气,人之气与天志之气常相接无间断,人自不见. 人心才动,必达于气,便与这屈伸往来者相感通. 如卜筮之类,皆是心自有此物,只说你心上事,才动必应也.

天下无无性之物. 盖有此物则有此性,无此物则无此性.

道夫问[4]:"气质之说始于何人?"曰:"此起于张、程[5],某以为极有功于圣门,有补于后学,读之使人深有感于张、程. 前此未曾有人说到此,如韩退之《原性》中说三品[6],说得也是,但不曾分明说是气质之性耳. 性那里有三品来? 孟子说性善,但说得本原处,下面却不曾说得气质之性,所以亦费分疏. 诸子说性恶与善恶混[7]，使张、程之说早出，则这许多说话自不用纷争。故张、程之说立，则诸子之说泯矣。因举横渠'形而后有气质之性，善反之则天地之性存焉，故气质之性，君子有弗性者焉。'又举明道云：'论性不论气不备，论气不论性不明。二之则不是'且如只说个仁、义、礼、智是性，世间却有生出来便无状底是如何？只是气禀如此。若不论那气，这道理便不周匝，所以不备。若只论气禀这个善这个恶，却不论那一原处只是这个道理，又却不明。此自孔子、曾子、子思、孟子理会得后，都无人说这道理。"……

有是理而后有是气，有是气则必有是理。但禀气之清者为圣为贤，如宝珠在清冷水中；禀气之浊者为愚为不肖，如珠在浊水中；所谓明明德者，是就浊水中揩拭此珠也，物亦有是理。又如宝珠落在至污浊处，然其所禀亦间有些明处，就上面便自不昧，如虎狼之父子，蜂蚁之君臣，豺獭之报本[8]，雎鸠之有别[9]，曰仁兽曰义兽是也。

伊川"性即理也"，横渠"心统性情"二句颠扑不破[10]。

无极而太极只是无形而有理[11]。周子恐人于太极之外更寻太极，故以无极言之。既谓之无极，则不可以有底道理强搜寻也。问："太极始于阳动乎？"曰："阴静是太极之本。然阴静又自阳动而生。一静一动，便是一个辟阖。自其辟阖之大者推而上之，更无穷极，不可以本始言。"

问："天地万物之理无独必有对[12]。对是物也，理安得有对？"曰："如高下、小大、清浊之类皆是。"曰："高下、小大、清浊又是物也，如何？"曰："有高必有下，有大必有小，皆是理必当如此。如天之生物，不能独阴必有阳，不能独阳必有阴，皆是对。这对处不是理对，其所以有对者，是理合当恁地。"

"天地万物之理无独必有对"。问："如何便至不知手之舞之足之蹈之[13]？"曰："真个是未有无对者，看得破时，真个是差异好笑。且如一阴一阳便有对,至于太极,便对甚底?"曰:"太极有无极对。"曰:"此只是一句,如金、木、水、火、土,即土亦似无对,然皆有对。太极便与阴阳相对。此是'形而上者谓之道,形而下者谓之器'便对过。却是横对了。土便与金、木、水、火相对。盖金、木、水、火是有方所,土却无方所,亦对得过。胡氏谓'善不与恶对'[14],恶是反善,如仁与不仁如何不可对? 若不相对,觉说得天下事都尖斜了,没个是处。"

问:"天下之理无独必有对,有动必有静,有阴必有阳,以至屈伸、消长、盛衰之类,莫不皆然,还是他合下便如此耶?"曰:"自是他合下来如此。一便对二,形而上便对形而下。然就一言之,一中又自有对。且如眼前一物,便有背有面,有上有下,有内有外,二又各自为对。虽说无独必有对,然独中又自有对。且如棋盘路两两相对,末梢中间只空一路,若似无对,然此一路对了三百六十路,此所谓一对万、道对器也。"

注释:

[1] 语见周敦颐《太极图说》。

[2] 见《周易·系辞》。

[3] 康节,邵雍谥号。语见邵雍《伊川击壤集序》。

[4] 道夫,黄道夫,名樵仲,龙溪人,著有《礼记解》、《小学口义》。

[5] 张载《正蒙·诚明篇》:"形而后有气质之性,善反之则天地之性存焉。"程子也说:"学至气质变化,方是有功。"所以说气质之说起于张、程。

[6] 韩愈《原性》:"性之品有上中下三:上焉者,善焉而已矣;中焉者,可导而上下也;下焉者,恶焉而已矣。"

[7] 诸子中主张性恶的是荀子,著有《性恶篇》。主张善恶混的是扬雄,他在《法言·修身篇》中说:"人之性也善恶混,修其善则为善人,修其恶则为恶人。"

[8] 《礼·月令》孟春之月:"獭祭鱼。"又季秋之月:"豺乃祭兽。"传说,獭捕

得许多鱼后,常常将它排列在岸边,豺咬死了别的兽类,在吃之前也常常要先把它陈列一会,都像祭祀一般,朱熹据此说豺獭能报本。

[9] 雎鸠,即斑鸠,古人认为牝雌雄有别,见《诗经·关雎》郑玄笺。

[10] 程颐说:"性即理也。天下之理,原其所自,未有不善。"作者《答徐子融书》中极端推崇这话。心统性情说是张载的主张,见《性理拾遗》。

[11] 见周敦颐《太极图说》。

[12] 程颢语,见《明道语录》。

[13] 程颢语,见《明道语录》。

[14] 胡氏,指胡宏。原注:"吴必大录云:'湖南学者云"善无对",不知恶乃善之对。恶者,反乎善者也。'"胡宏曾在衡山隐居二十余年,所以被称为湖南学者。

第四部分　元明清文化

文化圈的重塑

　　蒙古统治自成吉思汗以后,即广征暴掠,终于建立起地跨亚欧的空前大帝国。历史地看,起于漠北的元朝入主中原,在它夺取统治权及其统治的前期,打断中原文化,即以儒学思想为主的华夏文明的正常发展,是不争的事实。但是,元朝最终成为绍续华夏"正统"的一环,其发展华夏文明的贡献,也不容忽视。元朝灭金亡宋,不仅打破了原本相对稳定的文化圈,而且,其横扫亚欧,疆域猛增,又给中原文化注入了外来文明的新鲜血液,丰富了中原文化的成因。从整个文化史上讲,元代这次巨大的文化转型,正处于华夏文化从开放走向封闭的关捩点。

　　元朝统治者在汉化的过程中,不仅接受金朝统治区的中原文化以及南宋统治区的江南文化,而且,还广泛地接受了包括西域文化在内的大量外来文化,在中国传统文化中增入了外来文化的因子。同时,其亡金灭宋的过程中,也导致了中原与江南文化的大迁移,先是在金朝统治区里形成以大都为中心的大都文化圈,在灭宋的过程中及其以后的一段时间里,它又对江南进行文化掠夺,导致大量典籍文化及精英知识分子的北上。这些行为,对江南文化所造成的损失是不可估量的,但这一文化的迁移,更增加了大都文化圈里汉文化因素的分量,为汉文化与西域文化进行广泛而深入的融合,从而形成元朝的文化特质提供了可能。元朝定为都城的大都,不仅汇集了金朝的典章文物及人才,兼容纳了南宋的传统文化,而且集中了西域及周边多国的文化,因而大大丰富了其文化构成,使之迅速成为一个国际性的文化都市。由于这一新的都市广泛接纳各类文化,于文化构成上具有多重性,决定了其文化结构的复杂性,表现为一种多元文化复合体,从而使元朝代表性文化与宋型文化形成区别,呈现出一定的开放型文化(准确地说,应该是与宋代"内敛型"文化相对应的"外露型")特色,即政治事功追求的迫切、人生意义的肯定以及对世界的功利关怀。只是这种张扬个性的"外露型"文化,在封建社会后期,一直是集权专制统治打击的对象,其"外露"个性也就渐消渐息,终致最后只能作为一种人文精神,在北中国大地上代代相传。与之相比,江南文化在经过宋元之交的那次大迁移之后,失宠的佛道与被"搁置"的儒学相结合,以潜态的形式南下,跟当时的遗民文化以及江南传统的本土文化相融合,形成另外一种唯美的、唯人生的闲适求趣的艺术精神。经过这次大的文化迁移所形成的中原江南两种亚文化卷,其内质各别,江南的闲适人生与中原的热烈奔放,形成各不相同的文化外观,在文学艺术上也表现出轻灵秀美和浑厚质朴的不同。

这种地域文化特征,不仅影响到明清时代的文化格局,而且,时至今日,仍有着相当明显的表现。

市民文化的代表——杂剧

　　元杂剧是在院本、诸宫调的基础上发展起来的戏剧形式。由于两宋时期记载市井文化的书籍如《东京梦华录》、《武林旧事》等，都主要介绍汉人杂戏纷呈热闹的都市生活，所以对杂剧的兴起，以往多从这些汉人留下的资料入手进行研究。事实上，在女真族入主中原之后，统治者及其臣民的对戏剧的喜爱，对杂剧的发展和成熟起了很大的促进作用。靖康之乱，金人驱掳大量北宋伎艺人北归，并一再以军事威胁迫向宋廷索取杂艺百戏之人。金朝统治者以及取而代之的元朝统治者对戏剧的喜爱，成为杂剧迅速走向成熟的必要前提。另外，蒙古统治者的文化政策也是促使这一新的艺术形式迅速繁荣的必要条件。元朝统治者马上得天下，七八十年不开科举，击碎了儒士们"学而优则仕"的传统人生定位，文人儒士屈居"老九"，位于娼妓工匠之后。以此为契机，元初一些士子遁迹山林、远离尘世以保名节。另一批文人则"批风弄月"，流连于勾栏瓦肆之中，与杂剧艺人为伍。这批受过较高文化教育的士人的加入，极大地充实了杂剧创作的队伍，同时也将他们的情绪宣泄到剧情之中。

　　在这种特定的历史环境中兴起的元杂剧，极具时代特征。虽然杂剧情节五花八门，排场设计缤纷灿烂，但从这些杂剧中抽绎出来的主旋律,却不出两大类。第一类是抒发剧作家们的郁闷和愤怒,另一类是表达对美好世界的追求。大批的公案戏,如《窦娥冤》、《鲁斋郎》、《陈州粜米》等杰出的剧本,揭露了那个黑暗社会的现实,反映那时的社会矛盾,表达出那个时代儒士艺人们的郁闷和苦恼。大量的爱情婚姻剧,如《西厢记》、《墙头马上》、《拜月亭》等,则又寄托着剧作家对美好生活的向往,对未来世界的憧憬。

由于杂剧是从市民文艺中来,因而不可避免地带有市民文艺特有的气息,虽经文人改造,也不能全然脱去其原始风貌。从表现手段上看,元杂剧主要是以歌词文彩和音乐曲调来取得戏剧效果,叙事的情节中,夹杂着大量抒情的成分。唱、念、科、白四大表演程式中,唱字当头,正是其抒情性的证明。虽然这些唱辞有趋雅的倾向,特别是后期杂剧不断文人化,也就不断雅化,但这些唱词相对于诗、词而言,却又表现出俗的特色。而其余三科,则全为市井杂艺的升级版,在剧中起推进剧情的作用,但其外在特征上却很相同,那就是其市井色彩,直白而简洁,轻佻而灵巧,带有民间文艺特有的纯朴气息。即使是后期杂剧不断雅化,这种富于独具特色的科白,还是被有意识地保存了下来。这一点,跟同样起源于民间说话而发展成为案头文学的小说(拟话本),有很大的差别。后者在案头化、文人化之后,就渐渐失去了其原有的朴质纯厚,而向抒情文学发展了。

除杂剧外,另一体现元人时代精神的文化形式,就是元代的绘画。元代绘画跟宋代绘画大不一样。元人摒弃了宋人着力渲染的浓墨重彩,代之干笔皴法写山石林木,更显自然神气,也更能表现创作主体的意趣和心境。黄公望、吴镇、倪瓒、王蒙等人的画,都呈现出这样的特性。"层峦迭翠如歌行长篇,远山疏麓如五七言绝"①,画中含蕴着禅的机趣、道的自然以及儒的真性,以具象的色彩汇成诗的韵味。画中体现的主体意识更浓,也更显白。因而表现出更浓的文人气。

① 沈颢《画麈》。

封建专制的极端化与
经济基础的新变

如果说先秦时代是中国文化的"轴心时代",是青春期的话,那么,唐宋时代则可以称之为"黄金时代",是中国文化的成熟期,而明清时代则只能称为中国文化的"蜕变时代",是中国文化的衰老期了。垂垂老矣的封建大帝国,在大厦行将崩塌之际,还竭尽全力维持其站姿,如同垂暮的老人,在整个肌体功能全线下降之时,还要固执地保暖御寒、食疗进补,以求延年益寿。明朝统治者为了呵护其衰老的封建病体,将封建集权全面推向专制主义。在国家体制上,从朱元璋起就废除相权,分割军权,将之收归皇帝一人手中,还大建特务机构,针对知识分子大兴文字狱,强制推行封建一统的价值观念,扫除主体意识的觉醒和异端思想的萌芽。在采取文化高压政策的同时,明朝统治者还利用僵化的八股科举考试,钳制士子的人生和思想,让他们成为封建制度的可怜殉葬品。封建专制主义,由此走向极端。

但是,与这种集权专政的政治制度相比,此时的经济基础却出现了很大的变化。随着小农经济的不断普及与发展,庶民中孳生出来的中小地主的力量不断增长,地主与雇农的关系逐渐向自由雇工方向过渡,以此为前提,封建的依附关系开始松动,资本主义生产关系开始在封建母体中孕育并生长。特别是在商品经济相对较为发达的江南地区,手工作坊中雇主与雇工的关系更为松弛,商品经济前所未有的活跃,地域性的商帮如徽商、晋商、江右商、闽商、吴越商等几乎遍及全国各地。经济实力日益雄厚的商贾们,在封建经济开始松动之时,以商业资本支配生产,为自然经济的松解、资本主义的萌芽提供了一张巨大的温床。

经济基础的新变、封建集权的专制化倾向,一正一反,为明代文化的走向提供了巨大的历史背景和生态环境。明代初生的新文化精神与垂死的旧文化传统的反复较量,正是在这样的文化环境中展开的。除此之外,西方文化的及时切入,成为促进新生力量战胜衰老势力的催化剂,使本来就显得异彩纷呈的明代文化景观,更添缤纷色彩,令人眼花缭乱。

当然,历史的发展是曲折的。中国封建社会的经济方式、政治体制和意识形态,在漫长的历史进程中构成一种极为稳定的宗法体制,其结构是相当稳固、势力是相当庞大的。在它衰变的初期,几乎毫不费力地就可以吞噬一切危害其生存的新思想、新事物。而且,正是因为资本主义脱胎于封建母体,胎儿的身上也不可避免地会带有封建性的基因和血脉。只能集中力量批判旧世界,却无法从宗法社会中解构出一个全新的理想社会,这就是明代思想家们的历史局限性所在。但是,这种全新的经济基础毕竟是历史发展的趋势,代表着历史发展的方向,因此,其不断前进是可以肯定的。正是由于经济基础的巨大变化,使明代文化呈现出与前代迥异的色彩,并最终埋葬了那一腐朽的上层建筑——封建集权专政。

沉 暮 与 新 生

垂死的封建专制政治与新生的经济基础,奠定了明代文化的两大特色:沉暮与新生。前者是指为封建专制所左右的文化形态特征,后者则是悖离封建正统适应新的经济基础而出现的文化表征。

在明统治者钳制思想,鼓吹封建伦常的文化氛围中,一批士子为其左右,成为封建伦理道德的吹鼓手,形成"正统"的文化潮流。明初学术界出现程朱理学一统天下的局面,表面上看似乎是思想一统的繁荣局面,实质上却是僵化和停滞的表现。明初出现"台阁体",点缀升平、歌功颂德,剧坛上大肆流行封建伦常剧,无不体现着这样的文化特色。最为显著的是,明代诗坛大吹复古之风,更是士子们对传统文化的强烈依归心态的集中反映。"物不古不灵,人不古不名,文不古不行,诗不古不成"①。前后"七子"大力提倡复古诗风。弘治年间,以李梦阳、何景明为首,包括徐祯卿、边贡、康海、王九思、王廷相等人结成的文人团体,"文自西京,诗自中唐而下,一切吐弃,操觚谈艺之士翕然宗之"②,推出第一波复古之风。嘉靖中,以李攀龙、王世贞为首,包括谢榛、宗臣、梁

---

① 李开先《闲居集·昆化张诗人传》。
② 《明史·文苑传序》。

有誉、徐中行、吴国伦在内再次掀起复古狂潮，主张"文必西汉，诗必盛唐，大历以后书勿读"①，复古意态更为明确。然而，历史毕竟是前进的，虽然其步履仍十分缓慢。明代复古运动终于以失败告终，形象而生动地说明，衰老而停滞的封建正统文化，已失去了原有的活力，遇到前所未有的生存危机。

与之相反，另一部分封建士子走向了反动的道路。封建专制的窒酷反而使他们的主体意识觉醒。在程朱理学一统天下极大地禁锢思想的时候，一批"狂狷"之士用他们放荡不羁的行为，冲破了这铁的牢笼，为明代文化透露出清新之气。唐寅、祝枝山、桑悦、徐渭等人，是这方面的代表人物。只因他们的"狂狷"还只停留在脱俗的言行之中，故影响有限。王阳明则将这种主体意识上升到哲学思想的层面。针对程朱理学的"天理"说，王阳明继承陆象山"心学"的法宝，充分肯定人的主体性。他指出万物皆因"心"生，没有主体，也就无所谓客体。没有我的"心"去仰视，山就无法显示其高；没有"心"去俯察，大地山川也就无法显示其深；没有我"心"中的凶吉灾祥的判断，也就不可能有鬼神的分别。"心"生万物，"心"就是"理"，没有了"心"，也就无所谓"理"。由于王阳明将程朱形而上的外在理念"天理"，内置为主体之"心"，为主体意识的觉悟提供了理论依据。当他的弟子出游回来告诉他："今天见到一件可怪的事，我发现满街都是圣人"的时候，王阳明见怪不怪地回答：这本来就是极平常的事，有什么可奇怪的？

正是以这样的哲学思想为基础，所以明代后期出现特别重视性灵的"公安派"文坛新风，而思想界则出现了泰州学派深入人心的局面。李贽、徐渭、汤显祖、公安三袁，成为时代的号角，非正统思想文化的代表，预示着文化的新生与未来。

---

①　《明史·王世贞传》。

市民意识全面成熟

商品经济的发达,使得市民意识也全面成熟,使市民文化日趋高涨。主要有三个方面的表现:

其一,社会风尚。明朝后期,社会风尚一变前期的"简质",取而代之是的"导奢导淫"之风。这一奢靡风尚,其开道先锋当然是那些在商品经济中"先富起来"的那批大商巨贾,流风所及,缙绅士大夫也为之"感动",追慕而去。这批有相当社会地位的缙绅们的所作所为,一向有着极大的感召力。于是,一般市民也从而随之,俨然波及整个社会。服饰、住房、车舆、日用品等各个方面,都在日趋奢靡的风尚之中,冲破了封建礼制的限制。明初洪武年间,团龙绣饰还是皇帝的专利,敢有违制者,立即被杀头。而到了晚明,却已成为寻常百姓常服的花纹了。明初,庶民住房不能超过三间,但晚明富家却动不动有盖七八上十间房室,甚至筑起了私家花园。封建等级制度,在商品经济的大潮中,受到强有力的冲击,迅速坍塌。

其二,价值观念。中国传统的"贵义轻利"观念,在明代后期发生了实质性的改变,礼拜金钱之风十分强盛。"凡是商人归家,外而宗族朋友,内而妻妾家属,只看你所得归来的利息多少为重轻。得利多的,尽皆爱敬趋奉;得利少的,尽皆轻薄鄙笑,犹如读书求名的中与不中归来的光景一般"①,温情脉脉的家庭情爱,为冷冰冰的利欲所取代,商人的社会地位也相应地提高。暴发的商贾们,在金钱这一强大的后盾支持下,毫无顾忌地表现出他们肉欲追求。《肉蒲团》、《玉娇女》、《绣榻野史》、《金瓶梅》等,津津玩味于堕落的人生、畸形的恋情、变态的纵欲。表现出与传统封建伦理悖离的同时,也体现出价值失落的痛苦与悲哀。"好色""好货"成为一种社会风尚,可以说是市民文化对封建伦常的全面威胁。

其三,市民文学。纵观中国古代文学发展的大势,唐宋以前,可是说是士大夫文学占主导的时期,而明清以后,则是市民文学唱主角的时代。发源于宋元说话这一技艺形式的话本,在明代高度发展,成为明代文学的主体象征——小说。《三国演义》、《水浒传》、《西游记》、《金瓶梅》、《三言》、《二拍》等市井小说,无论就数量还是质量,都堪称是明代文学的杰出代表。这些作品,无论其叙述方式,还是其描写的社会内容(变形的或未变形的),都有着明显的市民文化的痕迹。市民文学的发展,还使得一向清高的文人也对之投去了关注的目光。冯梦龙采辑《三言》、《二拍》,收集当时的民歌汇编《山歌》就是十分明显的例子。《山歌》里的作品,其抒情的坦率大胆,可谓亘古少有:"结识私情弗要慌,捉着子奸情奴自去当! 拼得到官双膝馒头跪子从实说,咬钉嚼铁我偷郎!"在这"咬钉嚼铁"的誓言当中,封建礼教的大堤被澎湃的情潮淹没无痕,冲刷殆尽!

市民文化的发达,在中国历史上第一次取代士人文化成为一种显态文化,其意义是相当巨大的。它不仅为我国民主意识的普及作了准备,而且还为东西文化精神的汇融埋下了伏笔。

---

① 《二刻拍案惊奇·叠居奇程客得助》。

明末清初思想家顾炎武提出"天下兴亡,匹夫有责"的著名命题,正是以市民意识的全面成熟为前提的。清代的开启民智运动,甚至今天的民主意识,都可以从这里找到根源。

西 学 的 传 入

从先秦开始，以汉族为主体的华夏知识分子便提出"用夏变夷"的口号。华夏文明的先进性，从来没有受到过怀疑。虽然政治上"分久必合，合久必分"，但文化的发展却是始终不断，犹如绵绵不尽的长河。崛起的少数民族可以凭借其彪悍骁勇击败腐朽的统治，但从文化上讲，却一直上演着征服者被征服的历史剧——征服者不得不汉化，接受先进的汉文化。"用夏变夷"这一古老的命题永远充满活力，无论是主动的还是被动的。

但是，历史发展到明代，情况却发生了巨大的改变。一向以优势能文化姿态出现的中国文化，第一次遇到了更为先进的异质文化——西方文明的挑战。十五十六世纪，欧洲文艺复兴，文学、艺术、哲学、自然科学取得长足进步，纷纷冲破封建神权的桎梏。宗教的分裂产生了马丁·路德的新教。为了扶助教皇，耶稣会成立，培养出大批博学的牧师。为了扩大影响，耶稣会士四出传教。1522年(明嘉靖三十年)，耶稣会创办人之一的圣方济各由印度到达广东，这是西洋传教士第一次直接进入中国。自此以后，耶稣会士纷纷来华。利玛窦、龙华民、高一志、熊三拔等为了布道的需要，在上面不断向上层打通关节，获得官府的支持，在下面适应中国的习俗，以讨好普通百姓的好感，以便布道。对于受过较好教育的中国知识分子，耶稣会士们则采取了以学术开路的方法,满足知识分子求知的欲望,继而达到布道的目的。

耶稣会士利用西洋科学、哲学、艺术引起士大夫的注意和敬重。欧洲的古典哲学、逻辑学、艺术、自然科学,犹如磁石一般吸引着中国的知识分子。在对待西学的态度上,中国知识分子迅速发生分裂。一部分人为西学所吸引,意识到吸收西方文化有利于中国学术文化的发展,因而主张全面接受西学。这批人的代表是礼部尚书徐光启,光禄少卿李之藻,山东佥事王徵。他们全面接受西学,包括其神学内容,都视之为挽救时弊,富国强兵的良方。另一部分知识分子则完全相反,他们严"夷夏之防",主张禁绝西学。作为正统儒学的代表人物,他们以宋明理学为武器,对西学展开猛烈的攻击。在泱泱大国的优越感支配下,他们敏感地意识到耶稣会士的行为带有殖民的倾向,因而要求将之拒之于国门之外,对于西学中的民主意识、科学精神,他们也以祖宗家法难容为由,一概拒绝。在这两个极端之外,还有一部分人以比较科学的态度对待西学,其代表人物是方以智。学识渊博的方以智以冷静理智的态度对待西学,对其内容进行谨慎而细致的清理和辨识,吸取其优点,而摒弃其伪妄。方以智承认西洋科学支柱确实比中国高明。在他所著《物理小识》中,他全面介绍了西方科学,包括历算、物理、化学、医学、水利、采矿、造船、火器、仪表等西方科学与工艺,肯定了其中的科学成分。但是,方以智并不接受耶稣会士们带来的神学,并以科学家的缜密思维和科学态度,思考并论证神学对自然科学所造成的缺陷。只是由于明清易代巨大的世变,使他的这一活动没有最终展开,其科学精神也少有传人。这对中国文化的发展而言,不能不说是一个遗憾。

西学的东渐,不仅对当时的知识界造成巨大的震动,东西融合不仅是当时的话题,而且是自那以后直至今日且必然延及将来的话题。

近代科学精神的启蒙

　　说是受西方实学精神的启发也好,说是对西学浸入的回应也罢,总之在明朝后期出现了科技浪潮,使明代文化表现出高涨的科学精神。众多科学家在广泛的科学领域所作出的杰出贡献,标志着中国古代科学技术进入了全面总结和向近代化迈进的历史时期。

　　上古以来巫史文化传统即表现出重人文科学而轻视自然科学的倾向,流风所及,延及后世而未得到更改。特别是儒学独尊之后,自然科学一直处于经学附庸的地位。技艺工匠一向被视为贱役。在"君子"动口不动手的传统中,经生儒士皓首穷经,被视为学问正途,即使是宋儒提出的"格物致知",也只停留在冥思"天理"的层面,并没有步入实践的层面。曾有理学家面对竹子穷"格",不仅未能"致知",反而在几天之后,累垮了身子。以这种态度"格物",当然不可能步入严密的科学的殿堂。晚明时知识分子却一反传统治学的老路,创造性地步入了实学实证的科学园地。著名科学家徐光启以阁老的身份,摒弃一切应酬文墨,将其智慧和精力投入到应用科学的试验和总结之中。《天工开物》的作者宋应星更是指责传统的儒学道路为不学无术之途。对纨袴之子以赭衣视笠襄,经生之家以农夫为诟詈,晨炊晚馕,知其味而忘其源的恶劣学风,进行严厉批评。

晚明科学精神首先表现在这时的科学家已经开始自觉地在科技领域研究中运用近代的科学方法。这主要表现在数学科学性的深刻认识及应用和实证手段的广泛采纳两个方面。毫无疑问，数学是人类认识宇宙的唯一科学的手段和方法，是人与宇宙对话的唯一工具。中国数学虽然发展很早，但一直没有被真正重视过。"象数"之学由《易经》传下来，从一开始就被披上了神秘主义的黑纱。而明代科学家朱载堉延用古人成数的习惯，以科学的精神，对"度数之学"进行实证。他说："天运无端，惟数可以测其机；天道至玄，因数可以见其妙。理由数显，数自理出，理数可相倚而不可相违。"① 在科学实证的基础上，他以"新法密律"建立起科学的十二平均律的新乐律学。其科学性至今仍得到肯定。

不可否认，晚明高涨的科学精神，是受西学影响的。这集中表现在徐光启等人对西学理论思维的接受和播扬。针对中国传统科学只讲其法，而不追究其所以然的缺陷，徐光启大力提倡西学穷究物理的精神。在《几何原本》中，他指出其特点就在于它用了确定的演绎推理的方法，并有严密的逻辑结构。而这是中国传统科技所缺少的。李之藻也注意到西方天文学"不徒论其度数而已，又能论其所以然之理"的深刻处所在。这些科学家本着"西法不妨于兼收，诸家务取而参合"的态度，积极地吸收西学中有价值的东西，加以融会，以求救弊富国。在此基础上，他们还提出了"欲求超胜，必须会通"的著名命题，表现出再铸民族辉煌的坚定信念和远大抱负。当然，想简单地超而胜之，谈何容易，特别是满清入主中国，长时间地实施闭关锁国政策，将刚刚开始绽放的科学精神之花，扼杀于摇篮之中。直到鸦片战争，在

① 朱载堉《乐律全书·进历书奏疏》。

西方坚船利炮的巨大威力下,国门被强行打开,西方科技的日新月异,已使中国科技望尘莫及。"超胜"的思想,直到今天,仍是我们甚至我们的后辈孜孜不倦追求的目的!

空前的民族团结与融合

　　跟以往的少数民族入主中原一样,满清入关之后,也曾采取过一系列的民族隔离政策,但这丝毫不能阻止民族融合的历史步伐。入关的满人与汉人杂居,潜移默化地改变了旧俗,转而习用汉民族的文化习俗。汉族的价值观念渗入满人日常生活之中,汉族的伦理观念、婚姻制度、风俗习尚、文学艺术,都受到满人的喜爱和接受。满清统治者对此虽忧心忡忡,却也无可奈何。不仅如此,满清统治者本身也处在不断的汉化过程之中,大量汉文典籍在清人入关以前即被翻译成满文,受到满族上层的欢迎。明亡之后,大批明朝降臣入仕清廷,更直接促进了满族统治者的汉化。

　　统一的清王朝,为了对四周少数民族实施有效的统治,创造性地在中央设立了"理藩院"这一专门机构,综合处理边疆事务,加强了中央在民族管理上的职能分工,有利于实施有效的民族统治政策。为了适应版图博大,疆域辽阔的需要,清政府因地制宜实施政治统治,有效地促进了民族融合。其间最著名的例子有四:在蒙古地区,清廷举兵平定噶尔丹叛乱之后,在多伦会盟内蒙古四十九旗和喀尔喀蒙古各部,推行盟旗制度,加强了蒙古与清廷的联系;在西藏地区,清廷平定策妄阿拉布坦等人的叛乱,设置驻藏大臣,并利用当地佛教的势力,正式敕封达赖喇嘛,提高其权力,还改革达赖、班禅及活佛灵童转世制度,使西藏与中原、与清廷的联系,空前密切;在新疆地区,清廷平定了天山南北准噶尔部和大小和卓木的叛乱,设置伊犁将军、驻南北疆参赞大臣、领队大臣等,有效地行使了对新疆的行政统治。对于西南少数民族地区,清政府针对其民族众多而势力分散的特点,采取了"改土归流"的统治政策,即任命不世袭、有任期的流官替代原有的土司,有效地防止了地方割据势力孳生蔓延的可能,也促进了当地经济、文化的发展。

伴随着疆域的开拓所执行的民族管理政策,有效地打破了民族经济文化的壁垒,促进了民族间的融合和各民族的团结。在北方大地上,以满汉为主体,汉、满、蒙、回各族文化进行着大规模的交流。在西南,少数民族地区与内地的联系大为加强,少数民族文化水平迅速提高。各族人民在汉文化为核心的文化共同体中,形成了空前的凝聚力和向心力。民族团结这一宏大的"心灵长城"建筑起来了。原来那以土石堆垒的长城,失去了其分割民族的作用。当有大臣请求修葺长城时,康熙帝的回答是:这等没用的东西,修他干什么? 乾隆帝更对秦人北筑长城,"畏其南下,防之愈严,则隔绝愈甚"的行为表示不满。

当然,这一民族团结的局面是来之不易的,是经过血与火的洗礼的。满清入关,所到之处,大开杀戒,凡遇抵抗,即行屠城。对蒙古、西藏、新疆、西南少数民族的有效统治,也是在平定叛乱的前提下建立起来的。为了达到文化控制的目的,满清统治者采取钳制措施,大兴文字狱,动辄对知识分子刀锯相加。这些,不能不说是历史前进过程中的巨痛,是文化进步不得不付出的巨大代价。

四 库 全 书

谈到清代文化建设,《四库全书》不能不大书一笔。

《四库全书》的修订,有其深厚的历史背景:从学术渊源上讲,乾嘉时代汉学复兴,考据之时,学者往往搜求古佚之书,还为原本。康熙时代汇成《图书集成》,已不能满足治学的需要,于是学术界有了进一步修订大型丛书的需要。从当时的社会历史环境来看。清人入关,对一向自负文化素质较高的汉人而言,无异于夷狄,因此,明朝遗民著书立说,常慨然流露出故国河山之思,有反清意识在其间。对思想界的这种倾向,清朝初期基本上采取高压政策,一再兴起文字狱。高宗继统之后,手段进一步增强,他一改单方面的高压为双管齐下。一面又大兴文治,屡举特科以罗致才士。于是,乾隆三十七年,下诏征书,既收禁反清之言,又统一了思想文化。《四库全书》就是在这样的历史背景下编纂的。

这样的学风和社会环境,决定了《四库全书》的面貌和特色。首先,是其规模的宏大。整部《四库全书》共著录三千四百七十部,共七万九千一十八卷。民国时期,陈垣先生全面稽考北图所藏原藏于文津阁的这部庞大图书,统计其架数 103 架,函数 6144 函,36275 册,共 2290916 页。另有存目之书,凡六千八百一十九部,九万四千零三十四卷(其中有四百零九部无卷数),较著录者更多！其规模之宏大,内容之丰富,在当时的历史条件下,完成如此一部巨书,无异于是在文化上修建了一道"万里长城"。其次,《四库全书》的修订,是政府出面,因此,其校订工作,也比一般刻本更为精良。于严密的控制之下校钞诸书,其缮写之精细之清晰,也不是一般刻本所能做到的。

更重要的是,如果跳出《四库全书》本身的局限,从文化建设的角度看问题,那么,这一空前的文化建设与整理,可以说是各族知识分子共同努力的结晶。《四库全书》的编纂是由满族统治者出面,组织满汉各族知识分子共同完成的。这件事本身就是民族融合的最好体现。而且,《四库全书》可谓无所不包,各民族的优秀文化传统,都被收集起来精校细理,当然,其主体部分是汉文化。珠玉荟萃,可谓金玉满堂,使《四库全书》成为各民族文化都呈现异彩的瑰宝,成为加强民族团结,增进民族友谊的巨大桥梁,是中华民族强大凝聚力的表现和证明。

不可否认,《四库全书》也是空前的文化浩劫。这主要表现在三个方面:首先,乾隆编纂《四库全书》本来就带有禁毁书籍的目的,因此,虽然他一再称不会因书罪人,实际上,待藏书家将有反清思想的书籍一拿出来,统治者便立即扯下仁慈的面具,对收有禁书的藏书家严加惩处。一批优秀知识分子受到迫害。其次,在修纂《四库全书》的过程中,为了达到其目的,馆臣们对一批书籍进行了大量挖改,各处挖改数量之大,是相当惊人的。最后,出于维护其统治的考虑,清政府在修纂《四库全书》时,把不利于其统治以及有民族反抗意识和思想的书籍大量销毁,20年间,清政府共全毁、部分抽毁、销毁书版、销毁石刻近3000种,书籍总数在10万部以上。如此数量庞大且极富思想性的图书被禁毁,对我国文化的继承和发展所造成的负面影响,是难以估量的。

人文的潜流

尽管满清统治者实施文化高压政策,但人文精神却是无法抑制的。明代知识主体意识的觉醒,在清代继续向前发展。清初,有感于朱明的灭亡,思想家如黄宗羲、顾炎武、王夫之等人,都对君主专制提出批判,对封建君权提出质疑。黄宗羲、唐甄等人甚至直指君王为"独夫"、"民贼"。顾炎武将"国家"与"天下"区别开来,以前者指一家一姓的封建王朝,以后者为万民共有之天下。亡国只是一家一姓的事,与天下人无关,保天下不亡,才是普天下人共同的义务。后人梁启超将顾氏的意思表述为"天下兴亡,匹夫有责"八个字,颇能切中顾氏精神。

以这种反封建的异端思想为基础,顾、王、黄等人提出了一系列改良政治的措施,虽不免有空想的成分,但已表明,我国几千年的封建制度文化,发展到此时已经弊端尽显,千疮百孔,很难与西洋优势能文化相比了,变革已是迟早的事。而且,这些思想家还一反宋明以来空谈心性的不良学风,身体力行,弘扬实学精神。他们以经世致用相激励,大力扫除轻视功利、空谈义理的性理之学,《日知录》(顾炎武)、《明夷待访录》(黄宗羲)、《读通鉴论》(王夫之)等学术著作,都是这种思潮的产物,也很好地体现了这一精神。

秉承明清之际大思想家们那种崇实尚性的精神,清代思想家对"圣学"的权威性表示怀疑。宋明以来,程朱理学一直被视为正统(宋时曾一度受到排斥)儒学,其理论也具有无上的权威性。但自王阳明心学对之形成冲击以来,随着主体意识的不断加强,知识分子中对宋学权威的怀疑也日甚一日。宋儒所本的经书(如《大学》)、宋儒所阐释的《易》图,都为清儒所否定,进而击碎宋儒"天理""人欲"的道德标准,指斥"理欲之辩,适成忍而残杀之具",主张人的自然的欲望和感情并不违悖天理,恰好相反,乃"天理"的流露,表现出人文主义的特色。针对宋儒一味追求"内圣",轻视事功的态度,清儒大行"治生"之学。黑格尔曾说:"个人发挥其积极性于工商业方面,他本人就是自己的证实者和创造者。"[①] 清代士人处身于商业经济已有一定基础的社会之中,开始着眼于现实人生,对独立的经济生活作出了大别于前人的论述,对商人社会价值作重新评价。有些士子甚至亲自投身于商业大潮之中,并将其实践的经验著之以笔,写出大量的反映商业生活的书籍。儒士与商人的亲近,形成中国历史上别具风景的"儒商"现象,对后世产生了巨大影响。

在反对宋学空疏的过程中,清儒对汉学青眼有加,于是导致了朴学的发达。朴学在发展过程中,虽形成吴派(以惠栋为代表)和皖派(以戴震为代表)的差别,但两派都能从小学(音韵、文字、训诂)入手,了解和判断经义,功底深厚,学风扎实,全面清理了中国历史文化,成就卓著,对中国文化起过巨大的作用。只是,这种学问的"实",最终落到文字训诂上,走的仍然是"皓首穷经"的老路,于国计民生相背离,也无益于人文精神的发扬,却不能不说是其缺陷。

---

① 黑格尔《哲学史讲演录》第三卷。

垂 暮 与 衰 变

清王朝的建立,从文化史的角度分析,是具有特殊意义的。明朝中后期,商品经济已经在江南等地出现并初步发展,封建制度已呈衰败之势。但是,满清的入主中原,夹裹着塞外民族强悍之气,给行将垂死的封建统治注入了新鲜的血液,而且,承历代王朝而起的满清在充分汲取前代政治制度优长的基础上,建立起中国历史上最为完备也最为严密的君主集权制度,在清初平定各地叛乱之后,满清统治者内无宗室之乱,也从无宦官干政、军阀割据等现象,就足以证明这是一个高度成熟的封建政体。

然而,封建社会毕竟已步入老年,其衰亡的征象日渐显露,纵使满清统治者竭其所能,也不能阻遏这一趋势,只不过在初期几位有为君主的手中,经过他们的励精图治,获得局部的更新,而整体上的衰老,却如已入膏肓之病,不可救药了。就像所有即将死去的人都怕人提到那个让他们心惊肉跳的"死"字一样,满清统治者对一切否定封建秩序的言论都感到心虚,都要禁绝。在编纂《四库全书》的时候,乾隆帝对整个编纂抄校过程全程跟踪,如临大敌,前代典籍中谈到夷夏之防或有反清思想的,理所当然地在禁毁之列。这还不算,对那些有违封建伦常的言论,他还不放过,或挖或改或弃或毁,所有离经叛道之言,全被排除于

《四库全书》之外,"修书以遏邪说"的宗旨,始终贯穿,未有丝毫动摇。

双管齐下,在大力打击排斥异端的同时,统治者也大力鼓吹正统思想,强化宗法制度。本来,在满清入关和平定各地反清运动的过程中,清统治者曾对汉族宗法共同体的反抗行动进行过重大的打击。但是,随着其汉化的不断加深,满清统治者也充分认识到宗法共同体对稳定政治有着十分重要的作用,于是一反当初的打击政策,改为大力扶持。从康熙帝起,历代清帝在游幸之时,总免不了接见地方上素有众望的族长以示恩勉,并授权族长管教好子孙,否则有罪。这样,清统治者在全国范围内实行起保甲和宗族互补的统治模式,族内之事,由族长负责,而族与族之间或族与政府之间的事,则有保甲负责,彼此相互呼应补充,使封建宗法社会结构更趋稳定。

更为痛心的是,满清统治者将国门紧锁,闭关自守。清初顺治时,尚能对来华传教士以礼相待,但由于中外礼仪上的差距,引发了中土皇帝与罗马教皇之间无谓的较劲。结果康熙帝一句:让他们回去,免得麻烦。竟将国门锁起,对西方文明不闻不问,安然当他的圣朝天子。清中叶以后,信奉天主教的信徒甚至开始表现出某种反清的迹象,而英国对印度、安南的入侵,使清政府对外来的潜在威胁更觉恐怖。正是在这种恐怖心理作用下,使清政府更加固执地采取闭关锁国政策,以文化隔绝来堆垒起封闭自足的心态,于自我陶醉中获得文化优越感。乾隆帝曾大言:"天朝无所不有,原不需外洋货物以通其无。特因天朝产茶叶、瓷器,是西洋各国及尔国必需之物,是以加恩体恤。"其盲目自大,可谓无以复加。直到鸦片贸易纠纷招来西方的坚船利炮,国门被强行打开之后,这种处身云巅的盲目自大,转眼间又变成了无法自拔的深层自卑。"全盘西化",就是在这种文化心态下提出来的,连一点起码的民族自尊都没有了。在这种情形下,一批有志之士,献身于民族的崛起,成为民族的脊梁!

利

如果说义是外在于个体的群体价值标准的话，那么，利就是个体价值的体现了。"君子喻于义，小人喻于利"，在孔子的时代，利更多地具有私的意思。成语"自私自利"，将私与利相联，互文见意，就是指个体只以其单个人的利益为主，而与共同利益发生冲突。但这时的利还不跟义直接对立。"喻于利"最多也只不过被孔子骂为"小人"而已，利作为私欲的表现，还是有其存在的空间的。

但后来利被释为物欲，成为人格低下的代名词时，它与义即形成二律背反的关系。将个体价值全部融入到群体价值之中，仁至义尽，必然是一点私欲都不能保留，否则就与义有亏。在物质生活日益发达的时候，私利与正义的冲突更显得突出。安贫乐道成为卫道者们抵制商品经济发展的最好借口。发"不义之财"，更是受人唾弃的行为。"义者利之和也"① 的话，也被儒生们解释散财行义，虽有结合义利之说，如苏洵有《义者利之和论》，但影响甚微，空谈心性拙生乏术的儒生们，对财深恶痛绝，宁用盗臣而不用聚敛之臣。从维护封建统治的角度看，儒家的这种义利观，对抑制统治者的横征暴敛起过一定的作

---

① 《礼记·中庸》。

用,一定程度上保护了自耕农的利益,不使受过分的侵犯。但这种儒学价值观影响到整个社会,使"尚义"滑向了唯心的极端,也影响了生产力的进步,最直接的影响当然就是对古代商品经济的发展起到极大的阻碍作用。在城市经济发展的宋代和商品经济萌芽时期的明代,义利之辩尤为激烈,不是偶然的。对义的提倡,对利的打压,最终目的都是为了统护封建统治的稳定。

可以说,重义轻利,跟商品经济存在着水火不能相容的矛盾。这种观念至今还有着巨大的影响。以上海为中心的江南地区,商品经济较为发达,在中国文化中表现出重利的亚文化特色,而在市场经济不够健全而传统文化意识却相对颇浓的内地,仍有着很浓的重义轻利的思想,这极大地阻碍了市场经济的发展和健全。如何处理义与利的关系,是一个很重要的问题。唯利是图,从文化学的角度来看,显然与我们的伦理化文化背景相违背(这种背景就活生生地存在于每个社会成员的周围),背信弃义、为富不仁而被人指脊梁骨,就说明这种行为缺乏文化支撑,因而不能为群体所认同。但片面追求义而不取利,也是不现实的。"雷锋精神"之所以有别于雷锋的所作所为,我们对雷锋精神的认识也有着时代意义,就在于雷锋作为个体,其价值实现表现在对社会的奉献上,而他对社会的奉献,又反作用于他自身,使之意识到了个体的存在。一句话,人是自然的人,但同时也具有社会属性。一味向社会索取而不对社会有所回报,在被社会抛弃的同时,他的人生价值也不可能实现。特别是在市场经济高度发达的今天,物质相当丰富的今天,"老死不相往来"的自然经济已经消失,没有物质利益的追求,几乎可以说是不可想象的事。因此,这时最主要的就是如何深入认识利的内涵,如何把对物质利益的追求与个体精神的愉悦、个体道德修养的提高结合起来,将私利意识与社会公德结合起来,恰到好处地处理好二者之间的矛盾才是关键。这时,我们传统文化中的"中庸"会对每个人的选择产生影响的。

仕

　　"学而优则仕"，儒家自一开始，就为中国知识分子选定了人生的最佳道路。从先秦儒学开始，或者说从儒家创始人孔子开始，就表现出极大的从政为官的热情。他带着手下弟子周游列国，向各诸侯王进言治国方略，用意就在出仕治世。对于弟子出仕国相家臣，他也是举双手赞成的。儒家的淑世情结，也由此得以显现。跟儒家一样，先秦争鸣的"百家"，无一例外地表现出极大的政治热情(包括道家)。可惜的是，"百家"各执己见，彼此争鸣，于学术繁荣大有好处，却阻碍了他们在治国方略上彼此借鉴，因此，"百家争鸣"并未使中国政治走向成熟。而秦汉大一统之后，儒家独尊地位得以确立，虽然学术精神上融合各家，可在治国上却一味推行"外王"之说，虽经统治者纠正，达到"外儒内法"的层面，但远没有吸取先秦诸子的精华。"学而优则仕"中的"学"，受到很大的局限。

　　另一个影响中国仕官文化的因素，是科举制。本来，起源于隋唐的科举制，给了一般知识分子为官的机会，在当时的历史条件下，不失为先进之举。西方学者威廉斯就曾这样评价隋唐科举制："中国政府中文武官吏所由产生的这种著名的考试制度，虽在古代的埃及或有类似的制度，但在古今任何一个大国中都可算是一种无可比拟的制度。"但是，这样的入仕制，在后来的发展中,却不断地误入歧途。考试制度越来越严格,考试的内容越来越死板,考试的形式越来越僵化。宋朝灭亡后,后人总结其经验教训,很大一部分人就认为是科举制度的失误。明清的"八股"取士,更被看作是桎梏人才的枷锁,经生儒士穷毕生的经历,就是为了通过科场考试,一旦得中,就等于打通了走进官场的通道,所以那些"范进"们在及第之后,狂喜以至于昏厥,平日里打骂相加的"丈人"胡屠夫们,也怎么看怎么觉得女婿是"文曲星"下凡,半点不敢怠慢。而另一方面,有志杰特之士,则看不惯科场恶习,愤而拂袖而去。当初网尽天下英雄的选官制度,发展到后来,竟成为网起奴才和庸才的工具,真正的英雄豪杰,则早已远走高飞了。

先秦时期仕官文化的不健全和后来科举制的僵化,使得古代中国的仕官文化一直处在一个较低的水平上,或者说发展十分缓慢。古代中国那种曾经先进但终显落后的官吏选拔制度,对中国社会的进步带来了很大的负面效应。首先,不利于国家的强大。儒士们在"重义轻利"思想影响下,特别是宋代之后儒学朝着"内圣"方面发展之后,在治国方略上往往无所作为。其次,不利于政治家的培养。科举制度的僵化,使得真正的政治才人被拒之门外。最后,"朝中无人不做官",使政治与人情、亲情相纠缠,极大的影响了法制的健全和完善。中国封建社会最终表现出人治而非法制的特色,很大程度上是这种不健全的选官制度造成的。

这种状况,对今天的影响仍很巨大。如何培养和选拔干部,仍是作为执政党的中国共产党面临的巨大问题。美国人之所在敢大胆的把"和平演变"的宝,押在中国第四代、第五代人身上,一个很重要的原因,就是因为这两代及以后各代的中国领导人会受西方思潮的影响(自觉的或者不自觉的),会在其执政过程中,将西方的观念体现出来(自觉的或不自觉的)。针对这种情况,如何培养和选拔干部,可以说是当务之急,是关系到党和国家存亡的大事。

侠

侠文化在中国文化中虽然一直没有获得过正统地位,但其影响却十分巨大。就其思想渊源讲,侠文化跟墨家思想至为密切,首先墨家门徒中,即有许多是武士出身的游侠之士。他们表现出"其言必信,其行必果,己诺必诚,不爱其驱(躯),赴士之厄困"① 的刚烈气慨,给侠文化铸定了基本内核,那就是为捍卫正义,果敢行动。其次,侠文化中重实践,敢作敢为也跟墨家主张密切相联。"墨子服役者百八十人,皆可使赴火蹈刃,死不旋踵"②,为侠文化铸就了刚烈勇猛之气。

由于侠文化将个体意志置于第一位,以遵重诺言为特色,因而不可避免地跟儒家要求的个体服从群体的礼法制度发生冲突。《史记》中所记载秦汉时期的游侠之士,多为违法犯禁之徒,甚至俨然成为与国家相抗衡的一种在野势力。这种在野势力的存在,对封建统治的安稳是极为不利的,因而理所当然地会受到打压和迫害。秦汉时期作为一方势力的大侠被铲除,但这种侠的精神却并没有消失,而是随着侠的"游"走而遍及各地,虽然其对封建统治的威胁大为减小,但同时也使对它的管理和改造更

---

① 《史记·游侠列传》。
② 《淮南子·泰族训》。

难实现,"江湖"人物,就是以侠为主体或者是打着侠的幌子形成的。

由于侠文化在后来的发展过程中,多多少少与儒家文化相结合,其价值观念也自然而然地跟儒学中的义结合起来,复合成为"侠义",侠的行动也就被局限于义的范围之内,成为维护封建正统的有力工具。《游侠列传》在《史记》中出现之后,再没有于正史中出现过,就说明侠的成分已经改变,侠的立场也发生了倾斜。侠文化之所以在后世仍很发达,跟封建社会里贫苦百姓的善良愿望密切相关。从根本上讲,中国没有重来世的宗教,佛教中国化后其教理影响主要在士大夫层面,它对普通百姓的影响,受其出家修行的教规的影响,对世俗生众的心态关怀并不很多,也不很深。普通百姓无法排遣生的痛苦,于是只能寄希望于现实世界中的大侠(还有就是清官,后面再分析),指望着他们替天行道,行侠仗义,惩恶扬善,以满足贫苦百姓的心愿。因此,可以说,中国的侠文化主要是在可怜的下层人的脑海里存在和发展,唐传奇及宋元话本里的侠文化表述,体现的正是这样一种社会文化心理。

侠自产生之初即表现出违法犯禁的一面,在后来的发展过程中,虽有所改变,但仍难脱这样的底色,因此,侠往往跟法发生冲突。这是我们应该批评的。但是,侠文化中所包含的积极因素也不少,如行侠仗义,维护正义,保护弱小者等,都是应该提倡的。在现代化的今天,侠文化经过改造,仍有其存在的价值,那就是以积极的人生态度对待现实和生活,自觉自愿地维护正义,敢于跟邪恶、不公平甚至犯罪作斗争,而侠文化中那种违法犯禁的底色,则必须抽去,却是肯定的。

剑

在今天看来,剑文化跟侠文化有着密不可分的关系,古代中国"剑侠"二词合用,就说明了这一点。但是,剑文化并不是一开始就与侠文化相关的,而是独立的一个文化系统。最初的侠文化并不具有灵异色彩,而剑从一开始就与灵异相关。铸剑的过程,某种程度上可以说跟外丹烧炼的过程一样被神秘化了。铸剑被视为神圣之举,剑分雌雄,而且剑气可以上冲斗牛,与上天之气相接,剑乃天地灵气化生凝聚而成,必要的时候,可以化而为矫龙。凡此等等,都可以说是上古原始冶金思想的遗迹——在原始的万物有灵思想影响下,看到金属通过冶炼出现神秘的化学反应产生全新的面貌,于是被扭曲地反映为灵的重新组合。

剑在后来的发展过程中,体现出两种不同的趋向。第一种就是跟侠文化结合起来。最初有侠义之举的墨家在急人所难时,除以智慧之外,还能以剑示人以武力。这就为剑与侠文化的沟通打下了基础。佩剑而行,仗剑远游,在先秦直到唐代都是一般士人的装备,这期间,也是侠文化大发展的时期。无论是谁,都可以凭着腰间三尺宝剑,达到除暴安良、行侠仗义的目的。这时,剑被赋予了正义之气,成为排除不平的象征。第二种是跟道教结合起来,剑文化中原始巫术的色彩更加突出,被诠释成为驱邪逐怪的工具。一把木剑,加上一些含混不清的咒语,外带几片符纸,就可以达到驱鬼逐魔,治病延年的效果。剑文化的这种发展,事实上是第一种发展的异化。虽然其表现形式上有着巨大的差别,但其祛恶扬善的功能,却是彼此相通的。

在侠文化不断被儒学思想所浸蚀,某种程度上成为维护封建统治的工具时,剑文化却不断向前发展,或者说其原始内涵又不断返潮,成为民间下层百姓正义善良愿望的文化载体。剑不再是有形之物,而是某种灵异力量的体现,"剑"去除暴安良行侠仗义,不再需要某位大侠去具体实施,只要一道剑光"一闪",即可完成任务。而且,得天地正气的"剑"只要"意识"到人间有不平之气,就会"鸣",就会自动出鞘,秋瑾"夜夜龙泉壁上鸣"的诗句,正是基于剑文化的这些特征来抒发内心不平的。而且,剑还不仅仅是除暴安良,它还可以调节英雄内心,促使他们对人生、对社会的理解上升到一种更高更新的境界。在英雄气短,儿女情长之时,以追求天道自然为最高目标的伦理化的中国文化,不允许英雄有儿女情长的一面,像西方的骑士那样,以完美的"情人"作为无瑕骑士的评判标准,这时,"慧剑"会及时出现,助英雄一臂之力,所谓"慧剑斩情丝"(究其源,是来自于道教内丹修炼中的术语),就是用剑的正气,消弥掉遮盖在英雄心上荫翳其本性之真的"情",让他们更充分地意识到自身的人生价值和责任感,将儿女私情抛于脑后,去行有利于天下百姓之大"义",实现其最完美的人生目标。

总而言之,剑的文化内涵,就是正义、正气的象征。虽然随着时间的推移,剑文化中的灵异色彩不断增加。今天,我们回过头去看,可以发现,剑文化的这种变异,正是封建统治不断加强所导致的必然结果,只因压迫越厉害,反抗才会越激烈。当现实的反抗不可能实现时,就会以幻想的方式,在剑文化中反映出来。因此,可以这么说,剑文化越是出现扭曲变形、越发达,越能反映封建统治的残酷。

清　官

　　古代中国虽然代代都有法律,但说到底仍是以人治而不是以法治为特色。"王子犯法与庶民同罪"的思想,从来就只能是普通百姓的愿望,也从来没有被统治者接纳。历史上,最体现法制特色的王朝,是秦朝,但这是一个短命的朝代,其法律也以严酷著称,而不以健全得名。也就是说,古代中国从来就没有一个法制很健全的王朝或者时代。就像我们分析"外儒内法"的文化内涵时所讲的,统治者可以借儒家的仁学为自己找到法律以外的依据,也可以给一切不合礼教的行为施以酷刑。因此,法律的公正、公平很难体现,甚至有些封建法律本身就将这种不平等不公正写入其中。在这种文化背景下,受压迫者在受到不公平的待遇之时,除了幻想替天行道的侠客以外,就是要求得到法律的保护。于是清官意识也就渗入可怜的受迫害者的心中。

　　如果说侠文化带有走极端的报复心理和复仇心态的话,那么,清官文化则缓和得多,要求的只是惩处犯罪,维护公理,所采取的手段仍在法律的范围之内,措施较侠要缓和得多。所谓清官,就是清正廉明的官员,其所负载的文化内涵最重要的就是正直,表现在清官文化中就是刚直不阿。传统的清官文化显示出来的特征,常常是清正的官员以朝廷命官的面貌出现,其所打击的对象则是赃官、贪官和地方恶势力,维护的仍是封建统治。这样的文化特征,表明清官文化是在下层百姓宣泄其内在愤恨的心理机制下产生并发展起来的,它跟侠文化一样,都是下层贫苦百姓虚幻理想的心态里构筑出来的。

清官文化中,有一点非常有趣,赃官、贪官或者恶势力往往有上能通天的本领,因而有恃无恐,他们一方面触犯法律,另一方面又能通过封建的人治或者法律对他进行保护,作为正义象征体的清官们,在惩处恶势力时,不得不采取一些非法(或者说突破封建法律)的手段,以达到惩恶扬善的目的。包拯、海瑞等清官文化主要表现的对象,都有这样的特色。尤其是黑脸黑面的包公包龙图,他的大铡总是会遇到尚方宝剑或者圣旨的阻挠而不能开启,为了救危或者惩恶,他又不得不用打时间差等方法甚至用矫旨达到目的。这表明,清官文化中已经包含有突破封建法律的因子,只是由于有顶“官”帽压着,才暂时保持着维护封建统治平安的特征。不过,清官们的最后结局又总是悲剧,要么罢官,要么挂冠而去,要么被贬谪放逐,没有好下场,这又为“逼上梁山”埋下了伏笔。

从根本上讲,清官文化仍以人治而非法制为基础,因此,他对整个封建法制的健全,并不能起多少推动作用。一个清官可以在一段时间里救助某地或某些贫苦弱者,但并不能将其权力施于整个社会,更何况清官本身受到这样或那样的封建统治的约束,因此,其作用是相当有限的。而且清官意识还对被迫害者造成心理上的麻痹和惰性,将自己的权利交给虚构出来的清官,放弃了为了争得自己权利而拿起法律的武器奋起抗争的行为甚至想法,也对封建法制的健全形成滞碍。这种人治的文化心态至今仍有着巨大的影响,对现代法制的健全还有阻碍作用,甚至有法不依、执法不严,知法犯法等,都可以说是传统人治而非法治的文化积淀对现代社会的负面影响,这是我们应该注意的。

情

简单地说,情就是人的思想感情。但在古代中国,情却往往被视为洪水猛兽。

中国是礼义之邦,传统儒学是中国文化的主干,其影响可以说渗入了日常生活的方方面面,无时无刻不在。先秦孔子创立儒家学说之始,就是要用周代的宗法制度,来约束当时礼崩乐坏人欲横流的世界,显然对于人的情感并未一味遏制,我们从孔子对《诗经》的评价,如"哀而不伤,乐而不淫","思无邪"等话语中,不难看出其对情的中庸态度,这也是中国人情感追求中的含蓄、内敛的性格特征,一如《诗经·蒹葭》中所描述的水中佳人一样。汉代大一统的王朝采用独尊儒术的政策,使得儒学礼教的理想成为封建正统伦理道德的教条,于是礼对情的约束也就以合法的官方哲学的面貌在中国展开。"发乎情,止乎礼",被定为每个社会成员都必须遵守的道德标准。否则就会被视为与礼法有冲突,就会受到谴责或者惩罚。

先秦儒学将"情"与"礼"相对举,情的外延还相当广泛,概指一切思想情感。但宋儒明"天理""人欲"之辨,情被界定为与人的本性相冲突的后天的欲望,于是"情"便与"欲"合而为一,进而被视作遮蔽性本之物而受到排斥,情与性的界线越来越明显,而与"欲"的差距却不断缩小。到明清理学家的脑子里,情几乎就是人欲的代名词了。

正统儒学卫道士们对"情"极尽打压之能事,但人毕竟是有思想情感的,正常的思想感情必然要表达出来,正常的情绪也必然会发泄,甚至情欲也必然会宣泄(这在西方哲学思想里几乎是天经地义的,但在中国哲学思想里却绝不允许),因此,历朝历代都少不了那些"性情中人"勇敢地站出来,与封建卫道士作斗争,有人甚至冒着身败名裂的危险,大言一个"情"字。特别是集中人类美好感情的爱情,更是这些"性情中人"关注的重中之重,他们以这一美好的感情,向封建卫道者宣战。明代戏剧作家汤显祖,通过《牡丹亭》一剧,把"情"字写得再透不过:至情真恋,竟至生者能死,死者能生,连生死大限都能为一"情"字所破,那还有什么能阻挡得了人间至情? 这种对情的热情讴歌,在封建时代,可谓大胆。除此之外,明清时代还产生了大量的言情小说,其中所讲述的,几乎都是男女主人公冲破封建礼教的牢笼,热烈大胆地追求自由和爱情,虽然结局有大团圆的喜剧,也有生离死别的悲剧,但男女主人公在精神上却一无例外地都获得了满足,取得了胜利。作为一种文化现象,明清时代,一方面有大量的贞洁牌坊和大批卫道之士,另一方面却又有着大量的言情小说(甚至充斥着黄色描写的小说如《金瓶梅》、《肉蒲团》等),这不能不引起我们的关注。它似乎暗示给我们:越是禁欲的时代,越是会出现反叛的行为,有时甚至会出现走极端的行为。情毕竟是不可遏的。

作为一个现代人,我们学习传统文化,当然不必再提"发乎情止乎礼"的老调,我们反对禁欲主义,但也绝不主张打着"情"字招牌,行纵欲之实。前些年曾出现过片面追求西方"性解放"的潮流,殊不知西方人也并非皆为"性解放"的提倡者。而且,西方有基督教对信徒的行为进行约束,宗教文化所形成的巨大的压力,使犯禁的成员产生罪恶感,而我国则主要依靠道德的约束和法律的制裁,在一定的范围内,只能由社会成员的道德修养形成约束,真搞什么"性解放",必然危极社会和家庭。再说,"性解放"与我们的文化传统可谓水火不能相容,在一个有着悠久文明的古国,提倡"性解放"本身就是不合时宜的。

爱

爱为"七情"之一,古已有之,但其意义却与今天很有不同。在今人的眼里,爱是一个表达感情的常用词,包含激情。这主要是受西方思想的影响,将爱与英语里的 love 对等。其实在古代中国,爱远不是那么回事,爱只能是"情"的一种表现,或者说是一种不好的表现。爱往往跟私欲、偏好、溺爱有关。本来,情源于性,为性之动,而爱更是情之一隅。现在人所说的父母之爱,古人称之为"慈",儿女对父母的爱,古人称之为"孝",兄弟之间讲"悌",朋友之间讲"信"。夫妻之间呢? 儒学里没有作具体的规定,因为在儒家礼教看来,夫妻之间,也跟君臣之间一样,是没有平等的,夫为妻纲,妻子只有听话的份。但后来作为人伦之大防的夫妻间的感情,也受到注意,但也不是讲爱,而是讲"敬"。所谓"举案齐眉"、"相敬如宾",就是夫妻和美的最好表达,也不讲爱。

那么,什么叫爱呢? 在孔孟那里,爱都被释为主体情感的投射,由于个体的主观情感,往往成为偏执之性的体现,因此,爱也就不是纯正天性的反映。孔子释仁为"爱人",就是教导社会成员每一个体,都用自己的全副心思放到他人身上,因此,他所说的"爱人",也就是将个体消融于群体之中,每一个成员都"爱人",那么,这种感情也就最能体现天理自然的"仁"了。孟子将这句话进一步阐述为"老吾老以及人之老,幼吾幼以及人之幼",就是要求每个社会成员"爱"所有的老人像"爱"自己的老人一样,"爱"他人的孩子跟"爱"自己的孩子一样。这种"爱"虽出于私己之心,但最终却达到了"博爱"的境界。

可是,"博爱"观也是从西方引入,传统文化里是没有这个概念的,因此,当宋儒全面清理儒学体系,将"情"都视为"性"之动,为"性"走向偏执之始时,爱作为"七情"之一,也毫无疑问地被看成是翳闭"天理"的一大"人欲"了。在以男性为主体的封建社会里,爱甚至被解释为"妇人之仁"。当朱熹的学生向他请教为什么妇人临事多怕,是不是气偏了时,他的回答十分斩截:"妇人之仁,只流从爱上去。"意思就是女人从一开始就缺乏一种正气,因而不可能达到真正"仁"的境界,内心之"气"本不充盈,又受偏执之情(爱)的影响,面临大事,当然只有"怕"字当头了。

不管"爱"被古人解释成什么样的一种感情,但我们从中还是可以抽绎出一点,那就是所有的"爱",都是一种感情的专注投入,这一点,可以说在东西文化中都是一致的。正因为其专注,所以才显得自私、偏执。而这份自私、偏执虽跟儒学所谓的完美的人格相违背,却总是从每个人的秉性(儒家所谓的偏执之性)流出,因此,显得至为真诚,也最为直接和感人。爱情之所以成为永恒的主题,其魅力就在于它纯然从个体的心底流出。明清时代反礼教的知识分子通过各种文艺手段如小说、戏剧等渲染一曲曲爱的赞歌,都是把爱作为"至情"来表达的,这种"异端"思想的出现,表明在封建肌体内部已经出现了主体意识的觉悟,以群体意识为核心的封建"仁"学思想已经开始出现裂缝,人性的光辉已经闪耀于中华大地。也正在这样的基础上,才会有"爱"与"love"的对等和互译。

贞

在以男性为主体的封建社会里,妇女一直处于被动和受支配的地位,无论东西皆然。但是,在西方自骑士制度诞生之后,情形发生了改变。勇敢、忠诚、彬彬有礼的骑士,也是尊重妇女的典型。在骑士时代,曾流行过这样一句名言:"一个无懈可击的骑士,可能首先必须是一个无懈可击的情人。"在骑士崇拜的风气催动下,妇女的地位也相应地得以提高。

然而在封建时代的中国情形却恰好相反,宋儒整理儒学使之系统化,对不同的社会成员在礼法社会中的道德规范,都有所规定。男人要"存天理""灭人欲",那么妇女也理所当然地要为维护封建礼教作出应有的贡献。理学家们在新的伦理学基础上对"男女有别"等作了更深入的阐发,在"修身—齐家—治国—平天下"的治理模式下,修身是个人的事,而"齐家"首先遇到的就是如何处理夫妇关系,因此,"妇德"被看成是"家之隆替,国之废兴"的大事,过不了"齐家"这一关,也就等于断绝了男人"治国""平天下"等出仕的前途。一句话,对老婆管得好不好,跟丈夫的仕途经济直接挂钩!于是,一系列的规范妇女行为的"女教"纷纷出台,"三从四德"成为淑女必须具备的条件,这还不算,女子还不能出中门,不能偷看缝隙,不能跨越墙壁等,平日举止,必须柔顺和婉,坐立恭庄,举止详缓,通过一系列的行为训练,使女子温良淑贤,安详清静,平和文雅,纤弱稳重。一句话,逆来顺受,变成男子的玩物。而些微的坦荡、活泼、热情,都会被视为轻佻和浮躁,与"女德"相背。

在这种情况下,理学家们祭起了"饿死事极小,失节事极大"的约束妇女枷锁,对妇女的贞节操守表现出狂热的关注,婚前的童贞和婚后的节操对妇女来说,被渲染成比生命还重要的事。虽然这样的礼教彻头彻尾是强加给妇女的绳索,但在封建宗法社会里,妇女从一出生即受到这样的教育,并被理学家们解释成天经地义的事,因此,绝大多数妇女从来就不会怀疑其正确与否,而且,在"相夫教子"的生命历程中,束缚于"门风"和"族规"之下,广大妇女以"夫贵"或"子贵"为"妻荣"、"母荣"之本,将全部人生价值和意义寄托在丈夫和儿子身上,所以往往能"以身作则",自觉地担负起维护封建礼教的任务。这类自觉维护封建礼教的妇女,受到家族、地方政府甚至国家的褒奖,《二十四史》中专列《烈女传》,其用意是再明显不过的了。宋明以后,各地为表彰贞女节妇的贞节牌坊,正是封建贞节文化奠祭千万孤寂怨苦女魂的罪证!

有"贞节"观对妇女进行戕害,也就有不平的抗议,虽然柔弱的妇女们只能用生命作抵押进行反抗,结局往往只能是悲剧,但她们毕竟用自己的行动对封建礼教进行了冲击,而且,她们的行动,也促使了一批人性觉悟的封建士人进行反省。《二刻拍案惊奇》中有一篇叫《满少卿饥附饱飏》的小说,其开篇即云:"天下事有好些不平的所在,假如男子死了,女人再嫁,道是失了节,玷了名,污了身子,是个行不得的事,万口訾议;及至男人家丧了妻子,却又凭他续弦再娶,置妾买婢,做出若干的勾当,把死的丢在脑后,不提起了,并没人道他薄幸负心……所以女子愈加可怜,男子愈加放肆,这些也是伏不得女娘们心里的所在。"虽然只是小说家言,却不啻是向封建贞操观所发的宣战书!

山　水

　　佛教里有一个阐明佛理的著名公案，是用山水作比促人开悟的：初习佛禅，看山总是山，看水总是水；参悟禅理时，看山不是山，看水不是水；既已开悟，看山仍是山，看水仍是水。山水是客观的，但在中国人眼里，山水又非纯天然，古代中国发达的山水文化，已赋予它及多的人文内含。禅宗那个公案，正好可以移过来说明中国山水文化发展的历程。

　　自然是美的，追求着"天人合一"的中国人对这一点有其独特会心。中国的伦理型社会结构，就是先人"法天"的产物，自然界的山山水水，从一开始就是作为中国人灵感的源泉存在的。为了葆全真性，道家主张隐遁山林，儒家虽然奔走于仕途，但其最终目标，却是"浴乎沂，风乎舞雩，咏而归"，与大自然和谐相处，融合无间。早期先民虽然是"看山总是山，看水总是水"，但那山山水水无疑已经成为他们心灵安慰的最好去处。

　　但是，自从人类出现，任何自然又必然是人为的自然，大自然必定要着上人为的色彩。对于追求人与自然和谐共处的古代中国人而言，自然山水的美景，不仅仅是其寄情抒怀的地方，而且还可以通过改造山水赋予其人文内涵。于是，文人雅士高道名僧，纷纷隐山遁山，给自然山水以人文特色。隐于富春江的严子陵，浮家泛宅的张志和，置别墅于辋川的王维，建园林于苏州的范成大,等等,都给这些地方的自然景观平添了许多人文气息。也许,某些人文因素的参与,是在无意识下进行的,如道观的修建和佛寺的修筑,最初只不过是那些修行者的栖身之所,不具人文特征,但是,对于后人而言,正是这些高道名僧,给自然山水以人文气息,后人在山水抒怀之时,也凭吊那段难忘的历史,在对古圣先贤遗迹的追踪过程中,体会到山水之外的灵异之气。还有就是那些帝王的封禅、居跸、题辞、赐名等,都会给自然景观以历史文化内涵。在这个有着怀古倾向的国度里,历史名人所到之处,总是会给自然山水以新的魅力。当年的孔子登东山而小鲁,登泰山而小天下,怎么也不可能想到他所登览住足之处,竟会勾起后代无数子孙的翩翩联想! 在这种情况下,原本属于自然的山山水水,已负载了许许多多的人文内涵,那么,看山不是山,看水不是水,也是理所当然的了。

不过,还没有完。追求完美的中国人既然可以将山水装点出人文气息,也完全有能力将自然与人工融为一体,且彼此借鉴,互相映发,这种融人文于自然之中的本领,在江南园林中体现得最为充分。与北方园林的宽阔大气相比,江南园林以宛曲幽深见胜。在江南园林中,"借景"是园林布局的关键。园林设计之始,建筑师就得对整个园子如何借助山形水势作总体把握。具体设计过程中,还将对每一处置景,都巧运匠心,以最小的人工——或许是为了省钱,或许是为了不破坏天然的美景——来最大限度地展现园景之美,不仅自然而然地将人工的设计嵌入到自然之中,而且还极其自然地达到为天然美景增色的效果。哪怕是园中小道的一个弯曲,也要达到"通幽"的效果,而那一弯之后,谁又能保证不会别有洞天呢? 民间有"上有天堂,下有苏杭"的说法,其根本含义就是讲这两地的风景已经达到"天人合一"的至高境界,与天堂媲美,也不逊色。置身于这样的山水之中,当然就会看山仍是山,看水仍是水了——只是此时的山水已不再是空山虚水,而是让你消融其中的山山水水了!

思 考 题

你如何理解中国发达的山水文化,其意义何在?

试述元代文化圈重塑的过程。

元代文化的特色主要有哪些?

明代文化特质出现的历史背景是什么?

明代文化沉暮与新生分别有哪些方面的表现?

试述明代市民文化发达的三方面表现。

对于西学,中国知识分子有哪几种态度?

晚明科学精神有哪些方面的重要意义?

满清政府是如何有效实施民族政策的,其结果如何?

为什么说《四库全书》是空前的文化建设又是空前的文化浩劫?

为什么说清代的人文思想还只是潜流?

清代封建文化的衰老主要表现在哪些方面?

结合自己的实际,谈谈如何把握好义与利的辩证关系。

古代中国的官员选拔制度有何弊病,如何才能克服?

如何正确认识侠文化的积极和消极影响?

如何理解传统的剑文化内涵?

如何正确认识古代的"清官"?

作为一个现代人,如何正确理解"情"字?

古今"爱"意有何区别?

作为一个现代人,你是如何理解贞操问题的?

附：参考文献

明哲保身论[1]

王 艮

明哲者,良知也;明哲保身者,良知良能也;所谓不虑而知、不学而能者也[2]。人皆有之,圣人与我同也。知保身者,则必爱身如宝;能爱身,则不敢不爱人;能爱人,则人必爱我;人爱我,则吾身保矣。能爱人,则不敢恶人;不恶人,则人不恶我;人不恶我,则吾身保矣。能爱身者,则必敬身如宝;能敬身,则不敢不敬人;能敬人,则人必敬我;人敬我,则吾身保矣。能敬身,则不敢慢人;不慢人,则人不慢我;人不慢我,则吾身保矣。此仁也,万物一体之道也。以之齐家,则能爱一家矣;能爱一家,则一家者必爱我矣;一家者爱我,则吾身保矣。吾身保,然后能保一家矣。以之治国,则能爱一国矣;能爱一国,则一国者必爱我矣;一国者爱我,则吾身保矣。吾身保,然后能保一国矣。以之平天下,则能爱天下矣;能爱天下,则天下"凡有血气者莫不尊亲"[3];莫不尊亲,则吾身保矣。吾身保,然后能保天下矣。些仁也,所谓"至诚不息"也[4]。

一贯之道,人之所以不能者,为气禀物欲之偏;气禀物欲之偏,所以与圣人异也;与圣人异,然后有学也。学之如何? 明哲保身而已矣。知保身而不知爱人,必至于适己自便,利己害人,人将报我,则吾身不能保矣。吾身不能保,又何以保天下国家哉! 此自私之辈不知本末一贯者也。若夫知爱人而不知爱身,必至于烹身割股,舍生杀身,则吾身不能保矣。吾身不能保,又何以保君父哉! 此忘本逐末之徒,"其本乱而末治者否矣"[5]。

故君子之学,以己度人,己之所欲,则知人之所欲;己之所恶,则知人之所恶。故曰"有诸己而后求诸人,无诸己而后非诸人"[6]。必至于内不失己,外不失人,成己成物而后已[7]。此恕也,所谓致曲也[8],忠恕之道也。故孔子曰:"敬身为大"[9],孟子曰:"守身为大"[10],曾子启手启足[11],皆此意也。……

注释:

[1]《诗·大雅·烝民》:"既明且哲,以保其身。"

[2]《孟子·尽心上》:"人之所不学而能者,其良能也;所不虑而知者,其良知也。"

[3] 见《礼记·中庸》。凡有血气者,指人类。尊,尊敬;亲,亲爱。

[4] 语本《礼记·中庸》。

[5] 见《礼记·大学》。

[6] 见《礼记·大学》。

[7]《礼记·中庸》:"诚者,非自成己而已也,所以成物也。成己,仁也;成物,知也。"物,指人。

[8]《礼记·中庸》:"其次致曲。曲能有诚。"

[9] 见《礼记·哀公问》。

[10] 见《孟子·离娄上》。

[11]《论语·泰伯》:"曾子有疾,召门弟子曰:'启予足,启予手。《诗》云:战战兢兢,如临深渊,如履薄冰。而今而后,吾知免夫,小子!'"何晏《集

解》引郑玄注:"启,开也。曾子以为受身体于父母,不敢毁伤,故使弟子开衣而视之也。"

传 习 录 下(节选)

王守仁

……尔那一点良知,是尔自家底准则。尔意念着处,他是便知是,非便知非,更瞒他一些不得;尔只不要欺他,实实落落依著他做去,善便存,恶便去,他这里何等稳当快乐!此便是格物的真诀,致知的实功。若不靠着这些真机,如何去格物?我亦近年体贴出来如此分明,初犹豫只依他恐有不足;精细看,无些小欠阙。……

问"知行合一"。先生曰:"此须识我立言宗旨。今人学问,只因知行分作两件,故有一念发动,虽是不善,然却未曾行,便不去禁止。我今说个知行合一,正要人晓得一念发动处便即是行了,发动处有不善,就将这不善的念克倒了,须要彻根彻底不使那一念不善潜伏在胸中,此是我立言宗旨。

圣人无所不知,只是知个天理;无所不能,只是能个天理。圣人本体明白,故事事知个天理所在,便去尽个天理,不是本体明后,却于天下事物都便知得,便做得来也。天下事物,如名物度数草木鸟兽之类,不胜其烦,圣人须是本体明了,亦何缘能尽知得!但不必知的,圣人自不消求知;其所当知的,圣人自能问人,如"子入太庙,每事问"之类[1]。先儒谓"虽知亦问,敬谨之至"[2],此说不可通。圣人于礼乐名物不必尽知,然他知得一个天理,便自有许多节文度数出来,不知能问,亦即是天理节文所在。……

先生游南镇，一友指岩中花树问曰："天下无心外之物，如此花树在深山中自开自落，于我心亦何相关？"先生曰："你未看此花时，此花与汝同归于寂；你来看此花时，则此花颜色一时明白起来；便知此花不在你的心外。"……

先生曰："众人只说格物要依晦翁，何曾把他的说去用！我着实曾用来，初年与钱友同论做圣贤要格天下之物，如今安得这等大的力量？因指亭前竹子令去格看。钱子早夜去穷格竹子的道理，竟其心思至于三日，便致劳神成疾。当初说他这是精力不足，某因自去穷格，早夜不得其理，到七日，亦以劳思致疾，遂相与叹：'圣贤是做不得的，无他大力量去格物了。'及在夷中三年[3]，颇见得此意思，乃知天下之物本无可格者，其格物之功，只在身心上做；决然以圣人为人人可到，便自有担当了。这里意思却要说与诸公知道。"……

问："人心与物同体，如吾身原是血气流通的，所以谓之同体；若于人便异体了，禽兽草木益远矣，而何谓之同体？"先生曰："你只在感应之几上看，岂但禽兽草木，虽天地也与我同体的，鬼神也与我同体的。""请问。"先生曰："你看这个天地中间，什么是天地的心？"对曰："尝闻人是天地的心。"曰："人又什么叫做心？"对曰："只是一个灵明。""可知充塞天地中间只有这个灵明，人只为形体自间隔了。我的灵明便是天地鬼神的主宰，天没有我的灵明，谁去仰他高？地没有我的灵明，谁去俯他深？鬼神没有我的灵明，谁去辨他吉凶灾祥？天地鬼神万物离却我的灵明，便没有天地鬼神万物了，我的灵明离却天地鬼神万物，亦没有我的灵明，如此便是一气流通的，如何与他间隔得？"又问："天地鬼神万物，千古见在，何没了我的灵明便俱无了？"曰："今看死的人，他这些精灵游散了，他的天地万物尚在何处？"

注释：

[1] 见《论语·八佾》。

[2] 见朱熹《论语集注》"每事问"注。

[3] 正德元年(1506年)，王氏因反对刘瑾,贬贵州龙场驿丞,次年起程,三年到任,五年后才升为江西庐陵县知县。龙场当时是少数民族地区,因被称为夷中。

第五部分　近现代文化

汹涌而来的西学

　　小农经济与家庭手工业为经济主体的中国,在十八、十九世纪的世界,已经显得相当落后了,而文化禁锢政策下的传统文化,也趋于停滞和僵化。泱泱大国,只剩下一具金光闪闪的空壳。最后,连那一点闪动的金光,也在鸦片战争冲天的炮火映照下,惨然熄灭,封建体制迈着沉重的步伐痛苦地从历史舞台中退出,传统文化也在隆隆的炮声里开始蜕变和更新。

　　随着国门大开,西方资本主义文化汹涌而来,其速度之快、力度之大、势头之猛、影响之巨,都非明及清初西学东渐所可比拟。从文化心态上讲,如果说前此的西学东来,还是以明清统治者为主,表现出主动接纳的姿态的话,那么此次西学的冲击却多少有些被迫接受的味道。一时之间,西学传播的渠道大为增加。日益增多的翻译机构译介了大量关于外交、世界史、时事政治等方面的书籍。开设的新式学堂里也大量聘用外籍教师讲授自然科学课程;一些军工、民用企业也大规模地引进西方先进的设备和技术。为了全面了解外国,政府也不得不放下帝国架子,派官员出使考察,派遣留学生到国外留学,学习军政、船政、步算、制造等。如此众多的传播渠道,当然是那些传教士所不可比拟的。

　　渠道的增多,也就意味着内容的广泛和丰富。明末清初来华传教的耶稣会士们所传播的西学,受宗教信仰的影响,内容主要偏重于宗教神学,即使介绍一些自然科学、社会科学的知识,也最终是为其神学传教服务的。而十九世纪下半叶以后传入的西学,在引进来、走出去的全方位开放的情况下,西学的方方面面,几乎全都展现于国人的面前。其工程技术、科学理论、民主思想、政治制度、宗教信仰等等,从物质文化到制度文化再到心态习俗,可谓全方位、多层面地涌入中国,对中国传统文化从物质外壳到精神内核,全面形成影响。

　　内容的广泛和丰富,也就意味着影响的深刻和久远。全方位的文化输入,对中国社会各阶层都发生了影响,这跟传教士为了布道的目的而只注重对几位开明的知识分子发生联系和影响,是没法相比的。最初,魏源等人只注意到西方的坚船利炮,因而提出"师夷长技以制夷"的主张,表现出从物质文化方面接纳西学。但是,洋务派苦心经营多年的几大海师,竟在甲午风云之中,化为泡影,于是先进的知识分子开始注意到制度文化的重要性,提出一系列的社会改良设想和方案。变法之议此起彼伏,戊戌变法以失败告终,辛亥革命虽然成功,成果却为窃国大盗袁世凯所占有。孙中山一生苦心孤诣地进行资产阶级革命,建政党,设议会,终不能改变中国贫弱的现实,还往往受制于人。在制度文化未能解决中国实质问题的时候,于是从制度文化转到文化心态的结构上,掀起了狂飙突进式的"五·四"运动,开始对国民心理进行改造的艰难历程。然而,江山易改,秉性难移。几千年的文化积淀,岂会在几个五四新文化运动干将的"打倒孔家店"的口号中即消失殆尽?

　　民族自新自强之路,注定是一段痛苦而漫长的历程。

社 会 的 巨 变

如同作用力与反作用力一样，在西学大量涌入国门的同时，中国传统文化也受其刺激而活跃起来，其表征就是社会的巨变。

道光、咸丰时期兴起的经世实学，为社会的巨变提供了理论上的依据。在山雨欲来的历史巨变关口，敏感的知识分子如龚自珍、魏源等人，有感于社会的积弊、国力的衰微，奋而走出朴学末流的怪圈，关注现实，关注人生，倡导经世实用之学。他们讥评时政，抵排专制，倡言变法，还身体力行，将治学的重点转移到研讨漕运、盐法、河工、农事等方面，学问的重心从慕古转向崇今，从空疏的考据转向实用的研究，从而架起了从古代传统通往近代科学的桥梁。在此基础上，具有近代特性的新质细胞终于在中华文化的肌体上由弱而强，由隐而显地表现出来。其表现是多方面的：

书院的改制与新式学堂的设立。新的时代要求培养新型人才，为了适应新的时代需要，一批有识之士开始对旧式书院进行改造，同时创办新式学堂。学制及课程的设置也相应发生了改变。如清政府开办的京师同文馆，即脱去传统学院的课程设置，呈现出文理综合而注重实用科学的气象。1901 年，清政府还废除了八股取士的老套，改试策论，注重实学治用。在学校改革中，教会学校的建立，是具有双重性的。其促进中国学校改革的正面效应不必去讲,但其文化侵略的野心,也是从一开始就暴露出来的。那些教会学校的主持者曾公开宣称:"在我们学校内,我们训练中国未来的教师和传教士……使他们成为中国未来的领袖和指挥者,给未来中国施加最强有力的影响。"其中殖民的用心是显而易见的。

报刊出版机构的大量出现。封建中国一直未能设置流通的新闻体系,社会新闻只能是口耳相传。进入近代,随着西方文化的侵入,西方完备的新闻出版机构,也为中国人所接受,大量的报刊出版机构如雨后春笋般地出现于中华大地。《万国公报》是早期教会所办综合性刊物,《申报》是外国商办报刊中最有影响的一份。林则徐在广州组织人员编译的《澳门新闻纸》,可以看作是中国人办报之始。维新运动中,康有为等人办起了《中外纪闻》,作为鼓吹变法的舆论工具。变法的高潮之中,光绪帝更下令准许官民自由办报。与新闻报刊的热闹相比,出版界也不甘寂寞,商务印书馆和中华书局是其中的佼佼者。新闻报刊和出版业的发达,无疑为开启民智起了很好的促进作用,为西学的深入人心创造了条件。与此紧密相关的是,近代图书馆和博物馆也建设起来了,更有效加速了学术的近代化进程。

至为重要的是,在新的教育体制下,培养出一大批新型知识分子。他们以全新的知识结构、强烈的时代意识,担当起拯救民族的重任。这些人虽脱胎于旧的社会环境,或者受过较为系统的传统文化的教育,或者全面接受过资本主义文化的洗礼,但他们注定有一个共同的任务——为旧的封建文化掘墓。

洋务运动的文化内含

从本质上讲,洋务运动是西方物质文化进入中国之后,官商结合的中国知识阶层的理性应答。

首先应该看到,主张洋条务运动的曾国藩、左宗棠、李鸿章、张之洞、马建忠、薛福成等人,都是封建制度的维护者。他们兴起洋务运动,目的就是为了借助西方的物质文明来扶持即将崩塌的封建大厦。他们发展工艺科技,扶植民族资本,开办近代工业,振兴商务外贸,废除科学旧制,创办新式学堂,派出留学人员,引进西洋设备,可以说是不遗余力地想通过学习和开创西方的物质文明,从而达到富国强兵安内攘外的目的。然而,事与愿违。洋务运动的客观结果,却揭开了中国近代生产方式的序幕,初步奠定了近代文化的物质基础,从生产关系上动摇了封建根基;传播了近代科技知识,培养出大批近代科技人才,引发了思想文化领域的轩然大波,使新一代知识分子对中西文化的认识更加全面和深入。

随着洋务运动的发展,或者说随着现实痛苦的不断加深,搞洋务的那批人开始从魏源"师夷长技以制夷"的科技学习和创新层面深入到中西学术之源上。冯桂芬提出"以中国之伦常名教为原本,辅以诸国富强之术"的主张,薛福成更有"取西人气数之学,以卫吾尧舜禹汤文武周公之道"的言论,熔而汇之,形成了郑观应的"中西体用"之论:以中学为体,以西学为用。体用论,跟道器说一样,是中国哲学里一对极为重要的范畴。概括起来讲,体是指形体、实体、本体,用是指作用、功用、属性。二者相交,体为本,是第一位;用为末,是第二位。体即道,用即器。虽然如此认识中西学术,仍未能得其大要,但对于这批封建卫道士而言,能将"用"这一巨大的空间割让给西学,已是他们于痛心疾首的情况下的让步。而且,长其处于封闭状态下的中国农业社会,对这"西用",一时之间还很难适应。当这种"用"被引介到对封建体制进行改造,要求分政与民时,即遭到以西太后为首的封建势力的无情打击,轰轰烈烈的变法、志士仁人的头颅和热血,并没有能够实现"体用一源"。"西用"的范围,只能是被那些开明的封建官员用于开矿办学等某些局部,其社会影响是相对微弱的。当甲午中日海战将这西"用"击沉于碧海之中后,洋务运动也就走到了其历史舞台的尽头,不得不草草收场。

"种豆得瓜"①,诚如戴逸在《洋务运动试论》中所说的那样,洋务运动以维护封建统治开始,"结果和它的期望恰恰相反。它不自觉地把机捩拧拨了一下,当机捩一旦转动,就逐渐地向着毁灭旧制度的爆炸点走去,再也没有任何力量能够迫使它停止下来"。

中国官商阶层以浅表的物质文化的层面对西学进行应答,并未能阻止西学的进一步侵入。

---

① 张继煦《张文襄公治鄂记》。

太平天国与义和团

如果说洋务运动是官商知识阶层对西学侵入的应对的话，那么，太平天国运动和义和团运动则是贫民百姓对西学入侵的应对了。

从文化学的角度分析，太平天国运动可以说是鸦片战争后，西方近代文化刺激东方传统文化过程中，东方文化接受、改造西方文化而产生的波及政治、经济、军事、文化各方面具有综合效应的思想巨变。秀才出身的洪秀全，只不过在偶然的机会里见到了传教士玛礼逊的《劝世良言》，但他却天才式地将之改造成为能被广大贫苦百姓接受的"原道"诸歌，并因而创立了既别于传统宗教又不同于基督教的拜上帝教。基督教义中那些关于忍耐、谦卑的说教，被他改造成为斗争哲学。

虽然洪秀全的思想中更多的是保守的封建残余，最多也只不过有一些梁山好汉杀富济贫，替天行道的农民意识；其对西学，包括对西方神学的认识，充其量还不到半瓶子醋。他建立起来的太平天国，也相当程度上表现出封建王朝的特征，但是，太平天国里毕竟有一批真正了解西学，并热切盼望利用这一政权实践西学的知识分子。天王之弟洪仁玕即是这方面的代表。他长期活动于广东、香港、上海等地，接受了远较洪秀全详备的西方科技和政治学说。因此，他能提出系统的资本主义改良措施和纲领。《资政新编》中,洪仁玕提出效仿欧美民主制度,推行造火车、修轮船、筑道路、兴邮政、开矿山、办银行等一系列振兴经济的政策,改革政治等措施,只是由于这些极具西方文明的思想,在洪秀全的封建体制中,很难有容身之处,加上"天国"迅速腐朽败亡,这些改良思想也就失去了实践的可能。接受并实践资本主义制度的任务,也就历史性地落到了以孙中山为首的资产阶级革命派的肩上了。

与太平天国相比,义和团对外来文化的态度更趋激烈,甚至带有原始的野性和蒙昧的色彩。在社会变革的巨痛之中,受侵害最为惨烈的当然是下层百姓,他们一方面要受传统的封建压榨,另一方面又被迫接受外来的侵略。在这双重压迫之下,一无所有的百姓,只能从原始的本土宗教如白莲教、八卦教中寻找精神依托,并以此作为反帝反封建的武器。他们打着"反清"、"灭洋"的旗号,仇视满清统治和洋教侵略,在看到两面作战极不现实的情况下,他们不得不向封建势力妥协,打出"扶清"的旗号,而"灭洋"的态度却始终坚决。这表明,在西方文化大规模地侵入中土而本土文化又无能含容改造使之溶入中华文化肌体之内时,本土文化便会以极端巨大的威力暴发出来,对外来文化进行最强烈的抗拒。然而,低势能文化的反抗和排斥,并不能改变文化交流的大势。义和团以本土原始宗教作为精神支柱,不仅注定了其必然失败的命运,同时也增加了其惨烈和悲壮的气氛。

虽然太平天国和义和团的文化应对都失败了,但它们却通过手中的武器,把黑暗的旧世界打了个落花流水,加速了其走向灭亡的进程。

思想启蒙的延续

　　几千来,中国一直处于人文科学占主导地位的状态之中,任何社会的变革都必从思想上找到根源才能让中国人放心,才能渐变和执行。西学的东来,对中国社会造成巨大的冲击,在洋务运动和太平天国、义和团运动都先后失败的过程中,中国的知识界也在进行着痛苦的反思并寻找着出路。民族处于危亡的关头,民族文化心理的壁垒在炮声中开始松动,直接或间接受过西洋教育或其思想影响的知识分子也已成气候,于是,思想启蒙的条件日益成熟。"戊戌变法"就是在这种情况下进行的。虽然变法本身以失败告终,但它却导致了深刻的思想启蒙。

　　变法之前,康有为写了《新学伪经考》和《孔子改制考》,为其变法作理论上的准备。在这些著作及其上奏中,康氏托古改制,对儒家经书进行全面的清理。经梁启超的鼓吹,深入人心。变法失败后,康氏又著《大同书》,创造出一个乌托邦的资本主义的中国社会"桃花源"。康梁的同道,湖南人谭嗣同更将批判的领域从政治深入到文化,欲效法国资产阶级革命将中国封建君主集权毁灭。

　　康梁谭等人着力于摧毁旧世界,严复则着眼于创造一个全新的世界。他从西学中寻得朴素的人本主义"民主"来对抗中国的"君主"集权,提出了"以自由为体,以民主为用"的深刻的命题,为思想的启蒙指明了方向。在他翻译的《天演论》中,他具体阐述了其进化论的思想。"物竞天择,适者生存"的口号,第一次把中国人从"祖宗家法"之中解脱出来,使所有的热血青年都一变原来朝后看的眼神转而向前看,努力创造一个光明的未来,而不是到传统中去讨生活。学习西方,也变得更加自觉更加主动。治学方向的改变,催生出一代国学大师章太炎。虽称国学大师,章氏实则为近代第一位学贯中西的学者。他对中国的传统文化如史学、文学、诸子学、小学、佛学等,都有很深的造诣,但又不限于此,他对西学也有着全面的了解,从苏格拉底、柏拉图直到叔本华、尼采、达尔文,他都称引,对于印度的佛学也有着深入的钻研。他凭着宽厚的学术根基和开放的胸怀,对中国传统文化进行重新评估,又借鉴西学精髓,呼吁"个性解放"和"个性自由"。第一次使中西学术交融起来,而脱去前人的浅薄和粗糙。

　　资产阶级革命派在看到"今日之世界,是帝国主义最盛,而自由败灭之时代也"的情况下,离开主张改良的康梁,团结到主张革命的孙中山的周围。邹容的《革命军》,陈天华的《警世钟》、《猛回头》等先后问世,鼓吹革命,不遗余力。他们创立学会,拟出革命纲领:"驱除鞑虏,恢复中华,建立民国,平均地权",将爱国救亡、反帝反封建的重任一肩挑起,继而奋然拿起武器,与封建残余势力作殊死的拼搏。辛亥革命,终于将封建制度清除出历史的舞台,取而代之的是资产阶级的制度文化。然而,先天不足的中国资产阶级在强大的封建残余面前,还显得太过脆弱,在封建残余的疯狂反扑下,以孙中山为首的资产阶级革命派无力保存革命的果实,只能将之拱手送人。在有着几千年封建文化积淀的中国,资产阶级革命的道路注定是曲折的。

与政治运动相呼应,此时的文坛也出现启蒙的新潮。"诗界革命"的兴起,晚清"谴责小说"的大量出现,可以说是这一运动的潮头。由此再跨出一步,即成"五·四"的狂飙了。

"五·四"狂飙

辛亥革命成功,政权落入袁世凯之手,接下来便是"洪宪皇帝"的登极,张勋的复辟,革命党的二次革命也一败涂地,国势继续衰败,民族仍未振兴。在黑暗政治煎熬中的先进的中国知识分子终于接触到了问题的核心和实质,促使他们在思想启蒙的道路上大步前进,终于出现文化上的觉醒。

作为近代新文化革命顶峰的,当然要数"五·四"运动了。

1915年9月,陈独秀创办《新青年》,标志着新文化运动的开始。利用《新青年》这块园地,陈独秀等新文化运动的健将大力提倡科学与民主的精神。德先生(民主)和赛先生(科学)正是初期新文化运动的两大主题。在这种精神感召下,封建时代不可救药的迷信愚昧等顽症,被彻底清扫一空。当时,以蔡元培为首的一批有志知识分子,以北大为中心,将科学与民主的精神贯穿于受教的学生之中,扩大其影响。蔡元培鼓励学生钻研学术,关心政治,校园里种种学会、社团如雨后春笋般破土而出,成为新文化运动的有力支持和不可或缺的一部分。

在科学之光的透视下,几千年的经学病症尽显,"打倒孔家店"的口号为封建文化鸣响了丧钟,并对其本质进行了空前彻底的清算:"我翻开历史一查,这历史没有年代,歪歪斜斜地每页上都写道'仁义道德'几个字。我横竖睡不着,仔细看了半夜,才从字缝里看出字来,满本都写着两个字是'吃人'!"① 鲁迅先生用形象的语言,揭示出封建礼教吃人的本质,批判的矛头是何其的尖锐! 万世之师孔子被这批新文化的猛将骂为"盗丘"。

以《新青年》作为阵地的新文化运动,不仅以尖锐、泼辣的思想开启着民智,而且它还以自由、生动的文风引发读者的兴趣。作为新文化运动主要成果之一的,就是当时的文学革命。文学革命的成功,不仅得力于胡适、陈独秀等人的鼓吹,蔡元培的扶植,更有赖于一批彪炳千秋的作品的横空出世。鲁迅是毫无争议的文学革命的巨匠。他的作品,如《狂人日记》、《阿Q正传》、《药》、《风波》、《孔乙己》等,不仅有着他人难以企及的思想深度,而且文字也清新流畅,不失为早期白话文的典范。文学革命的另一收获就是新诗的创作。这方面,可以四川才子郭沫若为代表。《女神》的问世,第一次展现出自由体新的魅力,给人耳目一新之感的同时,也令人振奋不已。

当然,作为狂飙突进的产物,"五·四"运动也难免有过火之处,如为了打击复古思想而对传统文化采取一概否定的态度,即不可取。这是重新审视这一文化运动时,必须提出来的。

---

① 　鲁迅《狂人日记》。

儒 学 的 新 变

现代新儒学兴起的背景:世界上,第一次世界大战给人类带来深重的灾难,人们开始对西文物质文明的作用和价值产生怀疑,从魏源的"师夷长技"到胡适的"全盘西化"都未能给人满意的答案。国内,"五·四"狂飙突进运动提出"打倒孔家店"的口号,存在着传统虚无主义的危险倾向,如何正确认识传统文化,成为有责任心的知识分子必须面对的现实。

在这种背景下,一部分人仍着眼于西方,但注意力相对集中于新起的马列主义;另一部分人则将视线转向东方,掀起东方文化思潮。早年主张改良的梁启超在战后西游,见满目疮痍,即一反当年仿西改制之说,转而认为中国古有的文化基础,才是最合乎世界的新潮。他的弟子张君劢更提出了"要拿西洋科学西洋政治同我们的儒教佛教消化而融会之,这就是我们对未来的使命"的命题,表现出融东西的宏愿。梁氏师徒之外,现代新儒学的重镇还包括熊十力、梁漱溟、冯友兰等人。熊十力对原始儒学进行全面清理,综合先秦孔子学说和宋明陆王心学以及佛教大乘空宗法相唯识之学,建构其全新的唯识论理论大厦。既不同意胡适所谓的"全盘西化",又对梁漱溟的思想作出重大修正。提出"中西学术,合之两美,离之两伤"的观点。与梁氏的重视陆王心学不同,冯友兰以宋代程朱理学作为其学术之源,借助西方哲学的理论架构,以《新理学》《新事论》等"贞元六书"建构起其新儒学的理论。与那两位相比,梁漱溟不仅有哲学上的沉思,而且还是个积极的"实践者",有着极高的政治热情和实践精神,曾亲到穷困乡村,探索改革社会的途径,国共两党先后执政,他都能直言不讳地议政。虽然其政治成就远逊于其学术成就,但他那种执着的精神,却无时不刻不体现出儒学中那深切的淑世之情。

新儒学的其他代表人物,还有马一浮、林宰平、钱穆、梅光迪等人。他们的思想虽各有偏重,但其从宋明理学中寻求中国文化的活源,强烈的儒学经世致用的心情,却是一致的。

对于现代新儒学兴起的思想根源,贺麟在《当代中国哲学》中有较为精到的评价:"(现代新儒家们)感受到了西洋文化思想的震荡,而思调整并发招兵买马中国哲学以应新时代的需要。他们的心理分析起来,大约有几种不同:有的人对于中国的文化有了宗教的信仰,而认为西方的文化有了危机,想发扬中国文化以拯救西方人的苦恼;有的人看见西洋思想澎湃于中国,中国文化有被推翻被抛弃的危险,抱孤臣孽子保持祖宗产业的苦心,亟思发扬中国哲学,以免为新潮流所冲洗而荡然无存;有的人表面上攻击西洋思想,而不知不觉中却反受西洋思想的影响;也有的人表现上虚怀接受西洋思想,然而因不明西洋思想的根底,他所接受的乃非真正的西洋思想,而仍然回复到旧的窠臼。"由此已不难看出,现代新儒学是在西学浪潮汹涌而来且其利弊得失也较清晰地展示出的情况下,中国知识分子积极地以本土文化为依据做出的回应。虽然现代新儒学作为一种思潮,其思想价值和理论意义都是值得肯定的,但由于其本身的缺陷,注定了其必然走向式微。在中国新民主主义革命胜利,马列主义、毛泽东思想如燎原之火燃遍中华大地之时,新儒学只能在海外的"儒学文化圈"中流播,其影响更小了。

毛泽东思想的文化内涵

毛泽东思想可以说是马克思列宁主义与中国传统文化结合的典范。

认识毛泽东思想，首先要区别"毛泽东思想"与"毛泽东的思想"之间的差别，前者是中国共产党第一代领导人的集体智慧的结晶，而后者则是毛泽东个人的思想。在《中国共产党中央委员会关于建国以来党的若干历史问题的决议》中，这样介绍毛泽东思想的形成和发展："在本世纪二十年代后期和三十年代前期，在国际共产主义运动中和我们党内盛行的把马克思主义教条化、把共产国际决议和苏联经验神圣化的错误倾向，曾使中国革命几乎陷入绝境。毛泽东思想是在同这种错误倾向斗争并深刻总结这方面的历史经验的过程中逐渐形成和发展起来的。"毛泽东思想不是一夜之间从天下掉下来，而是有很长的发展过程的。

从文化学的角度透视毛泽东思想，可以发现，毛泽东思想很好地继承了马克思主义的科学原理，发扬了马克思主义的科学精神。在整个西方物质文明被第一次世界大战打得一塌糊涂的时候，马克思主义卓有成效地继承吸收西方世界的文明遗产，其先进性就更为明显了。毛泽东思想直接吸收了马克思主义中的唯物辩证法、历史唯物论、政治经济学和科学社会主义等原理，还间接地吸取了西方文明中科学、民主、自由、进步等进步因素。

同时,毛泽东思想还很大程度上吸取了列宁主义的精华。"我们搞阶级斗争是从十月革命学来的",毛泽东的话,最能说明问题。毛泽东及其战友们创造性地借鉴了列宁主义中的阶级斗争学说,将之视为革命的依据,也看出的革命的手段和途径。凡此都说明,毛泽东思想是在全面吸取西方最先进的文化思想的基础上形成和发展的。

当然,不可否认,毛泽东思想并未全然照搬照抄西方的马克思列宁主义,其另一来源就是几千年的中国传统文化。以毛泽东为首的党的第一代领人中,虽然都有着很高的马列主义的理论修养,但他们都是地地道道的中国人,他们自小即耳濡目染中国传统文化,其启蒙和成长时期接受的都是传统文化。这就决定了毛泽东思想与中华传统文化必然保持着与生俱来的密切关系。毛泽东本人即十分注意自觉地接受传统文化。中国古典哲学著作如《论语》、《孟子》等,历史著作如《左传》、《史记》等,文学著作如《诗经》、《三国演义》等,都是毛泽东常备案头之书。在他年老眼昏之时,他还特地请人校刊了大字本的历史、文学名篇。从毛泽东的藏书可以看出他对传统文化的热爱和吸取。毛泽东思想继承了不少中国古典唯物主义哲学的范畴和命题,将古代朴素辩证法提高到唯物辩证法的层面,还将实践引入到认识论的领域。这些都说明毛泽东思想与传统文化的密切关系。

必须注意的是,毛泽东思想虽然是集体智慧的结晶,但它跟毛泽东本人的气质、秉性、品格、智慧、学识、魅力有着十分紧密的关系。他对中国的国情有着较他人更为深入了的了解,对中国的传统有着更加全面的接受,因此,其思想也更具指导性和开创性,针对文化的走向,他提出民族的科学的大众的文化指向,即是其中明显的例子。全党思想以"毛泽东"命名,正是基于这一点。

任 重 道 远

　　传统文化的现代化，说起来容易，做起来难。上世纪以来，民族复兴之梦一直萦绕着我们的上辈，现在又落到我们的身上，任重道远，我们只能努力，才能上对得起前辈先烈，下对得起我们的后人——这样的社会文化意识，本身就已经说明我们无时无刻不浸染于传统文化之中。

　　要促使传统文化的现代化，首先得知道什么叫传统文化，懂得如何继承它。新民主主义革命以来，我们在中国共产党的领导下进行大规模的文化建设，但也走了不少弯路。在极"左"思想的时代里，一切传统的东西都被视为封资修，都被作为牛鬼蛇神，都被列入禁毁、"打倒"之列。人为地割断传统文化的脐带，似乎只有如此，才能标榜自己是一个现代人，革命者。新时期以来，改革开放之后，西方人文科学也曾大规模涌入，西方的价值观念也随之而来，传统文化再次成为被嘲笑的对象，似乎只有热情地拥抱西方文化，才有资格与世界文明对话。事实上，在全球一体化的今天，越是民族的也越是世界的，只有很好地认识并继承传统文化，才能在世界文化之林里，体现出自己的民族特色，才能丰富世界文化，也才能获得别人应有的尊重。否则，一味追随模仿，邯郸学步，丧失自我，也绝不可能被别人尊重或者看重。

　　继承传统文化，必须首先明白一点，那就是所谓传统并不是外在于我们的死板的东西,而是我们与生俱来,体现于我们的一言一行之中。我们称自己是龙的传人,体内流淌的是中国人的血,这两句话就很能说明问题。所谓"龙的传人",就是对龙这个中华民族的象征物的承认和崇拜。"龙"在这里已不再是原始图腾,而是中华民族传统文化的象征。我们说的"中国人",也不仅仅是想跟世界其他各国区别开,而是指我们自己是以汉族为主体的中华民族共同体的一分子,其中的一员。而那些历史上留存下来的文化遗物、遗迹,不仅是我们民族文化的瑰宝,是我们这个伟大民族生生不息不断前进的见证,而且也是我们每个中国人种性的见证。我们没有理由鄙弃她,损毁她,否则就是我们自己作贱自己。

历史赋予我们的任务,不仅仅是继承,还要对传统文化进行改造,促其前进,使之现代化。如何促进传统文化的现代化,我们以为,可以分为两大部分,对于那些作为传统文化的实物,我们是不可能促其现代化的。"文化大革命"式的毁坏,不仅无益于其现代化,反而成为文化的浩劫,固守住这些宝贝不放,那是"国粹"主义,也无益于现代化。对于这些文化遗迹和遗物,我们要倍加爱护,使之完好无损地留传后世。这是一种继承,而不是现代化。真正的现代化,则要体现于我们的日常生活和行为之中。这又可以分为自觉和不自觉两种情况。不要一谈到传统文化的现代化,就以为是十分神秘或神圣的东西,是那些文化研究者的事情,他们于冥思苦想之后,提出一条或几条具体的方案,然后大家一齐照办,就都现代化了。不是这样的,既然我们每个人都将传统文化随身带,而我们又都处在现代这样一个全球一体化的社会之中,我们的一言一行,一举一动,每个价值判断,都既有一个传统文化的参照系,又同时处于现代化的坐标之中,因此,它们本身就已是传统文化的现代化了。这可以称为不自觉的。另一种当然是我们通过系统或相对系统地学习传统文化,对传统文化有较为清晰的认识,然后再纳入现代坐标之中。这可以说是自觉的。

前　程　远　大

作为炎黄子孙,促使传统文化的现代化,当然是义不容辞的责任,但这只是问题的一个方面,另一更重要的方面则是如何使传统文化世界化。在全球一体化的今天,民族文化的振兴已经刻不容缓了,如何早日振兴我们的民族文化,已经成为当务之急。

近代以来,在西学的冲击下,如何看待传统文化,如何改造传统文化,一直是有志之士们思考的问题。民粹主义者死抱着传统不放,民族虚无主义者则全面倒向西方,这些都不是科学的态度。更多的人虽然意识到必须融中西于一体,但是,传统的影响往往使他们不能摆脱其文化底色,虽然有了科学的态度或者方法,但是,其思维方式受传统的影响,却常常使他们不自觉地以中国人的眼光去看世界,去分析评判外来文化,去审视传统文化。虽然现在说起晚清大臣们面对八国联军的坚船利炮,还大叫"天朝大国",不免作为笑话,但是,我们直到今天还有人一听到国外有了什么,就会从潜意识里发出:我们在哪朝哪代就已经有了这样的玩艺儿! 其精神实质,也就是阿 Q 常说的那句话:我的祖上比你富得多! 说到底还是在自欺欺人,仍然抱着那点狭隘的民族情绪。这是很不好的。

正确的态度是,我们应该具备开放的胸怀、宏大的气度、坚定的自信,以科学的态度对待传统,对待现实和将来。既然我们已经承认自己的任务是"振兴"民族文化,那么,其前提就民族文化处于低潮或者说民族与外来文化相比,呈现出低势能文化的劣势。那么,我们在喊"振兴"之前,就要承认这样的事实,以平常心对待外来文化,面对文化的交流和交融,要有气度和自信,相信民族文化终有重振之日。至于科学的态度,最为关键的一点,就是要跳出原本狭隘的文化圈子,跳出以本土文化为基础的思维方式,以孔子登泰山而小天下的气度,将全球文化揽入怀抱,为中国传统文化寻找全新的坐标系,为它重新进行科学的定位和定性。唯其如此,我们才能真正感受到传统文化前程的远大。

对于中国文化的未来,有人认为二十一世纪是中国文化的世纪,更有人认为网络时代的到来,给了西方文化冲击中国文化更大更好的机会,中国文化的未来是暗淡的,无望的。如何正确面对这个问题呢?须知任何预测都是不可能完全科学的或者说不可能完全正确的,因为决定传统文化在未来的走向,有必然因素,但也存在着或然性因素,而很多未来的不确定因素,我们是无法全面预测的。传统文化的未来,不可能用未来学的方法进行评估,因此,也不可能准确地断定其走向。我们这里也不想"杞人忧天"式地进行预测,但是,在此想强调一点,那就是,作为一个现代的中国人,我们应该采取较前辈更加科学的态度对待传统文化和现在的西方文化,以公平的、理性的态度看待二者。我们可以在一定的时间或空间里站在传统文化的角度或者中国人的角度看问题,但另一时间或空间里,则必须站到世界文化的高度,审视西学,审视我们的传统。只有这种态度才是科学的。

仙

　　仙文化在中国有着十分悠久的渊源,虽然它有着很明显的道教色彩,而且也主要被纳入到道教的理论体系之中,但其源头却比道教要早得多。这可以从以下几个方面获得证明。首先,先秦时期齐鲁等地就已经是方术之士众多之所,神仙之说流传甚广。秦始皇、汉武帝的求仙、封禅等行为,就都是在方士们的怂恿下进行的。神仙家早已是先秦"百家"之一了。其次,仙文化跟原始天文学有着密切的联系,"太白金星"、"文曲星"、"老人星"、"牛郎"、"织女"等,都是天上星宿名称,但在神仙体系中,它们又都是相应的神仙。这里面透露出来的,正是原始的巫史文化的特色。再次,仙文化中还表现出万物有灵的原始思维。山有山神,河有河伯,海有海神有龙王,灶有灶王爷,有湘妃、有洛神、有牡丹仙子等等,每一个现实中的事物,都相应地有一个神,这种原始的神学思维方式,也是巫史文化的一大特色。最后,仙文化中还有祖先崇拜和图腾崇拜的遗迹,如原始图腾的龙,在神仙体系中即占有重要地位,就是明证。凡此种种,都说明,神仙思想较道教成熟要早得多。

　　但是,神仙思想在秦汉时期趋于极盛之后,随即受到严重的打击。向秦始皇、汉武帝等人进献仙方的方士,因其方不验多被处死。加上后来儒学取得独尊,仙文化潜伏于民间,不断改造渗入祖先崇拜的内容和道家思想,再糅入今文经学中的那些谶纬之说、灾异之论等,在东汉天下大乱的情况下,为广大的下层百姓所接受,并最终催生出中国本土宗教——道教,并自那以后,就以道教为主要依托,流行于社会的各个阶层。

不可否认的是,虽然仙文化有着很深的道教渊源,但它在以儒学文化为主体的中国,还是不可避免地儒学化了,这主要有两方面的表现。第一,仙本身是有等级差别的,最底层的仙叫地仙,其来源既可以是长年修行的人,也可以是动物(如狐仙)、植物(如牡丹仙子),它既可以长命不死,也可以变化无穷,还可以上通天庭,但其神通却有限,只能生活在地面,惩恶扬善,替天行道,实现上天的意愿,也修炼自身,为升做天仙准备条件,否则,以扰乱社会为修炼之法,为害人类,就会受到上天的惩罚,降为鬼怪。第二层叫天仙,生活在天庭,神通较地仙广大。第三类是神仙,为最高层次之仙。这三大不同层次的仙,虽彼此区分,但又是相互关联的,修得正果,就可以上升一个层次,否则层次下降。第二,仙文化的儒学伦理化还表现在神仙生活的世界里,虽然每个仙人作为个体都有着极大的自由,但整个世界却又非常有秩,维持其秩序的还是儒学的礼教伦理。众神仙平日各司其职,为玉皇大帝掌管着不同的工作,见了玉皇大帝,也像世间的大臣见了皇帝一样,要行跪拜之礼。违犯天条,还要受到惩罚(如七仙女下凡即被押回受罚),而且,在中国的神仙世界里,竟也有造反或反常之举,如孙悟空的大闹天宫,猪八戒的调戏嫦娥。现实社会的矛盾和冲突,在清虚无为的天庭里,都有影子。凡此种种,都说明所谓的神仙世界,其实就是现实宗法社会的变形反映。这就是仙文化的中国特色。

鹤

　　鹤是如何成为中国传统文化中一种有代表性的文化现象的,这当中有许多值得思考的地方。从上古文化的发源上,我们很难找到鹤作为原始文化组成部分的迹象。最初的道教传说,如黄帝白日飞升,不是骑鹤而是骑龙,似乎说明在道教兴起之后,还有一段时间里,鹤未受到重视。鹤后来为道教引入神仙世界,看来是源自民间的,而且其最初之源,很有可能是在神仙那里。

　　正是由于鹤被视为出世之物,得道之士骑鹤往返,那么,修道之士,也就以鹤为伴了。旧时笔记有"腰缠十万贯,骑鹤下扬州"的诗句,而北宋高士林逋更是隐于浙江西湖的孤山,三十年中足迹不及城市,终生不娶,以梅鹤为伴,享有"梅妻鹤子"的美誉。鹤被赋予了羽化登仙的内涵,并成为名士高情远志的象征物。这是鹤作为一文化现象的一种延伸意。

　　鹤跟凤有所不同,如果说凤带有皇家气息的话,那么,鹤身上透露出来的则是平民气息。无论出身如何,只要是心怀远志高情,就会获得与鹤共舞的资格。而且,还可注意的是,鹤在进入道教体系之后,并没有神异化的改造,跟鹿一样,大多数情况下只不过作为神仙的坐骑,为神仙所役使而已。因此,鹤在神仙世界里,地位并不高。但由于鹤跟道教、神仙有着密切的关系,因此,鹤作为一种文化现象,它又有了一种另外的延伸意:被视为长寿之物。在民间,鹤与松结合,成为长寿的象征。"松鹤延年","鹤发童颜"等,成为对高寿者的赞辞。这是鹤作为文化现象对中国人产生影响的地方。

虽然鹤如何进入中国传统文化体系,没有一个准确的答案,但它作为一种文化现象,对我们今天而言,重要的已不是这个源,而是这个文化现象本身的意味。可以从鹤这个神仙的坐骑联想开去。在中国的神仙世界里,动物如鹤、鹿、玉兔等,植物如绛珠草(化为人身为林黛玉)、灵芝等,包括鬼怪一类的狐等各种精怪,都不具那种狰狞恐怖的力量,相反,这些动植物都极富人情味,都是因为人服务而存在。从这种神仙世界的创造中,是否表明中国人自古就有着很强的与自然和平共处的心态?进一步展开想象,还可以发现,无论是阴曹地府,还是天庭仙境,都是那些具有人形的鬼怪带有令人恐怖的力量,还会利用这种超人的力量对人类进行惩罚。另外,神仙世界也并不像隐士和普通百姓想象的那么太平无事,神仙各司其职,虽有行动的自由,日行千里不难,但他们的内心却是孤独的,或者说是孤立无援的,甚至还会彼此妒忌。凡人想成仙,而神仙却每每动起凡心。这种仙界的设计,反映出来的,或许表明中国人潜意识里对人与人之间的关系有着深层的厌恶。儒学作为中国文化的主体,一再强调的是人性的善良,而作为现实世界曲折反映的神仙世界里,却展示出来人性丑恶的一面(本不应该丑恶),某种程度上讲,也算是对中国文化本身的一种否定了。也许正因如此,所以神仙世界在高雅之士眼里,并不具有权威力量,相反那些避难居于绝境桃花源中的避秦人,却更为隐士所倾慕。

龙　　凤

从文化原型上进行溯源,龙凤都是远古初民部落的图腾,龙主要是中原各族图腾物的结合体,凤则为南方各族图腾物的结合体。后人还曾考证,龙为黄河流域黄帝部落联盟的图腾,而凤则为南方炎帝部落联盟的图腾,后来炎黄二帝经过战争合并为一体,结成炎黄部落联盟为主体的华夏族,并形成了共同的图腾——龙。我们自称龙的传人,即源于此。但是,作为南方的凤并没有因此消失,作为部落联盟过程中一大文化因子继承下来,与龙合为龙凤,构成中国特有的龙凤文化的主干之一。

凤作为图腾之所以存在下来,其中的原因肯定是多方面的,但一个很重要的原因,即跟中国传统的阴阳观念有着十分密切的关系。从上古时代起,中国人即形成了一阴一阳谓之道的平等对立观念,阴阳二爻乃天地化生万物的根本。龙虽有雌雄之别,但其为同类,故不具备阴阳对立的意义(跟同族内男女不能通婚是一个道理),而凤作为炎帝部落联盟的图腾,作为与龙相对应的一"仪",既是部落联盟的象征,又得阴阳二仪相配。再者,凤为南方部落的图腾,为火鸟,行火德,龙飞于天,腾云驾雾,行水德,水火相克,可一旦交合,也就相生,标志着新纪元的开始。以龙为阳,以凤为阴,正与《易》中阴中含阳,阳中含阴的变"易"思想吻合:来自南方的凤与中原的龙交合,正是阳静而阴、阴动而阳的化生万物之始！当然，这些都只能是一些合逻辑的推测，龙凤文化为什么存在下来的真正原因，还有待进一步研究。除此之外，凤还被视为吉祥鸟，象征着高洁的品行——凤只栖于梧桐树上，其择枝而憩，犹贤士择主而事。

无论如何，龙凤文化几经演变，成了阴阳的象征。龙为阳，凤为阴。龙凤相配，最主要的就是象征着阴阳和合。从天来讲，阴阳和合也就意味着风调雨顺、五谷丰登，从人类社会来讲，龙凤呈祥，也就标志着国运昌盛、人民安居乐业。作为一种文化现象，龙凤呈祥对中国人的影响是至为深刻的。在至高无上的后宫里，皇帝是真龙天子，娘娘则是凤。龙袍凤冠几乎是皇室的专利品，皇帝的衣食起居，无不跟龙相关，而皇后的一切行为也理所当然地跟凤相关。

作为中国社会最上层的皇室对龙凤情有独钟，当然对整个社会心理有着巨大的促进作用，明代以前，皇室享有对龙凤的专利权，但是，明代后期，"龙凤"终于抵制不住商品经济的冲击，成为普通百姓服饰的花样，与此同时，龙凤作为原始图腾的性质，也被民间普通百姓发掘出来。民间婚姻风俗中，保持着对皇室龙凤阴阳相配的"嫁接"仪式。"有凤来仪"几乎成了婚配的专有名词。更重要的是，凤还被还原出最初的图腾含义：凤的出现，被看成是吉祥的征兆，凤音、凤姿，都被视为优美和谐。总而言之，龙凤文化在民间具有较皇室更为广泛的引申和象征意义。它们任何时候，都象征着吉祥如意，表达着中国人对和平、团圆、幸福、美满生活的企盼和向往。

雅　　俗

重雅轻俗,严雅俗之辨,在古代中国,有着悠久的历史。但是,什么样的是雅,什么样的是俗? 却从来没有一个一成不变的标准,不同的时代,不同的地位,不同的身分,甚至不同的人物,都会有不同的雅俗观。

从本源上讲,雅俗间的区别,跟先秦的"君子""小人"之别关系甚为密切。君子与小人,是就人的品性进行划分,而雅俗的区别则注重点在人的情趣上。孔子骂人,就径呼之为"小人",还有"君子喻于义,小人喻于利"的名言。最古老的君子的含义,主要指受过教育且有良好品德的人,而一般百姓没有受教育的机会,因而也跟那些无德之人被并称为"小人",这样的划分方式,带有儒学伦理文化的色彩,但对后世中国的文化心理影响至为深远。从东汉直到魏晋时期,士族兴起,九品中正制作为选官的标准,对人品的要求最为关注。于是品评人物,成为当时十分重要的带有政治意义的活动,当曹操被评为"治世之能臣,乱世之奸雄"时,他本人即大为高兴。刘备听曹操说"天下英雄,唯使君(指刘备)与操尔"时,因为担心曹操看透了他的心思,竟至于手足无措,筷子落地。在名士追求玄远之旨的风气驱动下,魏晋时评人,一个重要的标准,就是"清""浊"论人,若被许有"清气",有"清神",能"清谈",那么,就有资格入"清流",成为上流社会中受人尊重之人,否则,若有"浊气",则纵有天大的本领,也不会被上层"清流"接受。这其实是在气质层面的雅俗意识。

由于最初的雅俗之别,就已经把"义"和"利"牵扯进去了。因此,后世在论雅俗之别时,义利态度成为一种很重要的衡量指标:重义之士,即为雅士;重利之人,即是俗人。在以农为本的思想下,重农轻商在封建社会保持着其一贯性地位,因而,以谋利为主的商业活动,自古就被视为俗举。唐代科举考试中,商家子弟跟市井之徒一样,连参加的资格都没有。白居易还专门为这些写过文章,为之鸣不平,但并不能动摇传统的社会基础。宋代时,城市经济不断发达,商业活动也越来越繁荣,雅俗之辨也日益激烈。宋代戏曲《宦门子弟错立身》中,对儒生爱上唱戏女进行嘲讽,很能说明问题。而且,雅俗之别,还促使宋代文化发生了巨大的改变,一些正统文人,为了维护传统文化的正统地位,不断地对当时新起的俗文化样式进行排斥和打压,而且还一而再再而三地为"雅"文化树立标准,希望借"圈定"雅文化以达到与俗文化相区别的目的。结果导致"雅"文化因受到禁锢而日益僵化并衰老,而俗文化则越来越占有广阔的空间,因而蓬勃发展起来。宋元之后,被封建士大夫视为"俗"文化的诸种文化形式都发展起来,小说、戏剧等大众文艺日兴一日,以至使社会观念也发生了改变。《三言》和《二拍》中有许多小说就写,书香门第的小姐"下嫁"商人,不仅没受到反对,而且还被身为儒士的老丈人夸奖。雅俗之辨发生了新的变化。而抱残守缺的正统儒生们在"喻于义"的古训下,虽然能发出"好色好货"的痛骂,却不得不过着贫困的生活而显得"寒酸"(儒酸)起来。

作为一种文化现象,雅俗滋生于封建社会,不可避免地有其局限性,但是,在雅俗的对立中,将人品和气质进行区别,还是有其积极意义的。虽然其内涵随着时代各有不同,但作为一个有独立个性的人,如何才能使自己气质人品高雅,却应该是我们始终追求的目的。"这人特俗"这样的话,可以肯定,没谁愿意听,那么,就看你怎么做了。

尚　　统

　　中国是个重"统"的国度。这也跟中国社会的宗法结构关系十分密切。最初的"统",当然就是"血统"了。在母系社会或族内婚流行的时期,不可能有血统的观念,自然也就没有什么"统"意识,随着父系社会的到来,私有制的出现,不同的部落或部落联盟之间的区别出现了,剩余财产的继承权出现争执,于是因"统"论序以解决氏族或部落内部的纠纷。

　　在血统的基础上,还形成了封建性的政治"正统"观。孔子作《春秋》,内华夏而外诸夷,即以华夏族为主而以周边少数民族为辅,已经表现出"正统"意识,而他以封建君主为中心的宗法社会的儒学思想,也正是其"正统"观的具体阐释。照孔子儒学的理解,谁能承天得道,那么他就是"正统",就是真命天子,就应该受到诸侯的尊重,否则就是僭越,就是以下犯上,不仅于礼不合,而且天理难容,天下人人得而诛之。因此,"统"观也就成了封建皇权的有力支撑点,成为礼的核心。除政治上的"正统"外,在哲学思想上还生发出"道统"观,即"道"在承传过程中所形成的一个统系。由于儒学在"百家争鸣"之后,取得了独尊的地位,因此,"道统"也主要记载的是儒学之"道"传播的过程,具体地就是尧、舜、禹、文(王)、武(王)、周(公)、孔(子)、孟(子)及以后各代大儒绍承"道"统的历史。受其影响,中国古代文学上出现"文统",道教里出现"仙统",佛教里出现"佛统",似乎在中国社会的每一个独立的分支里,都存在着一个完整的"统"。

尚统的民族心理,保证了我们民族历史的延续不断,某种程度上也是维持社会稳定的必要因素,但同时也为排斥异端作了准备,被纳入"统"内的,理所当然被看成正确,而"统"外的也就只能是异端,二者泾渭分明,判若鸿沟。而且,尚统的思想也造成了沉重的文化负担,使我们这个民族形成了"朝后看"的习惯心理和惯性思维,无论做什么,都要从祖宗那里去找依据,找不到就惶然、茫然失去了心理的依归。尚统的思想,在为保守和守旧的心理提供了广阔的空间,还给排斥异端提供了方便之门。在中国封建历史上,几乎所有的改革,都会受到保守派的极力阻挠,作为其依据的,就是所谓的"祖宗家法"前所未有,与所传之"统"相悖不能相容。从先秦的商鞅到宋代的王安石再到近代的康梁,凡是改革现实,都无一例外地受到保守派的排挤和打击,改革者在中国历史上,基本上都是身败名裂的失败者,由此就可以看出"统"意识在中国人心目当中的地位是多么的稳固!

时至今日,受尚统思想的影响,我们还习惯性地时时产生怀旧心理,一开口便是"我那个时候"怎么怎么样,改革开放以后,生活水平明显提高了,但人们仍对"大锅饭"心生怀念,"插兄""插姐"们,在进城之后,还要回到当年上山下乡的故地,重温昔日火红岁月的旧梦。当然,忘记历史,也就意味着忘本,如果回顾历史,是为了更好地创造未来,也是应该的,但单纯怀旧或者终日只生活在对往昔的咀嚼之中,却未必是件好事。总结历史经验以更好地创造未来,是应该提倡的,但出于对往日的依恋而在今昔对照时,固执地用现在的不如人意跟过去的长处相比,并因而因循守旧,那就未免会误入歧途了。对现代中国人而言,尚统的文化传统可以说是利弊参半,如何予以批判、继承,是我们面对传统文化时必须注意的课题之一。

务　　实

"大人不华，君子务实"是颇具中国特色的文化概念。它在中国社会的各个阶层、各个领域都有反映。

这种务实的民族个性，跟我们这个农耕民族传统的思维定势和思维方法有着密切的关系。"百家争鸣"将议论的重点放在如何改造混乱的政治，各学派都表现出极高的政治热情，就是明显的例子。在先秦儒家、墨家的思想中，有着非常突出的表现。儒学大师孔子的不语怪力乱神，对弟子提出死后如何的问题，避而不答，反问：连生都不知道，哪里还谈什么死！有着强烈的务实倾向。墨家更是身体力行，为了在道理上服人，他们往往亲临现场或亲自动手，身体力行，用实际行动作出证明。墨子跟公输盘的攻守措施，以"模拟战"的方式代替了残酷的实战，最能体现这一点。

在哲学思想上，中国人很少去进行"纯哲学"意义上的思考，即使是魏晋玄学，也是跟名士们的切身体验密切相关，是从"实"中"体贴"出来的。因此，魏晋人的玄言中，感性的成分占很大的比重，"清谈"成为其主要特色。作为"玄"的另一载体——玄言诗，也多是通过山水物象来刺激、催发创作主体的玄思。这种"务实"的民族心态也就决定了魏晋人在"玄"的路上不可能走得很远，绝对不可能出现亚里士多德式的不以实用为目的的系统完整的哲学思想体系。

另一"务实"的重要表现就在中国的宗教。最明显的例子，当然是中国的道教。作为一种宗教，几乎中国以外任何形式的宗教都将关注的重点放在死后，放在来世，都主张以今世为"来世"的铺路石，唯独中国的道教关注的重心就在今生，就在现世。在其教仪中，一个很重要的问题，就是如何享受今生，如何长生不死，纵然是死，也想求个肉身不灭，白日飞升。而且道教所设定的"彼岸世界"，说到底也只是现实世界的翻版，因此，神人可以沟通，一入深山老林，说不准就能遇上绝色的仙女，热情款待，缠绵留连，享受那种在现实生活中难以享受的人生。对于外来的佛教以及明清东渐的西方基督教，中国人都采用了以本土文化为主体的接纳、受容方式，绝对没有在思维方式的层面上沿袭和照搬。中国人创造性地改造佛教，就是将印度佛教的"心性本净"改造成为"心性本觉"，弃"渐修"而成"顿悟"。哪怕是杀人如麻，只要放下屠刀，立地即可成佛。"平时不烧香，急时抱佛脚"，就是这种"务实"的文化心态的突出表现。

纵观我们古代文明，无不体现出这种"务实"的精神：之所以建长城，是为了抵挡外来的侵略；之所以将故宫建成方方正正处于京城中心，是为了表达天子为宇内独尊的哲学思想；之所以给死去的祖先烧冥币，是为了让他在地底下有钱花，当大款。这种务实的习性，使得这个民族生生不息，永远向前，但同时也使我们的文化在总体上缺乏了某种空灵和玄远。

安 土 重 迁

安土重迁,意即安于故土,不轻易搬迁的意思。作为中华文化一种重要的特色,安土重迁体现出来的是黄土文明——农业文明——的特征。在以农耕为主的生产方式下,农业民族对土地的依赖远胜于游牧民族,上古时代黄河流域肥沃的土壤孕育了中华民族,也使中国人习惯于在故土从事周而复始的自产自销的农业经济,习惯于这种自然经济所带来的安宁与平静。"鸡犬之声相闻,民至老死不相往来",既是农民自身的要求,也是统治者的需要——社会细胞的自我封闭和彼此独立,对于行外儒内法的统治者而言,无疑是上佳的统治状态。

在安土重迁的文化心态下,形成的小农意识,一方面表现为胸无大志,老婆孩子热炕头,成为普通中国男人的最高人生理想追求。另一方面,就是对霸权的反对和反抗。自古以来,中国人就反对霸权,提倡王道。对于杀人盈野、盈城的战争,深恶痛绝,对于外族的入侵,也极为排斥。长城的修筑,从文化心态上讲,反映的正是这种不称霸、厌纷争的心理。秦汉以来,为了与周边少数民族少起边衅,统治者往往采用"和亲"的政策,通过与少数民族首领结亲的方式,达到消弥战祸的目的。汉代的王昭君入匈奴和亲,唐代的文成公主入藏,就是其中显著的例子。这当中,王昭君现象,是很能说明汉民族安土重迁的文化心态的:王昭君出塞和亲,达到了胡汉亲和的目的,满足了汉民族安土重迁的心理,但是,作为个体,王昭君却不得不抛弃安土重迁的观念,背井离乡,远入塞外漠北。对于王昭君的和亲,汉代时就已有怜其远嫁的歌咏,唐宋时代的大诗人如李白、杜甫、王维、白居易、杜牧、欧阳修、王安石、姜夔等,都有咏叹,从不同的角度,对昭君出塞发表意见,但总体倾向于对远别故土的王昭君的同情:"一去心知更不归,可怜着尽汉宫衣","昭君不惯胡沙远,但暗忆江南江北","不识黄云出塞路,岂知此声能断肠"等名句,无一不是对昭君充满同情。而在这同情的背后,反映出来的,正是这些大诗人心中安土重迁的文化心态。

虽然后世文人墨客对昭君出塞见仁见智,但在王昭君的身上,确实表现出为了民族利益牺牲个人利益的成分,不管当时的她是自觉的还是不自觉的,是自愿的还是被迫的。由此也可看出,安土重迁,也是相对而言的。作为一个有着优秀文化传统的古国,民族向心力和凝聚力的巨大,是不可估量的。虽然中华民族表现出安土重迁的文化特色,但是,在民族利益受到侵害之时,这个东方古老的民族共同体又会奋起反抗侵略及其暴行,不惜用血肉之躯筑起新的长城,这正是这个古老的民族生生不息的原因。

安土重迁意识与封建宗法制度相互结合,也就形成了中国封建社会特为稳定的社会基础。既然轻易不迁离故土,那么,只有被故土抛弃者,才会于万般无奈之下,背井离乡,离家远走。海外华侨在当年流亡海外之前,不忘包起故土随身而往,一立定脚根,即建宗祠立祖庙,以示不忘故土祖先,并在那里建立起新的宗法制度,形成新的具有华人特色的文化细胞,表现出极强的凝聚力和向心力。

爱　国

　　爱国精神,是传统文化向心力的必然体现,是中华民族自强不息奋斗拼搏的必然结果,是民族自信心的最终凝聚,是民族自豪感的最终体现。

　　曾经出现过把爱国思想说成是外在强加的观点,其实这是对中国传统文化不甚理解或者理解不深所造成的误解。以儒学为主体的中国传统文化,自始至终都表现出很强的伦理性和群体意识。在以"天人合一"为最高境界的文化背景下,人性与天道归之为"一",对"道"的追求成为所有人的最终目的,而伦理化的"道"本身也就包含着家国之恋。"忠君"之所有如此深厚的文化基础,就在于"君"背后有一个巨大的不可抗拒的"道"! 这既是中国传统文化的特色,也是爱国精神之所以深入人心成为所有炎黄子孙内在自觉的根本原因。

　　爱国的表现也是多种多样的。首先表现在"天下为公",在个体利益与国家利益发生冲突时,能主动牺牲个人的利益,以个体服从集体。在西方文化强调个性自由的情形下,个体服从集体,往往必须动用法律的机器才能实现,但是,在强调集体利益的儒学占主体的中国传统文化里,在个体与集体发生冲突时,个体的服从更多的表现出自觉和自愿的主动性。团队精神的不言自明和个人英雄主义的批评,最能说明这一点。其次,爱国还表现在为了祖国的富强而奋斗终生。这一点,历代仁人志士,都用他们的实际行动作了说明。再次,爱国还表现在对祖国大好河山的热爱和保护。美丽富饶的祖国,不仅为中华民族提供了生息繁衍之所,而且,她还以其特有风韵展示出中华大地和中华文明的独特魅力。作为中国人,我们没有理由不热爱她、保护她。最后,也是最为重要的一点,就是爱国必须保护祖国不受侵犯,保持祖国领土的完整和人民生活的健康和愉快。历史上,民族冲突过程中,各族人民为了维护正义,反抗外族的入侵的民族之间的战争,有时,为了维护民族利益,彼此之间也曾发生过战争,这些都是民族融合过程中所付出的沉重的代价。但是,各族人民的感情,通过血与火的洗礼,往往更加紧密地团结起来,民族融合的步伐更为加强。民族融合、各族人民大团结的历史巨轮,却自始至终没有停止转动过。特别是近代以来,在反帝反封建的战斗中,民族感情空前融洽,民族团结更为紧密,爱国思想也空前高涨,并出现向现代爱国主义过渡和上升的倾向。

　　虽然作为一种民族精神的财富,传统爱国主义是不可忽视的优秀文化遗产,但传统爱国思想有其局限性也是不可否认的事实,特别是其中两个方面的内容应该剔除:其一为忠君。作为忠君思想的现代变形,就是领袖个人崇拜心态,这既不利于法制的健全,也不利于民主意识的普及。其二为狭隘的民族心态。历史地看,民族融合过程中,确实曾出现过曲折,但民族融合仍大势所趋,不可逆转,在民族融合、世界一体的现代潮流中,逆时代潮流而动,搞民族分离,试图用传统爱国精神中的民族狭隘内涵代替现代爱国精神,不仅从根本上违悖了爱国传统,而且也是各族人民所不能允许的。只有在新的历史条件下,继续高扬爱国传统,并不断赋予其时代意义和新的内容,才是继承和发扬爱国思想的正确道路。

自 强 不 息

　　自强不息,是我们的民族精神之所在,是我们这个民族历经磨难终于存在下来并不断强盛的动力。《易经》中的"乾"卦"象传"里有"天行健,君子以自强不息"的话,正是我们的民族精神之源。在这句话里,给自强不息两种含义,首先,天是自强不息的,茫茫宇宙之所以存在,就在于它本身的不断运行;其次,"君子"法天行道,也自强不息。在这里,我们的祖先一下子就将"天"之所以"行健"的根本原因找了出来——自强不息,而且还以之为师法的最终目标。《周易》里所体现出来的,正是这种生生不息的精神。"易"的本意就是变化,就是创新。在古人眼里,《易》放在那里不动,就藏着天地间至神至妙之理,可一旦运数观象,那么"易"就变化起来,其中的卦象发生变化,只有在变化之中,才能显示出"易"之理,而且是一动百动,某个时刻动"易",也就意味着"易"在那一刻发生巨大变化,将其卦象变化到能跟那一刻整个宇宙对接起来,于是从整个宇宙中找到你想要的信息。打个通俗的比喻,"易"就像全球定位系统。如果你想搜索某个位置,那么,启动全球定位系统,天上是卫星分区搜索,然后将信息传回地面中心,由中心对信息作出处理,找到答案,得出所要求的信息,然后传出。"易"的工作原理也是如此。正是由于有了这样一种天地变化的全面的"易"的观念,所以"君子"要自强不息,不断地完善自己,永不停息地向更高更新的境界攀升! 只有如此,才能真正做到"天人合一",才能在自己的身上体现出"天"之"至德"。

"易"学中这种精神,在"百家争鸣"之时,就有着十分充分的体现。儒家圣人孔子说:"发愤忘食,乐以忘忧,不知老之将至。"墨家学派的众人更是充满了实践精神,为了实现天下"兼爱",他们连自己生命都可以随时牺牲,还有什么不能放弃的呢? 还有法家,他们提出以严刑酷法治理社会的思想,虽然有偏激之处,他们主张以术、势等手段控制甚至操纵人民也有其失当之所,但是,法家积极有为,想通过社会改革达到长治久安的用心,却也是正体现出自强不息的民族性格。这种自强不息的精神,在后代更被阐述得系统化,也有了全方位的表现。我们是一个文明古国,但她跟世界上所有的文明古国一样,都经历过无数的劫难和不幸。为什么这个民族能存在下来,不断发展壮大? 根本原因就在于自强不息的民族精神。在国势衰败之时,就会有一批改革家,不计个人得失,忧心国事,"先天下之忧而忧,后天下之乐而乐",进行社会改革,富国图强;当统治者残暴无道之时,就会有刚正直谏之臣,不顾个人安危,犯颜直谏,还会有那些不屈的斗士,挺身而出,为真理为正义而斗争;在外敌入侵、国难当头之时,就会有一批仁人志士勇敢地走出来,用他们的血肉之躯筑起新的长城。诸葛亮"鞠躬尽瘁,死而后已"的名句,恰是这种不息的民族魂的最好注脚。自强不息,不仅是我们这个国家这个民族的精神,而且也是我们每个中国人应该具备的精神品质。只有在这种精神的感召下,我们才能笑对各种困难和挫折,才会克服一切艰难险阻,勇敢向前。只有我们每一个人都继承并发扬这种自强不息的传统精神,才会汇成巨大的民族精神的潮流,推动我们的民族再度走向繁荣和富强,我们这个古老民族的再度振兴才会最终出现。可以这么说:作为一个中国人,你可以将所有的传统文化都置而不问,但自强不息的精神,却是你必须继承的,因为有了她,只要你有幡然醒悟之时,你仍能体会到传统文化的精神实质,否则,你就真的失去了作为一名炎黄子孙的资格了。

止 于 至 善

有人曾经比较东西学术精神的差别,认为西方追求"to be"(真),而中国追求"ought to be"(应该是、必须是),虽然这样的比较未免简略过当,但用"应该"概括封建时代君主集权人治的特色,却也有其独到之处。而且,如果剔除"ought to"中对"历史真实"的轻慢和忽视,那么,这个短语也确实概括出中国学术以善为最高指归的特色。

善,是伦理宗法文化的必然追求。孔子说:朝闻道,夕死可也。只要能达到"闻道"的善境,那么,连生的真实,也就可以超而越之了。人格和尊严,在中国人眼里,是再重要不过的事了。只是,这个人格和尊严还有"终极"意味,是一种"至善"的表现。为达此境,则短暂的人格尊严都可置之不顾,这就是为什么在追求至善的国度里,还会有那么沉重的主奴性气氛,溜须拍马还会有那么广阔的市场。作为儒学经典,《大学》指出了君子修身之路,提出了"止于至善"的人生目的。但是,这个世界里,"君子"受到内外因素的作用,想成为"君子"又是何其不易!

止于至善,只有到"至善",才能"止",才有资格停下脚步。变相地叫你终生不息地努力,不可有一刻的懈怠和松弛,否则,就不是"君子"。出语那么含蓄,期望如此殷切,使你有压力,却没有反感。

至善,犹如终极真理,不可企及。

那么,关键就在如何"止"了。佛叫人心念不起,以自身的觉去观照万物,参得的必定是万物本真,那是禅定,是定中之慧。庄子叫人心斋,叫人坐忘,于无智无觉中通于大道,游于无何有之乡,觅得逍遥和自在。儒则叫你葆住那本性之真,不以利欲为念,将那天性洞开,道盛而德善,于是至善之境生于内心,如山重水复之后的柳暗花明,让你欣喜莫名。这时,你会觉得一切努力和辛苦都是值得的,你的心融入其中,感受着善,也感受着自己。你只有"止",才能全身心地投入,只有"止",才能守住那得来不易的本真。这种"止",是一种愉悦,是你人格的全方位展现。这时,你发现出自我以及自我的真实,"ought to be"的理想追求,于顷刻之间,化成了"to be"的现实存在。

在这种至善之境,你获得了全新的我,《大学》称你为"新民"——道德修养完整的全新的大写的人!

大学之道,在明明德,在新民,在止于至善。

——《四书·大学》

思 考 题

十九世纪后半叶的西学输入,主要有哪些途径,与前期相比,有何特色?

十九世纪下半叶社会巨变表现在哪些方面?

洋务运动的实质是什么?

如何从文化学的角度认识义和团运动的实质。

如何理解启蒙对于传统中国的意义?

如何正确评价"五·四"运动?

现代新儒学兴起的历史背景是什么?

简述毛泽东思想的来源。

如何正确认识传统文化的现代化?

如何对待传统文化的世界化?

从文化学的角度看,仙文化是否反映了儒学思想,有哪些方面?

从文化学的角度,谈谈你对中国神仙世界的认识。

龙凤文化是否还具有现代意义?

简述雅俗观对今人的影响。

如何正确理解和对待"尚统"的文化传统?

如何看待"务实"的文化特色?

在今天看来,安土重迁有何正反面的影响?

爱国传统的现代意义是什么?

结合你的实际谈谈对"自强不息"的理解。

附：参考文献

西　　铭[1]

张　载

　　乾称父,坤称母。予兹藐焉,乃混然中处[2]。故天地之塞,吾其体;天地之帅,吾其性[3]。民,吾同胞;物,吾与也[4]。大君者,吾父母宗子;其大臣,宗子之家相也[5]。尊高年,所以长其长;慈孤弱,所以幼其幼。圣,其合德;贤,其秀也。凡天下疲癃残疾、惸独鳏寡,皆吾兄弟之颠连而无告者也[6]。"于时保之",子之翼也。"乐且不忧",纯乎孝者也[7]。违曰悖德[8],害仁曰贼[9],济恶者不才[10],其践形,惟肖者也[11]。知化则善述其事,穷神则善继其志[12]。不愧屋漏为无忝[13];存心养性为匪懈[14]。恶旨酒,崇伯子之顾养[15];育英才,颍封人之锡类[16]。不弛劳而底豫,舜其功[17];无所逃而待烹,申生其恭也[18]。体其受而归全者,参乎[19]!勇于从而顺令者,伯奇也[20]。富贵福泽,将厚吾之生也;贫贱忧戚,庸玉汝于成也[21]。存,吾顺事;没,吾宁也。

注释：

[1] 这是《乾称篇》的首段，张氏曾经把这一段和本篇的末段录出，贴在东西窗上作为自己的座右铭，后者题为砭愚，前者题为订顽。当时特别受到二程的赏识，程颐改称《订顽》为《西铭》，《砭愚》为《东铭》。后来朱熹又把《西铭》从《乾称篇》分出，另作注解，成为独立的一篇。

[2] 《周易·说卦》："乾，天也，故称乎父；坤，地也，故称乎母。"朱熹注《西铭》说："人禀气于天，赋形于地，以藐然之身而位乎中，子道也。"全篇的主旨，在说明人是天地所生，禀受天地之性，所以必须能与天地合德，才不愧为人。

[3] 《孟子·公孙丑上》："我善养吾浩然之气。……其为气也，至大至刚，以直养而无害，则塞于天地之间。"又："夫志，气之帅也；气，体之充也；夫志至焉，气次焉，故曰持其志，无暴其气。"天地之塞吾其体，是说充满了天地之间的气是构成人的身体的东西，即所谓气体之充。天地之帅吾其性，是说气的本性即天地之间的领导因素就是人的天性。

[4] 与，党与，同伴。他认为所有的人类都是同一父母（即天地）所生的亲兄弟，其他万物都是人类的朋友。

[5] 大君，君主，帝王。宗子，宗法社会里享有继承权的嫡长子。家相，一家的总管。这里他把君主也看成自己的亲兄弟，比《白虎通》说的"王者为天之子""天子作民父母"的传统观念，多了一点民主的思想。但仍然拥护封建社会的秩序，认为统治权是天所赋与，其余的兄弟就没有做君主的权利，分掌统治权的大臣也只有君主才有权任命。当时程颐的弟子杨时，曾经怀疑《西铭》的观点近于墨子的兼爱，程颐对他说："《西铭》明理一而分殊，墨氏则二本而无分。"所谓分殊，正指这种天序天秩的观点说。

[6] 颠连，狼狈困苦的样子。无告，见《孟子·梁惠王》，谓无所告诉。

[7] "于时保之"，见《诗·周颂·我将》。翼，恭敬。朱熹《西铭》注："畏天以自保者，犹其敬亲之至也；乐天而不忧者，犹其爱亲之至也。《孟子·梁惠王下》：'乐天者保天下，畏天者保其国。《诗》云：畏天之威，于时保之。'"

〔8〕远，不从父母之命。悖，凶悖；悖德，指忤逆子。

〔9〕《孟子·梁惠王下》："贼仁者谓之贼。"害仁就是贼仁。张载认为"以爱己之心爱人则尽仁"（《中正篇》）。伤害了仁就叫做贼。

〔10〕《左传》文公十八年："昔帝鸿氏有不才子，……天下之民谓之浑敦；少皞氏有不才子，……天下之民谓之穷奇；颛顼氏有不才子，……天下之民谓之梼杌。此三族也，世济其凶，增其恶名。"杜注："济，成也。"

〔11〕《孟子·尽心上》："形色，天性也。惟圣人然后可以践形。"赵岐注："形，谓君子体貌严尊也。""践，履居之也。……圣人内外文明，然后能以正道履居此美形。"肖，相象。惟肖者，像父母的儿子。

〔12〕《中庸》："夫孝者，善继人之志，善述人之事者也。"这是说能穷神知化就能继承天的意志，成就天的事业，就是天的孝子。

〔13〕《诗·大雅·抑》："相在尔室，尚不愧于屋漏。"屋漏，室内西北隅隐僻处。又《小雅·小宛》："夙兴夜寐，无忝尔所生。"忝，羞辱；所生即父母。这是说在人所看不到的地方不做亏心事，是不辱父母的孝子。

〔14〕《孟子·尽心上》："存其心，养其性，所以事天也。"《诗·大雅·烝民》："夙夜匪解。"解通懈。匪懈，不怠，就是勤于事天。

〔15〕《孟子·离娄下》："禹恶旨酒而好善言。"崇，国名，禹的父亲鲧是崇国的伯爵，所以称禹为崇伯子。国为酒能乱性，所以说不饮酒就是能保养本性的孝子。

〔16〕《左传》隐公元年："颍考叔，纯孝也，爱其母，施及庄公。《诗》（《大雅·既醉》）曰'孝子不匮，永锡尔类'，其是之谓乎！"锡类，把恩德赐给朋类。这是说教育英才的人，对于天就像颍考叔的纯孝，能使同类都成为天之孝子。

〔17〕《孟子·离娄上》："舜尽事亲之道而瞽瞍底豫而天下化。"赵注："底，致也；豫，乐也。瞽瞍，顽父也；尽其孝道而顽父致乐，使天下化之。"弛，松懈。不弛劳，竭尽全力的意思。

〔18〕《礼记·檀弓》："晋献公将杀其世子申生，申生辞于狐突，……再拜稽首乃卒，是以为恭世子也。"恭是申生死后的谥，因为他顺从父意，所以谥为恭。申生是自缢死的，待烹只是等待杀戮的意思。当时申生

的兄弟重耳劝他逃往国外,他说:"君谓我欲弑君也,天下岂有无父之
国哉?"这是说人无所逃于天地之间,命里该死的时候,就只能像申生
的恭顺天命。

[19] 参,孔子的弟子曾参。《礼记·祭义》:"曾子问诸夫子曰:'父母全而生
之,子全而归之,可谓孝矣;不亏其体,不辱其亲,可谓全矣。'"

[20] 伯奇,周大夫尹吉甫的儿子,被父所逐。《颜氏家训·后娶篇》:"吉甫,
贤父也;伯奇,孝子也。贤父御孝子,合得终于天性,而后妻间之,伯
奇逐放。"

[21] 《诗·大雅·民劳》:"王欲玉女。"玉女即玉汝。玉是宝贵的东西,玉汝
于成,是说天宝贵着你,使你得到成就。人在贫贱忧患中受了锻炼,
可以达到最高的成就,所以说贫贱忧患戚是天为了宝贵他,用来使他
达到成就的手段。

五　　蠹(节选)

韩　非

上古之世,人民少而禽兽众,人民不胜禽兽虫蛇。有圣人
作,构木为巢以避群害,而民悦之,使王天下,号曰有巢氏。民食
果蓏蚌蛤[1],腥臊恶臭而伤害腹胃[2],民多疾病。有圣人作,钻
燧取火以化腥臊[3],而民说之[4],使王天下,号之曰燧人氏。中
古之世,天下大水,而鲧、禹决渎[5]。近古之世,桀、纣暴乱,而
汤、武征伐。今有构木钻燧于夏后氏之世者[6],必为鲧、禹笑矣;
有决渎于殷、周之世者[7],必为汤、武笑矣。然则今有美尧、舜、
汤、武、禹之道于当今之世者,必为新圣笑矣。是以圣人不期脩
古[8],不法常可[9],论世之事[10],因为之备[11]。宋人有耕田者,
田中有株[12],兔走触株,折颈而死,因释其耒而守株,冀复得

兔[13]。兔不可复得,而身为宋国笑。今欲以先王之政治当世之民,皆守株之类也。

古者丈夫不耕,草木之实足食也;妇人不织,禽兽之皮足衣也。不事力而养足[14],人民少而财有余,故民不争。是以厚赏不行,重罚不用,而民自治。今人有五子不为多,子又有五子,大父未死而有二十五孙。是以人民众而货财寡,事力劳而供养薄,故民争,虽倍赏累罚而不免于乱。

尧之王天下也,茅茨不翦[15],采椽不斫[16];粝粢之食[17],藜藿之羹[18];冬日麑裘[19],夏日葛衣;虽监门之服养[20],不亏于此矣。禹之王天下也,身执耒臿以为民先,股无胈,胫不生毛[21],虽臣虏之劳[22],不苦于此矣。以是言之,夫古之让天子者,是去监门之养,而离臣虏之劳也,古传天下而不足多也[23]。今之县令,一日身死,子孙累世絜驾[24],故人重之。是以人之于让也,轻辞古之天子,难去今之县令者,薄厚之实异也。夫山居而谷汲者,膢腊而相遗以水[25];泽居苦水者,买庸而决窦[26]。故饥岁之春,幼弟不饷[27];穰岁之秋[28],疏客必食。非疏骨肉爱过客也,多少之实异也。是以古之易财,非仁也,财多也;今之争夺,非鄙也,财寡也。轻辞天子,非高也,势薄也;争土橐[29],非下也,权重也。故圣人议多少、论薄厚为之政。故罚薄不为慈,诛严不为戾[30],称俗而行也[31]。故事因于世,而备适于事。

古者文王处丰、镐之间[32],地方百里,行仁义而怀西戎[33],遂王天下。徐偃王处处东[34],地方五百里,行仁义,割地而朝者三十有六国。荆文王恐其害己也[35],举兵伐徐,遂灭之。故文王行仁义而王天下,偃王行仁义而丧其国,是仁义用于古不用于今也。故曰:世异则事异。当舜之时,有苗不服[36],禹将伐之。舜曰:“不可。上德不厚而行武,非道也。”乃修教三年,执干戚舞[37],有苗乃服。共工之战[38],铁铦矩者及乎敌[39],铠甲不坚者伤乎体。是干戚用于古不用于今也。故曰:事异则备变。上古竞于道德,中世逐于智谋,当今争于气力[40]。齐将攻鲁,鲁使子贡说之。齐人曰:"子言非不辨也,吾所欲者土地也,非斯言所谓也。"遂举兵伐鲁,去门十里以为蜀。故偃王仁义而徐亡,子贡辨智而鲁削[41]。以是言之,夫仁义辨智,非所以持国也[42]。去偃王之仁,息子贡之智,循徐、鲁之力使敌万乘[43],则齐、荆之欲不得行于二国矣。

夫古今异俗,新故异备。如欲以宽缓之政治急世之民,犹无辔策而御悍马[44],此不知之患也[45]。今儒、墨皆称先王兼爱天下,则视民如父母[46]。何以明其然也?曰:"司寇行刑[47],君为之不举乐;闻死刑之报,君为流涕。"此所举先王也。夫以君臣为如父子则必治,推是言之,是无乱父子也[48]。人之情性,莫先于父母,皆见爱而未必治也[49]。虽厚爱矣,奚遽不乱[50]?今先王之爱民,不过父母之爱子;子未必不乱也,则民奚遽治哉?且夫以法行刑,而君为之流涕,此以效仁,非以为治也。夫垂泣不欲刑者,仁也;然而不可不刑者,法也。先王胜其法,不听其泣,则仁之不可以为治亦明矣。

注释:

[1] 果蓏(luǒ),古代木本植物的果实叫果,草本植物的果实叫蓏。蜯,同"蚌"。

[2] 臭(xiù),气味。

[3] 钻燧取火,即钻木取火。

[4] 说,同"悦"。

[5] 渎,水道,这里指大河。决渎,疏通河道。

[6] 夏后氏,指禹所建立的夏王朝。《史记·夏本纪》:"禹于是遂即天子位,南面朝天下,国号曰夏后。"

[7] 殷,即商朝。

[8] 脩,同"修",学习,遵循。

[9] 法,效法。不法常可,不效法永远合适的制度和办法。

[10] 论,考查,研究。

[11] 因,依据。为,制定。备,措施。因为之备,依据现实制定措施。

[12] 株,树桩。

[13] 冀,希望。

[14] 不从事劳动而给养充足。

[15] 茅茨,用茅草盖的房顶。翦,同"剪"。

[16] 采,据《史记·始皇纪》索隐:"采,木名,即今之栎木也,亦作棌。"采椽,用采木做的椽子。斫(zhuó),砍削。

[17] 粝粢(lìzī),粢通"餈",稻饼,用整粒米做成的饼。粝粢,即"粝饼"。

[18] 藜,同"藜"。藜藿:野菜。

[19] 麑(ní),小鹿。

[20] 监门,看守城门的人。

[21] 股,大腿。胈,肥肉。胫(jìng),小腿。

[22] 臣虏,奴隶。

[23] 多,称赞。

[24] 絜驾,系马乘车。古代卿、大夫等贵族才有马车坐,所以"絜驾"是指享受富贵,出门可以乘车。

[25] 腜(lóu),古代楚俗在二月祭祀饮食之神的节日。腊,古代十二月祭祀百神的节日。腜腊,泛指节日。遗,赠送。

[26] 庸,同"佣",指被雇用的人。决窦,挖沟排水。

[27] 饷,送食与人吃。

[28] 穰(rāng)岁,丰年。

[29] 土,当作"士",与"仕"同,指作官。橐,通"托",依托于权贵。

[30] 戾,暴虐。

[31] 称,适合。

[32] 丰,文王从岐山之下迁都于丰邑。镐,武王由丰邑迁都于镐,称镐京。

[33] 西戎,周代西北地区的少数民族,分布在今黄河上游一带。

[34] 徐偃王,周穆王时徐国的国君。汉东,汉水之东。

［35］荆文王，即楚文王。

［36］有苗，又称三苗，古代的一个南方部族。"有"是名词词头。

［37］干戚，古代兵器，干，盾牌，戚，大斧。

［38］共工，古代神话中的人物，传说曾与颛顼争帝。

［39］铁铦（xiān），古代兵器。矩，通"巨"，长的意思。乎，于。

［40］上古，指尧、舜、禹、汤、文、武。中世，指春秋。当今，指战国。

［41］削，削弱。

［42］持，保持。

［43］循，遵循，依靠。

［44］辔，马缰。策，马鞭。

［45］知，同"智"。

［46］视民如父母，看待百姓就象父母一样。

［47］司寇，古代掌管刑狱的最高一级的官吏。

［48］乱，纷乱，不太平，有纠纷。

［49］见，虚词，表示被动。

［50］奚，为什么。遽，就。

乙丙之际箸议第七[1]

龚自珍

　　夏之既夷[2]，豫假夫商所以兴[3]，夏不假六百年矣乎？商之既夷，豫假夫周所以兴，商不假八百年矣乎？无八百年不夷之天下，天下有万亿年不夷之道。然而十年而夷，五十年而夷，则以拘一祖之法[4]，惮千夫之议，听其自陊[5]，以俟踵兴者之改图尔[6]。

　　一祖之法无不敝[7]，千夫之议无不靡[8]。与其赠来者以劲改革，孰若自改革？抑思我祖所以兴[9]，岂非革前代之败耶？前代所以兴,又非革前代之败耶?

何莽然其不一姓也[10]?天何必不乐一姓耶?鬼何必不享一姓耶[11]?奋之,奋之!将败则豫师来姓,又将败则豫师来姓。《易》曰:"穷则变,变则通,通则久。"[12]非为黄帝以来六七姓括言之也[13],为一姓劝豫也。

注释:

[1] 篇的题目,朱之榛刻本为《劝豫》。

[2] 夷,意谓平衍低降,引伸为衰落。

[3] 假,借、给与的意思。

[4] 拘,拘泥,不知变通。

[5] 陊,音剁,堕落、破败。

[6] 踵兴,随后兴起。改图,改革。尔,犹"耳",语气词。

[7] 敝,衰败。

[8] 靡,披靡,倒下。

[9] 抑,语助词。

[10] 莽,杂草密生。莽然,形容杂多。

[11] 享,古代称鬼神接受祭祀叫做享。

[12] 见《易·系辞下》。

[13] 黄帝以来六七姓,指黄帝以下的颛顼、帝喾、唐尧、虞舜和夏、商、周。

正 始

顾炎武

有亡国,有亡天下。亡国与亡天下奚辨?曰:易姓改号谓之亡国;仁义充塞而至于率兽食人,人将相食,谓之亡天下。魏晋人之清谈,何以亡天下? 是孟子所谓杨、墨之言至于使天下无父无君而入于禽兽者也[1]。昔者嵇绍之父康被杀于晋文王[2],至武帝革命之时[3],而山涛荐之入仕[4]。绍时屏居私门,欲辞不就,涛谓之曰:“为君思之久矣:天地四时,犹有消息,而况于人乎!”[5]一时传诵以为名言,而不知其败义伤教,至于率天下而无父者也。夫绍之于晋,非其君也,忘其父而事其非其君,当其未死三十余年之间,为无父之人,亦已久矣,而荡阴之死,何足以赎其罪乎! 且其入仕之初,岂知必有乘舆败绩之事[6],而可树其忠名以尽于晚也! 自正始以来[7],而大义之不明,偏于天下。如山涛者,既为邪说之魁,遂使嵇绍之贤且犯天下之不韪而不顾[8]。夫邪正之说,不容两立,使谓绍为忠,则必谓王裒为不忠而后可也[9]。何怪其相率臣于刘聪、石勒[10],观其故主青衣行酒而不以动其心者乎[11]! 是故知保天下,然后知保其国。保国者,其君其臣肉食者谋之[12],保天下者,匹夫之贱,与有责焉耳矣。

注释:

[1] 杨,杨朱;墨,墨翟。《孟子·滕文公下》:“杨氏为我,是无君也;墨氏兼爱,是无父也;无父无君,是禽兽也。”

[2] 嵇绍字延祖,嵇康之子。晋惠帝败于荡阴,绍以身护卫,遂被杀。《晋书》列入《忠义传》。嵇康字叔夜,为魏晋时代有名的哲学家和文学家,为司马昭所杀。著有《嵇中散集》。晋文王,即司马昭,司马懿之子。

[3] 武帝,即司马炎,司马昭的长子。革命,指司马昭逼魏元帝曹奂禅位。

[4] 山涛,字巨源,与阮籍、嵇康、刘伶、向秀等七人被称为“竹林七贤”,著有《山公启事》。

[5] 山涛这几句话见于《世说新语·政事》第三,是代嵇绍出仕于晋提供藉口。

[6] 乘舆败绩,语本《离骚》:“恐皇舆之败绩。”乘舆是皇帝乘的车,乘舆败

绩此处是指晋惠帝败于荡阴的事情。

〔7〕正始,魏齐王曹芳年号(240—249年)。

〔8〕韪是以为然的意思,这句是说竟不顾天下人的非难,去作"败义伤教"之事。

〔9〕王裒,字伟元,晋营陵人。父仪,为司马昭所杀,终身不向西坐,表示反抗。

〔10〕刘聪,晋五胡前汉王刘渊的第四子。石勒,晋五胡后赵的君主。

〔11〕晋怀帝被刘聪俘虏,宴会时命怀帝穿着青衣在一旁斟酒。

〔12〕肉食者,指官僚贵族。《左传》庄公十年:"肉食者谋之,又何间焉。"

海 国 图 志 序

魏　源

《海国图志》六十卷,何所据?一据前两广总督林尚书所译西夷之《四洲志》[1],再据历代史志[2],及明以来岛志[3],及近日夷图、夷语[4],钩稽贯串,创榛辟莽[5],前驱先路[6]。大都东南洋,西南洋,增于原书者十之八;大、小西洋、北洋、外大西洋,增于原书者十之六[7]。又图以经之,表以纬之,博参群议以发挥之。

何以异于昔人海图之书?曰:彼皆以中土人谭西洋,此则以西洋人谭西洋也。是书何以作?曰:为以夷攻夷而作,为以夷款夷而作[8],为师夷长技以制夷而作。《易》曰:"爱恶相攻而吉凶生,远近相取而悔吝生,情伪相感而利害生。"[9]故同一御敌,而知其形与不知其形,利害相百焉;同一款敌,而知其情与不知其情,利害相百焉。古之驭外夷者,诇以敌形,形同几席[10];诇以敌情,情同寝馈[11]。

然则执此书即可驭外夷乎？曰：唯唯，否否。此兵机也，非兵本也；有形之兵也，非无形之兵也。明臣有言："欲平海上之倭患，先平人心之积患。"人心之积患如之何？非水非火，非刃非金，非沿海之奸民，非吸烟贩烟之莠民。故君子读《云汉》[12]、《车攻》[13]，先于《常武》[14]，《江汉》[15]，而知二《雅》诗人之所发愤[16]；玩卦爻内外消息[17]，而知《大易》作者之所忧患[18]。愤与忧，天道所以倾否而之泰也[19]，人心所以违寐而之觉也，人才所以革虚而之实也。昔准葛尔跳踉于康熙、雍正之两朝[20]，而电扫于乾隆之中叶。夷烟流毒，罪万准夷。吾皇仁勤，上符列祖，天时人事，倚伏相乘[21]。何患攘剔之无期[22]，何患奋武之无会？此凡有血气者所宜愤悱，凡有耳目心知者所宜讲画也。去伪，去饰，去养痈[23]，去营窟[24]，则人心之寐患祛[25]，其一。以实事程实功，以实功程实事，艾三年而奋之[26]，网临渊而结之[27]，毋冯河[28]，毋画饼[29]，则人材之虚患祛，其二。寐患去而天日昌，虚患去而风雷行。传曰："执荒于门，执治于田，四海既均，越裳是臣。"[30]叙《海国图志》。

以守为攻，以守为款，用夷制夷，畴司厥楗[31]？述《筹海篇》第一。

纵三千年，圆九万里，经之纬之，左图右史。述《各国沿革图》第二。

夷教夷烟，毋能入界，嗟我属藩[32]，尚堪敌忾[33]。志《东南洋海岸各国》第三。

吕宋、爪哇，屿埒日本[34]，或噬或駾[35]，前车不远[36]。志《东南洋各岛》第四。

教阅三更[37]，地割五竺[38]，鹊巢鸠居[39]，为震旦毒[40]。述《西南洋五印度》第五。

维皙与黔[41]，地辽疆阂[42]，役使前驱，畴诹海客[43]？述《小西洋利未亚》第六。

大秦海西[44]，诸戎所巢，维利维威，实怀泮鸮[45]。述《大西洋欧罗巴各国》第七。

尾东首西，北尽冰溟[46]，近交远攻，陆战之邻。述《北洋俄罗斯国》第八。

劲悍英寇，恪拱中原，远交近攻，水战之援。述《外大洋弥利坚》第九。

人各本天，教网于圣，离合纷纭，有条不紊。述《西洋各国教门表》第十。

万里一朝，莫如中华，不联之联，大食、欧巴[47]。述《中国西洋纪年表》第十一。

中历资西，西历异中，民时所授，我握其宗。述《中国西历异同表》第十二。

兵先地利，岂问遐荒[48]，聚米画沙[49]，战胜庙堂[50]。述《国地总论》第十三。

虽有地利，不如人和[51]，奇正正奇[52]，力少谋多。述《筹夷章条》第十四。

知己知彼，可款可战，匪证奚方，孰医瞑眩[53]？述《夷情备采》第十五。

水国恃舟，犹陆恃堞[54]，长技不师，风涛谁詟[55]？述《战舰条议》第十六。

五行相克[56]，金火斯烈[57]，雷奋地中[58]，攻守一辙。述《火器火攻条议》第十七。

轨、文匪同[59]，货币斯同，神奇利用，盍殚明聪。述《器艺货币》第十八。

道光二十有二载，岁在壬寅嘉平月[60]，内阁中书邵阳魏源叙于扬州。

原刻仅五十卷,嗣增补为六十卷。道光二十七载增为百卷,重刻于扬州,仍其原叙,不复追改。

注释:

[1] 林尚书,即林则徐。《四洲志》为《海国图志》所据者,见《海国图志》卷五、七、十三、十四、十六、二十至二十三、二十五至三十三、三十六、三十八、四十至四十三,共二十四卷,具题"欧罗巴人原撰,侯官林则徐译,邵阳魏源重辑"。其他各卷具题"邵阳魏源辑"。

[2] 史志,指《二十四史》中的《四夷传》、《通典》中的《边防典》、《通志》中的《四夷传》、《通考》中的《四裔考》和《续通典、通志、通考、皇朝通典、通志、通考》、《水经注》及《广东通志》等。

[3] 案《海国图志》所引已有元汪大渊《岛夷志略》、元周达观《真腊风土记》等,明以后海岛各国的记叙,引用更多,如黄衷《海语》、张燮《东西洋考》、利玛窦《坤舆图说》、艾儒略《职方外纪》以及清王大海《海岛逸志》等。

[4] 夷图,指外文地图;夷语,指外文著作。

[5] 榛莽,丛生的野树野草。创榛辟莽,指开辟荒芜,做前人没有做过的工作。

[6]《诗·卫风·伯兮》:"伯也执殳,为王前驱。"屈原《离骚》:"来吾道夫先路。"前驱即先锋;先路是走在路的前面,引导他人。这里说他自己领先撰写这部别人没有写过的书。

[7] 东南洋由卷三至卷十二,共十卷,根据林则徐译的只二卷;西南洋由卷十三至十九,共计七卷,根据林译的只三卷。所以说"增于原书者十之八"。小西洋由卷二十至二十三,共四卷,是根据林译的;大西洋由卷二十四至三十五,共十二卷,根据林译的九卷;北洋,由卷三十六至三十八,共三卷,根据林译的二卷;外大西洋由卷三十九至四十三,共五卷,根据林译的四卷;此外对林译本各有增辑,所以说"增于原书者十之六"。

[8] 款,讲和。

［9］见《易·系辞下》。

［10］形同几席，是说对于敌人的形势，像身边东西一般的清楚。

［11］情同寝馈，是说对敌人的情况像睡觉吃饭一般的熟悉。

［12］《诗·大雅·云汉》毛序:"《云汉》,仍叔美宣王也。宣王承厉王之烈,内有拨乱之志,遇灾而惧,侧身修行,欲销去之。天下喜于王化履行,百姓见忧,故作是诗也。"

［13］《诗·小雅·车攻》毛序:"《车攻》,宣王复古也。宣王能内修政事,外攘夷狄,复文、武之境土,修车马,备器械,复会诸侯于东都,因田猎而选车徒焉。"

［14］《诗·大雅·常武》毛序:"《常武》,召穆公美宣王也。有常德以立武事,因以为戒然。"

［15］《诗·大雅·江汉》毛序:"《江汉》,尹吉甫美宣王也。能兴衰拨乱,命召公平淮夷。"

［16］二《雅》,指《诗经》中《大雅》、《小雅》。

［17］《易·系辞下》:"爻象动乎内,吉凶见乎外。"

［18］《易·系辞下》:"《易》之兴也,其于中古乎! 作《易》者其有忧患乎!"

［19］《易·否卦》:"上九,倾否,先否后喜。"正义:"处否之极,否道已终,此上九能倾毁其否,故曰倾否也。"《否卦》坤下乾上☷☰,《泰卦》,乾下坤上☰☷,《否卦》反转来就成为《泰卦》。否是闭塞,泰是亨通,这里以为能够发愤与忧虑,可以变闭塞为亨通。

［20］准葛尔,蒙古部落名,本为额鲁特蒙古四卫拉特(卫拉特,译言大部)之一。跳踉,即跳梁,是指斥蒙古族对清朝的反抗。从康熙十七年(1678年)以后,曾屡次与清发生战争,直到乾隆二十五年(1760年)以后,才被清朝统治者镇压下去。

［21］《老子》:"祸兮福之所倚,福兮祸之所伏。"是说坏事可以变成好事,好事可以变成坏事。

［22］《诗·大雅·皇矣》:"攘之剔之。"攘,抵抗;剔,剔除。

［23］痈,毒疮,必须开刀,否则便会养得愈大。比喻因循不决。

［24］《战国策·齐策》:"冯谖曰:'狡兔有三窟,仅得免其死耳。今君有一

窟,未得高枕而卧也,请为君复凿三窟。'"这里说营窟,指营谋私利。

[25] 祛,除去。寐,是说蒙昧无知的毛病。

[26] 《孟子·离娄上》:"犹七年之病,求三年之艾也。"艾可以灸人病,愈陈愈好。比喻对外要有多年的准备。

[27] 《汉书·董仲舒传》:"临渊羡鱼,不如退而结网。"这是说有好机会还要做好实际工作。

[28] 《论语·述而》:"暴虎冯河,死而无悔者,吾不与也。"《正义》云:"无舟渡河为冯河。"这是指冒险的举动。

[29] 画中的饼是不能吃的,比喻中看不中用。《三国志·魏书·卢毓传》:"选举莫取有名,名如画地作饼,不可啖也。"

[30] 见《韩昌黎全集》卷一《越裳操》诗。越裳,古南蛮国。相传周公当政时,越裳重译来朝。

[31] 畴,谁;司,主管;楗,关楗。畴司阙楗,是说谁掌握那种关楗。

[32] 属藩,即属国,指当时对清称臣纳贡的各国。

[33] 敌忾,对敌人愤恨的情绪。尚堪敌忾,是说这些国家还能与中国一致抵抗外国。

[34] 屿埒日本,是说吕宋和爪哇岛屿面积的大小跟日本相等。

[35] 噬,吃;或噬,是说吕宋和爪哇被吞并;骙,马向前狂奔;或骙,是说日本称强。

[36] 前车,喻前事可以作为鉴戒的。《汉书·贾谊传》:"前车覆,后车戒。"

[37] 教阅三更,是说宗教经过三种变化,一为佛教,二为回教,三为天主教。

[38] 竺,天竺,中国旧译印度作天竺。五竺,即五印度。

[39] 《诗·召南·鹊巢》:"维鹊有巢,维鸠居之。"比喻印度被英国占领。

[40] 印度古称中国为震旦。

[41] 皙,指白种人;黔,指黑种人。

[42] 辽,遥远;阂,隔离。

[43] 海客,对航海的人的称呼。见李白《梦游天姥吟留别》:"海客谈瀛洲,烟涛微茫信难求;越人语天姥,云霓明灭或可睹。"

[44] 大秦，即罗马帝国。

[45]《诗·鲁颂·泮水》末章："翩彼飞鸮，集于泮林，食我桑黮，怀我好音。憬彼淮夷，来献其琛。"正义云："翩然而飞者，彼飞鸮恶声之鸟，今来集止于我泮水之林，食我泮宫之桑黮，归我好善之美音。恶声之鸟食桑黮而变音，喻不善之人感恩惠而从化。憬然而远行者是彼淮夷，来就鲁国献其琛宝。"这里是说能够使强敌服从。

[46] 冰溟，指北冰洋。

[47] 大食，即阿拉伯帝国，这里是指回历。欧巴，即欧罗巴洲，这里是指西历。

[48] 遐荒，指远方。遐，远；荒，荒服，古代离王畿最远的地方。

[49] 聚米，用米堆成地形；画沙，在沙上画成地势，指了解中外地理形势。

[50] 庙堂，即朝廷。战胜庙堂，是说由朝廷定好计划，可以战胜敌国。

[51]《孟子·公孙丑下》："天时不如地利，地利不如人和。"地利，指地方险阻和城池的坚固。人和，指得民心。

[52]《孙子·势篇》："三军之众，可使必受敌而无败者，奇正是也。"又说："奇正相生，如循环之无端。"奇是出奇的战略，正是正常的战略，奇正正奇，就是奇正相生。

[53]《书·说命上》："若药弗瞑眩，厥疾弗瘳。"瞑眩，是昏迷；瘳，是病好。这是说病人吃了比较猛烈的药昏迷过去，病就可以治愈。孰医瞑眩，是说谁能医好病。

[54] 堞，城上的小墙，中间有孔，可以向外放箭。也叫女墙。

[55] 詟，畏服。

[56] 术数家有五行相克之说。相克，即木克土，土克水，水克火，火克金，金克木。

[57] 金，即兵器；火，炮火。烈，猛烈。

[58]《易·豫卦》象辞："雷出地奋。"这里借用为兵器中的地雷。

[59]《礼记·中庸》："今天下，车同轨，书同文。"轨，指两轮间的距离，又名车辙；文，即文字。

[60] 嘉平月，即阴历十二月。秦始皇称十二月为嘉平月。

明夷待访录·原君

黄宗羲

有生之初，人各自私也，人各自利也；天下有公利而莫或兴之，有公害而莫或除之。有人者出，不以一己之利为利，而使天下受其利；不以一己之害为害，而使天下释其害；此其人之勤劳必千万于天下之人。夫以千万倍之勤劳，而己又不享其利，必非天下之人情所欲居也。故古之人君，去之而不欲入者，许由、务光是也[1]；入而又去之者，尧、舜是也；初不欲入而不得去者，禹是也。岂古之人有所异哉？好逸恶劳，亦犹夫人之情也。

后之为人君者不然。以为天下利害之权皆出于我，我以天下之利尽归于己，以天下之害尽归于人，亦无不可；使天下之人不敢自私，不敢自利，以我之大私为天下之大公。始而惭焉，久而安焉，视天下为莫大之产业，传之子孙，受享无穷；汉高帝所谓“某业所就，孰与仲多”者[2]，其逐利之情，不觉溢之于辞矣。此无他，古者以天下为主，君为客，凡君之所毕世而经营者，为天下也。今也以君为主，天下为客，凡天下之无地而得安宁者，为君也。是以其未得之也，屠毒天下之肝脑[3]，离散天下之子女，以博我一人之产业，曾不惨然。曰：“我固为子孙创业也。”其既得之也，敲剥天下之骨髓，离散天下之子女，以奉我一人之淫乐，视为当然。曰：“此我产业之花息也[4]。”然则为天下之大害者，君而已矣。向使无君，人各得自私也，人各得自利也。呜呼！岂设君之道固如是乎？

古者天下之人爱戴其君，比之如父，拟之如天，诚不为过也。

今也天下之人,怨恶其君,视之如寇仇[5],名之为独夫[6],固其所也。而小儒规规焉以君臣之义无所逃于天地之间[7],至桀、纣之暴,犹谓汤、武不当诛之,而妄传伯夷、叔齐无稽之事[8],使兆人万姓崩溃之血肉,曾不异夫腐鼠[9]。岂不天之大,于兆人万姓之中,独私其一人一姓乎!是故武王圣人也,孟子之言[10],圣人之言也;后世之君,欲以如父如天之空名,禁人之窥伺者,皆不便于其言,至废孟子而不立[11],非导源于小儒乎!

虽然,使后之为君者,果能保此产业,傅之无穷,亦无怪乎其私之也。既以产业视之,人之欲得产业,谁不如我?摄缄縢,固扃鐍[12],一人之智力,不能胜天下欲得之者之众,远者数世,近者及身,其血肉之崩溃在其子孙矣。昔人愿世世无生帝王家[13],而毅宗之语公主,亦曰"若何为生我家!"[14]痛哉斯言!回思创业时其欲得天下之心,有不废然摧沮者乎[15]!是故明乎为君之职分,则唐虞之世,人人能让,许由、务光非绝尘也[16];不明乎为君之职分,则市井之间,人人可欲,许由、务光所以旷后世而不闻也。然君之职分难明,以俄顷淫乐不易无穷之悲,虽愚者亦明之矣。

注释:

[1] 相传尧想把天下传给许由,汤想把天下让给务光,他们都不肯接受,所以这里说去之而不欲入。

[2] 这话见《史记·高祖本纪》。某,刘邦自称。仲指刘邦的二哥。最初,刘邦的父亲认为刘邦无赖,不如他二哥能从事劳动生产。刘邦得了天下之后,问他父亲说:"我所成就的家业,比二哥谁多?"这里,刘邦是把天下当作自己的家业来看待的。

[3] 屠,宰割;毒,毒害。这是说为了自己取得天下,使人民肝脑涂地。

[4] 花息,利息。

[5] 寇仇,就是强盗、仇敌。这句话见《孟子·离娄下》:"君之视臣如草芥,

则臣视君如寇仇。"

[6]《尚书·泰誓下》称商纣为"独夫纣"。独夫,指不受群众拥护的人。

[7] 规规焉,见识狭小的样子。这里是说一般小儒见小不见大。《庄子·人间世》:"臣之事君,义也,无适(往)而非君也。无所逃于天地之间。"意思是说君臣关系,是无法变更、不可逃避的。又《二程遗书》卷五:"父子、君臣,天下之定理,无所逃于天地之间。"

[8] 伯夷、叔齐,相传是殷的贵族孤竹君之二子。武王伐纣,他们走到武王面前来反对。商亡后一起到首阳山隐居,最后饿死。见《史记·伯夷列传》。作者认为这是小儒所造作的荒唐故事。

[9] 腐鼠,见《庄子·秋水篇》:"鸱得腐鼠,鹓雏过之。仰而视之曰:嚇!"腐鼠就是腐臭了的死老鼠,比喻最不值钱的东西。这里是说小儒把百姓的性命看得一钱不值。

[10] 孟子之言,见《孟子·梁惠王下》:"齐宣王问曰:汤放桀,武王伐纣,有诸?孟子对曰:于《传》有之。曰:臣弑其君可乎?曰:贼仁者谓之贼,贼义者谓之残,残贼之人,谓之一夫。闻诛一夫纣矣,未闻弑君也。"

[11] 明太祖(朱元璋)见到《孟子》"民为贵君为轻"一章,下诏毁掉孔庙里的孟子牌位;又在洪武二十三、二十七年下诏修订《孟子》,凡书中含有民主思想的章节,都予删除。今传刘三吾《孟子·节文》就是奉朱元璋令删订的本子。

[12] 这两句见《庄子·胠箧篇》。摄,结紧;缄、縢都是捆扎箱的绳索,扃鐍是箱上的关钮和锁钥。摄缄縢、固扃鐍,都是为了防人开箱盗物。但是遇到大盗就会连箱箧一起搬走。比喻国君设立许多法度来维护统治,也不能永远保住天下。

[13] 这句话见《南史》四十五卷《王敬则传》。宋顺帝被迫出宫时,"泣而弹指,惟愿后身生生世世不复天王作因缘"。

[14] 毅宗,即明崇祯朱由检。当李自成打到北京时,朱由检挥剑击他的女儿,说:"汝奈何生我家?"

[15] 摧沮,沮丧的样子。

[16] 绝尘,超尘绝俗的意思。

后　　语

　　《传统文化导论》终于脱稿了。一百多个知识点,如果要打比喻的话,我愿意把整个传统文化比作球体的宇宙,这一百多个知识点,就是宇宙中的星星。"前言"和"后语"算是人为画出一条虚轴,"天人合一"可以比喻成北极星——因为所有的传统文化都是以此为终极指归的;"自强不息"可以比喻成推动这一巨大宇宙运动起来的初始力;"文化历程"算是历史轨迹所形成的真正的轴——不是轴线;"文化特质"则是宇宙中远近各别的星星或者星系——某些知识点本身就是一个系统。这些如星星般的知识点,看上去彼此孤立一方,实际上正是它们彼此间的作用力,构成和维系着整个宇宙的存在和运动。"天行健,君子以自强不息",用在传统文化的继承和发扬上,显得多么恰当!

　　如果要作平面的比喻,那么,我愿意把每个知识点比成一个圆圈,只是这圈中并非空无一物,我所介绍的也非圈中的全部。如同太极图一样,圆圈里有一个巨大的"S"将圆分成等量的两部分,一面为阴,一面为阳。书中所介绍的,或许是"阴",或许是"阳",或许两方面都有所介绍。如何才能全面把握呢?学员们可以通过自己的知识结构和水平,结合自己的生活实际,作出相应的补充。在我说是的地方,你们可以说否,在我说否的地方,你们可以说是。这正反面意见的交汇,简单地说,是教学相长,用传统文化进行解释,就可以说是阴阳运化,乃开物成务,万物生长的基础。经过几千年酝酿发展成熟的传统文化,必须也只能用"博大精深"这个词进行概括,我们每一个单独的个体,都没有资格说自己真的弄懂了传统文化。那么,最好的办法,就是集众人之所长,在公平公正的讨论之中,力求对传统文化的理解有所深入,并通过每个人的人生实践,使传统文化得以新生。古人所谓"自强不息",其神髓就在于此。

作为一个现代人,我们面对传统时,感到它的博大,感到它的精深,我们可以带着虔诚之心对之景仰不已,但是,绝对没有必要诚惶诚恐,匍伏其下。宋代心学大师陆九渊曾响亮地喊出过"六经皆我注脚"的口号。我们也应该有类似的胆识,大胆地喊一句:传统文化皆我之注脚!我是现代的,也是传统的。身为炎黄子孙,我的一举一动,一言一行,无不体现着传统的精神,但我又毕竟生活在现代社会之中,我的一切行为又理所当然地具有现代意义。以我为传统文化的注脚,也就自然而然地意味着传统文化的现代化和世界化。在我自觉不自觉之间,传统文化已经发生着质的改变,继承和发扬也就成了顺理成章的事了。以此态度对待传统和我们自己,轻松自然,没有负担感和神秘感。

限于编者水平,加上时间仓促,书中缺点错误之处,肯定不少,希望广大学员和各位专家批评指正。

骆自强

2000 年 6 月 30 日识

再 版 后 记

新版在体例上作了调整,把原先的"文化历程"和"文化特质"两部分打通,并增加了参考文献,这样做的目的是为一线的教师提供一些方便。文献注释参照了国内有关书籍,未一一注明。文献选录工作由罗立刚、鲍鹏山、陈雅琴诸位参加,这里一并致谢。

骆自强
2003 年 7 月 20 日识